OUTSMARTING
THE SOCIOPATH
NEXT DOOR

MARTHA STOUT,
PH.D.

그저 양심이 없을 뿐입니다 | 마사 스타우트
이원천 옮김

OUTSMARTING
THE SOCIOPATH
NEXT DOOR

MARTHA STOUT,
Ph.D.

사계절

자신이 얼마나 멋진 사람인지 몰랐던
나의 아름다운 어머니
마사 에바 디튼 스타우트Martha Eva Deaton Stout, 1923~2018년,
내가 만난 어느 누구보다 다정하고
사랑스러운 사람이었던 그녀에게 이 책을 바칩니다.

우리 모두는 스스로 자신의 삶에 책임질 줄 알아야 합니다.
그러나 더욱 중요한 것은 우리와 함께 살아가는 모든 생명에게
서로 존중과 사랑을 나눌 수 있어야 한다는 점입니다.
— 제인 구달, 『희망의 이유 Reason for Hope』(Grand Central Publishing, 1999년)

차례

프롤로그

악마와의 결투

반짝반짝 빛이 나는 새 SUV가 우리 집 진입로에 나타난 건 어느 봄날 오후였다. 그 차에는 두 명의 아이와 말쑥하게 차려입은 아이 엄마가 타고 있었다. 그때 나는 마침 데크 밑을 청소하려던 참이라 페인트가 묻은 남루한 셔츠와 닳아빠진 청바지 차림이었다. 연륜 있는 심리학자의 모습이라고는 눈을 씻고 봐도 찾을 수 없는 초라한 행색이었다. 아이 엄마는 말쑥한 옷차림에 화장까지 하고 있었지만 며칠 동안이나 울었던 흔적은 감출 수 없었고, 그런 그녀의 모습에 내 마음이 동했다. 찢어진 청바지 차림의 나를 보면서도 아이 엄마는 의심을 하기는커녕 나를 만났다는 사실에 안도하는 표정이 역력했다. 그녀는 내가 이 마을에 살고 있을 거란 짐작만으로 두 시간이나 달려 이

그저 양심이 없을 뿐입니다

곳까지 왔다고 했다. 그러고는 자신이 소름 끼칠 정도의 냉혈한 과 '지옥과도 같은 양육권 분쟁'을 하는 중이며, 이런 상황에서 딸과 아들이 행복할 수 있을지 너무너무 걱정된다는 말도 했다. "우리 아이들을 구하려면 악마와 싸워야 해요. 그런데 어떻게 싸워야 할지 모르겠어요." 그녀가 말했다.

그녀는 전남편이 진정으로 아버지가 되고 싶은 생각은 추호도 없으면서, 그저 아이들을 이용해 그녀를 '쥐락펴락할' 속셈으로 양육권 소송을 제기했다고 말했다. 전남편은 자신이 여전히 그녀의 감정을 마음대로 좌지우지할 수 있다는 사실을 확인하고 싶었던 것이다. 그래서 나는 그녀에게 당부했다. 만약 전남편에게 한 방 먹이고 싶다면 전남편과 마주할 때 당황하지 말고 차분한 태도로 대하라고. 아울러 변호사와의 상담에서도 좋은 결과를 낼 수 있도록 몇 마디 조언을 해 주었다. 떠나는 그녀의 눈에는 절망 대신 결의가 반짝였고, 그런 그녀의 모습에 나 역시 기쁨을 느꼈다.

나는 심리학자로서 25년 이상 소시오패스에 대해 연구했고 소시오패스로 인해 트라우마에 시달리는 환자들을 치료해 왔음에도 소시오패스에 의한 피해가 우리 사회에 얼마나 심각하게 만연해 있는지는 제대로 인식하지 못하고 있었다. 그러다가 『이토록 친밀한 배신자Sociopath Next Door』를 쓰고 나서야 현실이 어떤지 분명하게 실감할 수 있었다. 2005년, 책이 출판되자 소시오패스와 엮인 자신의 경험담을 알리고 싶어 하는 독자들의 전화와 편지가 홍수처럼 몰려들었다. 독자들은 믿을 수 없을 만큼 열정적이었다. 전화번호부에도 나오지 않는 내 전화번호를 알아낸 사람이 있는가 하면, 한 번은 마주치겠거니 하며 보스턴에 있는 내 사무실 앞에서 무작정 기다리는 사람도 있었다. 그렇게까지 해서라도 나에게 자신의 이야기를 들려주고 싶어 했다. 하지만 실제로 내가 사는 집 앞에 누군가 나타난 것은 그 아이 엄마가 처음이었다.

나는 독자들이 그렇게 고생하지 않고도 자신의 경험담을 알릴 수 있도록 웹 사이트를 만들기로 했다. 사이트가 만들어지자마자 전 세계에서 엄청난 양의 메일이 끊임없이 쏟아져 들어왔다. 나에게 메일을 보낸 사람들 대부분은 소시오패스일 가능성이 높은 누군가와 어쩔 수 없이 마주해야 하는 상황에 처해 있었다. 그들 중 일부와는 지금도 매일 연락을 주고받고 있는 상태다. 그들이 어쩔 수 없이 마주해야 하는 누군가는 양육권 문제로 다투고 있는 상대방이거나 또는 도저히 그만둘 수 없는 직장의 상사나 동료 등 다양했으며, 끔찍하게도 친자식인 경우까지 있었다.

나를 찾아온 독자들의 성별이나 살아온 인생은 제각각이었지만 모두 비슷한 경험을 가지고 있었다. 이런 식으로 누군가에게 조종당하고 기만당한 건 오직 자신뿐이라는 생각에 외톨이가 된 듯한 기분을 느끼면서 스스로를 제정신이 아니라고 여겼다. 죄책감, 가책, 심지어 타인에 대한 배려라고는 단 한 줌

그저 양심이 없을 뿐입니다

도 없는 사람과의 파괴적인 관계를 경험한 그들은 세상 어느 누구도 자신이 겪은 이상한 이야기를 믿지 않을 거라고 생각했다. 그러다 『이토록 친밀한 배신자』를 읽고 나서야 그들은 자신의 경험이 다른 사람들에게 이해받을 수 있음을 깨달았고, 그들 자신과 사랑하는 사람들을 보호할 수 있는 방법을 찾고 싶어 했다. 그래서 나는 그들을 비롯해 어쩔 수 없이 양심 없는 자들과 싸워야 하는 사람들을 위해 이 책을 쓰게 되었다. 이 책에서는 어떻게 하면 소시오패스를 상대로 승리할 수 있는지 그 방법을 말하고 있다.

나는 몇 년 동안 받은 편지들 대부분이 자연스럽게 몇 가지 주제로 정리된다는 사실을 깨달았다. 2005년 이후 있었던 언론과의 인터뷰나 개인적인 대화에서 나왔던 질문들 역시 그 주제에 관한 것들이었다. 나는 이 책에서 그 주제들을 하나도 빠트리지 않고 논의하고자 한다. 구체적으로 말하자면, 소시오패스인 어린이들의 받아들이기 힘든 본모습과 그들을 다루는 방법, 직장에서 당신을 노리고 있는 소시오패스를 이겨 낼 수 있는 구체적인 방법, 소시오패스 배우자와 양육권 소송을 해야 하는 끔찍한 상황에 대처하는 방법, 사이버 폭력을 포함한 폭력적인 소시오패스를 상대하는 방법, 소시오패스와 나르시시스트와의 차이점 등이다. 아울러 우리의 기업과 정부에 존재하는 소시오패시를 살펴보는 것은 물론, 선의 본질은 무엇인가에 대해서도 논의해 볼 생각이다.

대부분의 양심 없는 사람들은 자신이 속한 사회에서 다른 사람들 속에 섞여 살아가길 원하며 체포되거나 감옥에 가는 걸 피하고 싶어 한다. 그렇기에 그들은 '사람들에게 들키지 않는 범위 내에서' 도덕적인 범죄나 인간관계를 이용한 범죄를 저지른다. 많은 사람들이 소시오패스를 치명적인 폭력을 휘두르는 범죄자일 거라 생각하지만 이는 분명한 오해다. 그런 폭력적인 소시오패스는 소수에 불과하다. 대다수는 우리의 삶을 가지고 잔인하게 심리적·재정적·정치적 게임을 벌이는 위험한 거짓말쟁이나 심리 조종자일 가능성이 많다. 가정 폭력을 일삼는 자들은 다른 사람들에게 들키지 않는 집 안에서 자신의 배우자·아이들·노인들을 폭행하는 경우가 많은데, 이 가정 폭력범들 중에서 가장 큰 무리를 이루고 있는 집단 역시 소시오패스이다. 자신의 권력과 통제력을 만끽하고 더 강화할 요량으로 은밀하게 이런 일들을 벌이는 것이다. 그렇기 때문에 우리는 그들을 쉽게 알아채지 못한다. 하지만 만약 대놓고 살인을 저지르는 소시오패스가 있다면 위해가 심각하다. 이 책에서는 살인을 저지르는 소시오패스의 행동 유형은 어떤지, 그런 공격적인 행위를 유발하는 동기가 무엇인지, 그리고 소시오패스가 아닌 범죄자들의 범행 동기와는 어떻게 다른지도 따져 볼 것이다.

심리학자들은 어떤 문제에 대한 해결책으로 회피를 권하기는 싫어하지만, 소시오패스에 대해서 만큼은 회피가 사실상 가장 적절한 대응 방법이다. 폭력적이든 아니든 소시오패스

그저 양심이 없을 뿐입니다

는 우리가 따르고 있는 사회적 계약에서 벗어난 삶을 살고 있기 때문에 그 무엇과 비교할 수 없을 정도로 파괴적이다. 그들은 절대로 진정한 의미의 인간관계나 업무적인 관계를 형성할 수 없을 뿐만 아니라 다른 사람들을 압도하는 힘을 얻는 데만 집착할 뿐이다. 그렇기 때문에 위험을 최소화할 수 있는 가장 바람직한 대책은 그런 사람들을 전부 피하는 것이다. 하지만 현실적으로는 이런 회피가 불가능한 상황이 존재한다.

나는 이 책에서 피할 수 없는 소시오패스에 대처하는 방법을 알려 줄 것이다. 책에는 여러 이야기들이 실려 있다. 그 이야기들은 지금까지 받았던 수많은 편지뿐 아니라 여러 매체를 통해, 그동안 알고 있던 인간이라는 실체가 무너져 버릴 정도로 충격적인 사례, 막장 같은 세상에서 자신과 사랑하는 사람들을 구하고자 용감하게 분투한 사람들의 일화를 바탕으로 하고 있다. 그 사람들은 뉴스나 충격적인 다큐멘터리에 나오는 소시오패스가 아니라 정상적인 사람인 양 교묘하게 위장한 채 수년 또는 수십 년 동안 본모습을 들키지 않은 소시오패스의 진정한 정체를 뼈저리게 경험했다.

이 이야기에 등장하는 이름과 세부적인 정보들은 임의로 바꿨지만, 양심 없는 사람들에 맞서 성공적으로 대처하거나 승리한 사람들의 사례를 확인하는 데는 무리 없을 것이다. 물론 무자비한 그들이 결국에 승리하고 만 슬프고 소름 끼치는 사례도 있다. 결과가 성공적이든 아니든 간에 이 모든 이야기는 악

13

에 대한 우리의 전통적인 관념이 도리어 우리로 하여금 악의 진정한 본질을 파악할 수 없게 만드는 과정을 보여 준다. 사악한 행동은 감정의 결핍에서 비롯되는데 이런 사실을 알지 못하기에 우리는 일상생활과 사회에 스며들어 있는 무자비한 그들에 제대로 대응할 수 없었다. 우리는 인간의 악행을 낳는 주요 근원이 양심의 성격학적·신경심리학적 결핍임을 이해해야 한다. 이 책의 실제 사례들은 일상에서 소시오패스를 마주하거나 인간이 초래한 시대적인 문제에 직면했을 때 악의 근원에 대한 이해가 결정적인 도움을 준다는 것을 확실하게 보여 준다. 나는 우리 개개인의 안전과 우리가 살고 있는 지구의 안녕을 위해 반드시 '소시오패스에 대한 무지'를 없애고 지식과 실력에 바탕을 둔 실용적인 자세를 취해야 한다고 믿는다.

또한 우리는 그들이 감정이 결핍된 '감정 포식자'라는 사실을 알아야 한다. 소시오패스는 우리를 혼란에 빠트리고 분노와 두려움을 불러일으켜서 자신이 우리를 통제할 수 있음을 확인하려는 강한 열망을 가지고 있다. 그들은 다른 사람들의 부정적인 감정을 맛보며 더욱 강해진다. 그렇기 때문에 언제, 어떻게 감정을 드러내지 말아야 하는지를 아는 것은 아주 중요한 기술이다. 즉 소시오패스가 있을 때는 그 앞에서 당신이 느끼는 감정을 곧바로 드러내기보다는 침착한 모습을 유지해야 한다. 소시오패스는 당신을 가지고 노는 끔찍한 게임을 하려 들겠지만 어떻게 그 게임의 규칙을 바꿀 수 있는지 알려 주겠다.

『이토록 친밀한 배신자』에서 나는 최초로 심리학적인 '양심'의 정의를 제시했다. 기존의 개념과 달리 양심은 사고 과정이나 일련의 내재화된 규칙이 아니다. 그보다는 인간을 포함한 다른 생명이나 인간 집단, 심지어 때로는 인류 전체에 대한 애착을 바탕으로 하는 강렬한 감정이다. 책에서 나는 다른 사람들과 진정성 있게 감정적 유대감을 형성하는 신경심리학적 능력 없이는 양심이 존재할 수 없다는 사실을 확고히 했다. 또한 소시오패스에서 나타나는 성향들과 그런 성향을 낳는 원인인 감정적인 애착과 양심의 결핍, 그리고 단 한 줌의 죄책감도 느끼지 않는 소시오패스가 우리 사회에 얼마나 깊은 상처를 낼 수 있는지에 대해서도 논의했다.

이 책에서는 양심이 있어야 할 자리가 텅 비어 있는 소시오패스가 어떻게 생각하고 행동하는지에 대해 보다 자세하게 말하고자 한다. 대부분의 사람들이 소시오패스의 행위를 '꿰뚫어 보지' 못한다. 누구도 그런 방법을 알려 주지 않았기 때문이다. 그래서 나는 실제 사례를 통해 소시오패스가 주로 어떤 행동 방식을 취하는지 자세히 알려 주고, 그들의 실체가 어떤지 당신 눈으로 직접 확인할 수 있는 여러 장면들도 함께 보여 줄 생각이다. 지금 이 세상에는 돈을 위해 자신의 영혼은 물론 지구 전체라도 팔아넘길 소아성애자 성직자와 CEO들, 아이에게는 전혀 관심이 없으면서 단지 상대방을 조종할 목적으로 양육권 소송을 벌이는 부모, 노인과 가난한 사람들에게 늘 사기나

치면서 살아가는 가짜 전문가들이 활보하고 있다. 이런 세상을 살아가려면 우리는 그들의 행동 방식을 이해해야 한다.

소시오패스는 표리부동하고 눈곱만큼의 수치심도 없다는 사실을 절대 들키지 않는 영악한 인간이다. 이런 소시오패스를 상대로 승기를 잡을 수 있는 방법은 무엇일까? 아무리 잔인하고 파괴적인 짓을 저질러도 절대 죄책감을 느끼지 않는 적을 물리칠 방법은 무엇인가? 굉장히 똑똑한 사람마저 이기적인 사기꾼의 장난감으로 전락하는 꼴을 목격한 사람이 다른 사람들에게도 소시오패스의 진면목을 깨닫게 해 줄 방법은 무엇일까?

이 책의 목표는 이런 질문에 명확하고 실질적인 답을 보여 주는 동시에 무자비한 조종자에 맞설 수밖에 없는 양심적인 사람들이 느끼는 두려운 자기회의self-doubt에 똑바로 대응할 수 있는 방법을 알려 주는 데 있다. 나는 내 집 앞에 나타났던 여성을 비롯한 수많은 사람들에게 희망과 용기를 줄 대안을 알려 주려 한다. 정직하고 마음이 따뜻한 당신에게는 자신이 생각하는 것보다 훨씬 더 강한 힘이 있다. 소시오패스의 행동 유형을 알고 소시오패스의 본질을 이해하면서 그들의 계획을 꺾을 효과적인 방법까지 숙지한다면 당신은 소시오패스를 분명하게 간파해 낼 뿐만 아니라 실제적인 조치가 필요한 순간에 현명하고 강력한 행동으로 대응할 수 있을 것이다.

　　　　　　　　　　　　　　그저 양심이 없을 뿐입니다

1장

정서적인
결함,

소시오패시

소시오패스에 대한
이해

"있지도 않은 것을 어떻게 감추겠는가."

— 에릭 호퍼Eric Hoffer

한번 상상해 보자. 내가 여러분에게 알려 줄 전략이 왜 성공적일지를 이해하기 위해. 이 상상은 역설적일 수도 있다. 여러분이 갖고 있는 이 세계의 작동 원리에 대한 근본적인 믿음에 비춰 본다면 말이다. 만약 악惡이란 것이 전혀 존재하지 않는다면 이 세상은 어떤 모습일까? 신앙이 있는 사람이라면 사탄이나 마왕, 악마, 악령 등 어떤 악한 것도 존재하지 않는 세상을 떠올려 보고, 신앙이 없는 사람이라면 이 세상에서 악이 사라졌다는 사실을 당신이 처음 깨달았을 때 어떤 느낌이 들지, 당신의 삶에 어떤 변화가 일어날지를 상상해 보면 된다. 이보다 더 놀라운 상황도 상상해 볼까? 사악한 물건이나 교활한 초자연적인 존재, 불가사의한 힘, 보이지 않는 영靈 등 어떤 형태로든 지금까지 악이란 건 존재한 적이 없으며, 심지어 인간의 본성에서조차 악한 구석을 찾아볼 수 없다고 말이다. 더 나아가 악은 그저 스칸디나비아 신화의 트롤troll이나 거대한 털북숭이 괴물인 사스콰치Sasquatch, 마을 처녀를 제물로 바쳐야 했던 괴생명체처럼 그저 케케묵은 미신에 불과하다고 가정해 보라.

당신은 아마 "왜 그런 상상을 해야 하는 거죠? 그렇다면 우리 삶에서 사라져야 할 것들이 너무나 많은데요."라고 답할 것이다. 우리가 살아가고 있는 세상은 많은 악행과 악행을 잘 저지를 듯한 사람들로 득시글거리고 있으니까 말이다. 그런데 어쩌면 악은 어떤 힘이나 마물魔物 또는 뿔이 나 있는 존재를 가리키는 명사가 아닐 수 있다. 대체로 악한 사건, 악한 계

1장_ 정서적인 결함, 소시오패시

획, 악한 행동들이 무엇을 의미하는지는 아마 누구나 비슷하게 이해하고 있을 것이다. 하지만 만약 악이란 존재가 아예 없다고 가정한다면 우리가 '악하다'라는 말로 표현하려는 내용은 도대체 무엇일까?

나는 당신이 악마 따위는 존재하지 않는다는 사실을 이해했으면 한다. 심리학의 관점으로 보자면 그런 것들은 존재하지 않는다. 악은 우리를 침입하는 영적인 무엇이거나 어떤 존재가 아니며, 그렇다고 우리 뇌의 원시적인 부분에 자리 잡고 있는 어두운 일면도 아니다. 아니 그와는 오히려 정반대라고 하는 것이 맞겠다. 왜냐하면 악은 우리가 직접 볼 수 있거나 느낄 수 있는 어떤 존재가 아니라 일종의 결핍이기 때문이다. 다시 말해서 악은 존재하는 무언가가 아니라 있어야 할 무언가가 없는 상태를 말한다.

진정한 악은 무언가가 빠져 있는 결함일 뿐 그 이상도 그 이하도 아니다. 이 '결함'과 관계되는 신경학적인 내용은 다음 장에서 설명하겠다. 여기서는 우선 그 결함이 어떻게 드러나는지에 대한 논의를 계속해 보자.

'악한' 행동 중에서도 더 나쁜 행동이라 여겨지는 것들이 있다. 예를 들어 직원의 연금을 착복하는 짓보다 연쇄 살인이나 인종 학살이 더 흉악하다고 여긴다. 그 행동이 얼마나 치명적인 영향을 주었는지, 영향을 받은 사람이 얼마나 많은지에 따라 판단을 하기 때문이다. 누군가의 집에 침입해서 장난삼

　그저 양심이 없을 뿐입니다

아 사람을 고문하는 것도 악한 행동이라고 여기겠지만 수백만의 무고한 사람들을 학살하는 짓은 훨씬 더 악한 행동이라고 생각한다. 그러나 모든 악한 행동 즉, 누군가의 돈을 가로채거나 배우자를 괴롭히는 짓에서부터 인류 전체에 대한 어마어마하고 입에 담을 수 없는 악행까지도 정서적인 결함으로 인해 일어난다는 점에서는 아무런 차이가 없다.

신경학적인 발달의 부진으로 발생한 이 이해할 수 없는 텅 빈 구멍 즉, 결함의 본질은 어떻게 이해할 수 있을까? 먼저 교통사고를 배경으로 하는 다음의 두 이야기를 살펴보면서 한 번 생각해 보자. 첫 번째 이야기에 나오는 두 사람은 정상적인 뇌를 가지고 있으며 어떤 심리학적 문제도 없다. 두 번째 이야기에 나오는 두 사람 중 한 명은 뇌에 어떤 결핍이 있는 사람으로, 친구나 가족이 그 사실을 알게 된다면 아마 큰 충격을 받을 것이다.

첫 번째 가상의 교통사고 주인공인 톰1과 잭1은 둘 다 정상적인 뇌를 가지고 있다. 비가 오는 어느 날 밤, 다니는 차가 없어서 도로는 거의 텅 빈 것처럼 한적했다. 톰1은 반대 방향에서 차가 올 수도 있다는 생각은 하지도 않는지 미끄러지듯 도로 한가운데로 차를 몰아 중앙선을 침범해 달렸다. 그때 마침 잭1은 반대 차로에서 달려오고 있었고 빠른 속도로 달리던 두 자동차가 거의 충돌할 지경에 이르렀다. 잭1은 방심한 채 운전 중이던 톰1의 자동차를 피하기 위해 어쩔 수 없이 빗물이 가득 찬

배수로 쪽으로 핸들을 꺾을 수밖에 없었다.

기적적으로 두 사람 모두 심각한 부상은 피할 수 있었다. 차에서 내린 그들은 어둡고 텅 빈 도로를 걸어 서로에게 다가갔다. 톰1은 충격에 휩싸여 당황한 모습이었다. 충격을 받기는 잭1도 마찬가지였으나, 톰1과 차이가 있다면 얼굴 가득 분노를 담고 있다는 점이었다. 그럴 만도 한 것이 잭1의 차는 뽑은 지 얼마 안 되는 고급 자동차인 데다 오늘 밤 만나기로 한 매력적인 여성에게 깊은 인상을 남기고 싶어 반짝반짝 빛이 날 때까지 아주 열심히 차를 닦았기 때문이었다.

잭1은 톰1에게 고함을 질렀다. "왜 그렇게 미친놈처럼 운전한 거야? 이 멍청아!"

사실 톰1은 가정적인 사람이었고 단지 얼른 집에 가고 싶었을 뿐이었다. 잭1의 표현이 너무 심하다는 생각이 들기도 했지만 톰1은 정중하게 여러 번 사과한 다음, 같이 힘을 합쳐서 잭1의 차부터 배수로에서 꺼내자고 말했다. 고생을 하긴 했지만 결국 두 사람은 차를 꺼낼 수 있었다. 두 사람의 옷은 진흙과 풀로 뒤범벅이 되어 엉망진창이었다.

잭1은 머리끝까지 화가 치밀어 올랐다. 옷은 엉망이 된 데다 반짝반짝 빛이 나던 자동차는 청록색 진흙을 뚝뚝 흘리고 있었다. 복수 말고 다른 어떤 생각도 떠오르지 않았다. 불현듯 차에 22구경 베레타 권총이 있다는 사실이 떠올랐다. 얼마 전 이 도로 주변에서 자동차 강도들이 설친다는 소리를 듣고 사 두

그저 양심이 없을 뿐입니다

었던 총이었다. 둘러보니 도로는 여전히 깜깜했고 지나가는 차도 없었다. 이제 잭1에게 남은 일은 차 문을 열고 총기 보관함에서 총을 꺼내 "탕!" 저 멍청이 녀석을 없애는 것이었다.

예상했겠지만 잭1은 톰1에게 총을 쏘지 않았다. 죽이고 싶을 만큼 화가 나긴 했지만 그렇게 하지는 않았다. 더 정확하게 말하면 잭1은 그렇게 할 수 없었다. 코앞에서 사람을 쏜다거나 자신을 위협하지도 않은 사람을 죽인다는 것은 잭으로서는 아예 떠올릴 수 없는 선택지이기 때문이다. 정상적인 잭1의 뇌에는 동족인 인간에게 유대감이 들게 하는 예민한 신경학적 구조가 존재한다. 이 선천적인 강력한 유대감은 가족과 친구를 사랑하고 다른 이들의 감정에 공감하게 한다. 이 유대감이 있기에 잭1의 정신에는 우리가 양심이라고 부르는, 강력하면서도 서로를 연결하는 감정이 깃들어 있다. 그리고 총을 떠올린 바로 그 순간 잭1의 양심은 틀림없이 '사람을 죽여선 안 돼. 누군가의 목숨을 빼앗는 행동은 나쁜 짓이야!' 하며 소리치고 있었을 것이다.

잭1은 잠깐이나마 총을 떠올렸다는 사실에 당황하며 심한 거북함을 느꼈다. 치밀어 오르는 분노를 눌러 삼킨 잭1은 톰1의 전화번호를 받아 적은 후 차에 올라탔다. 그러고는 한껏 짜증 난 얼굴로 나직이 욕설을 내뱉으며 운전을 하기 시작했다. 잭1의 온몸은 진흙 범벅과 분노로 휩싸여 있었다. 하지만 그는 살인을 저지르지 않았다.

이제 두 번째 이야기로 넘어가 보자. 톰1과 마찬가지로 톰2 역시 정상적인 뇌를 가진 평범한 사람이다. 그러나 잭2는 잭1과 완전히 다른 사람이다. 그의 뇌는 다른 사람들과 어떤 감정적인 교감도 하지 못한다. 그 결과 잭2는 심각하게 비정상적인 정신 상태가 되었다. 하지만 이런 잭2의 정신 이상을 알아채거나 이상하게 여기는 사람은 아무도 없다. 이번 교통사고처럼 그의 정신 이상을 드러내게 하는 특별한 상황이 벌어지지 않는다면 말이다.

잭2와 톰2도 서로 반대 차로에서 운전하는 중이었다. 첫 번째 이야기에서처럼 톰2는 방심한 나머지 중앙선을 넘어 달렸다. 반대 차선에서 오던 잭2는 그런 톰2의 차와 하마터면 충돌할 뻔했지만 가까스로 피했다. 톰2의 차를 피하기 위해 잭2는 어쩔 수 없이 핸들을 꺾었고 그의 고급 자동차는 완전히 도로를 벗어나 진창인 배수로에 빠졌다. 다행히 두 사람 모두 큰 부상을 입지는 않았지만 잭2는 엄청나게 화가 났다.

잭2는 톰2가 자신을 거의 죽일 뻔했다고 생각했다. 앞으로 교제하고 싶은 멋진 여성까지 머릿속에 떠오르자 잭2는 "왜 그렇게 미친놈처럼 운전한 거야? 이 멍청아!"하며 소리를 질렀다.

첫 번째 이야기처럼 톰2는 정중하게 사과를 했고, 함께 잭2의 차를 배수로에서 꺼내자고 제안했다. 두 사람은 합심해서 차를 다시 도로 위로 올려놓았고, 그러는 과정에서 그들의 옷은 오물로 뒤범벅이 되었다.

그저 양심이 없을 뿐입니다

잭2는 머리끝까지 분노가 치밀어 올랐고, 톰2를 죽이고 싶은 생각이 들었다. 잭2는 차 안에 있는 총을 떠올렸다. 등록도 하지 않은 22구경 총으로 톰2의 머리를 쏴 버리면 얼마나 통쾌할까! 잭2는 도로의 양쪽 차로를 확인했다. 지나가는 차는 한 대도 없었다. 저녁 내내 시계視界가 좋지 않았는데 지금은 짙은 안개까지 끼어 있다. 톰2를 죽인 다음 아무 일 없었던 듯 그냥 가던 길을 계속 가더라도 별 탈이 없을 것 같았다. 나중에 시신이 발견된다고 해도 사람들은 그저 치정에 얽힌 살인이거나 자동차 강도를 만나서 생긴 일이라고 여길 게 틀림없었다.

잭2는 차창 안으로 손을 넣어 자동차의 사물함을 열고 그 안에 있는 총을 집었다. 기분 좋은 감촉이 손에서 느껴졌다. 잭1과 달리, 타인과의 유대감이나 양심이 존재해야 할 자리가 텅 비어 있는 잭2에게서 양심의 소리 따위는 기대할 수 없었다. 잭2는 유대감이라고 하는 정상적인 감정을 단 한 번도 느껴 본 적이 없었기에 '오늘 밤을 망친 데 대한 분노'와 '톰을 죽이고 싶은 충동' 이외에 어떤 것도 떠오르지 않았다.

총을 꺼낸 잭2는 톰2의 이마 한가운데를 겨냥했다. 당혹감과 공포에 빠진 톰2는 총알을 막아 보려는 듯 팔을 들어 올리고는 "잠깐!" 하더니 뭔가 말하려고 했다. 하지만 그가 말을 채 끝내기도 전에 잭2는 방아쇠를 당겼다.

한껏 눈을 크게 뜬 톰2의 얼굴에는 지금의 상황을 믿을 수 없어 하는 감정이 그대로 얼어붙어 있었다. 그렇게 톰2는 도

1장_ 정서적인 결함, 소시오패시

로 위로 쓰러졌고 아스팔트 위로 흘러내린 그의 피 웅덩이에는 빗방울이 추적추적 떨어지고 있었다. 서둘러야겠다고 생각한 잭2는 죽어 가는 톰2를 버려둔 채 자신의 멋진 새 차를 타고 그곳을 떠났다. 한참을 달려 10마일이나 떨어진 곳을 지나고 있을 때까지도 잭2의 얼굴에는 웃음이 떠나지 않았다.

숨겨져 있는 잭의 진면목

태어날 때부터 잭2의 뇌에는 약간의 결함이 있었고 그 때문에 그의 감정생활에는 큰 구멍이 생겼다. 한마디로 잭2는 소시오패스다. 하지만 다른 대부분의 소시오패스가 그런 것처럼 이런 잭2의 본모습을 알아채는 사람은 아무도 없었다. 아참, 진실을 눈치 챘던 사람이 한 명 있기는 했다. 이젠 죽었지만 말이다. 이 이야기에서처럼 소시오패스와의 다툼이 늘 누군가의 죽음으로 끝나는 건 아니겠지만, 여느 사람들과 달리 양심이라는 것으로는 절대 소시오패스를 막을 수 없으며 그들의 행동을 저지할 수 있는 건 오직 정체를 들키고 싶어 하지 않는 욕구라는 사실을 꼭 알았으면 한다.

잭2가 상황에 맞게 거짓으로 감정을 표현하는 일에 아주 능숙하기는 하지만 그에게서 진정한 인간관계에서 나오는 감정을 찾을 수는 없다. 만약 잭2가 사랑을 비롯한 인간적인 감

그저 양심이 없을 뿐입니다

정을 전혀 느끼지 못한다는 사실이 드러난다면 잭2를 알고 있는 사람들 대부분은 아마 깜짝 놀랄 것이다. 진짜인 것처럼 그럴듯하게 흉내 낼 수 있을지는 몰라도 잭2는 절대 누군가의 진정한 친구가 될 수 없을 뿐더러 동료에 대한 아주 작은 관심과 배려의 필요성조차도 느끼지 못한다. 어쩌면 잭2는 자신에게도 그런 감정이 있다고 우길 수도 있다. 하지만 잭2는 사랑을 하거나 진정으로 가족을 걱정하는 일 같은 건 꿈도 꿀 수 없다. 배우자와의 관계에서도 진심이 없기 때문에 잭2에게 결혼이란 사랑 없는 일방적인 결합에 불과하다. 물론 그 기간도 길지 않을 게 틀림없다. 결혼 생활이 끝난다고 해서 잭2는 슬퍼하지 않을 것이다. 행여나 잭2가 어떤 감정을 드러낸다면 그건 자신이 필요로 하는 뭔가를 잃어버린 데 대한 분노일 뿐이다. 잭2에게 그녀는 소유물에 불과하기 때문이다. 아버지가 된다고 해도 잭2는 아이를 사랑하지 못한다.

아이를 사랑하지 못한다는 소시오패스의 결함은 그의 본모습이 얼마나 공포스럽고 위험한지를 분명하게 보여 준다. 자신의 아이조차 사랑하지 못하는 잭2에게 자신을 성가시게 만든 누군가나 또는 그 사람의 아이가 길바닥에서 목숨을 구걸한다고 해서 잭2가 공감, 아니 약간의 관심이라도 보일 수 있을까? 그럴 일은 절대 없다.

가족 간의 사랑, 우정, 배려, 다정함, 감사처럼 정상적인 인간관계에서 나오는 따뜻한 감정이야말로 양심의 근원이다. 이런 감정이 없다면 양심은 존재할 수 없다. 감정적으로 온 전한 사람들의 삶에는 늘 양심이 함께한다. 가족이 남겨 둔 오 렌지 주스를 마시거나 소파 쿠션의 틈새에서 찾아낸 10달러 지 폐를 꿀꺽한다거나 생각 없는 말로 누군가를 김새게 만드는 등 의 아주 사소한 이기적인 행동을 할 때도 우리는 대부분 양심이 보내는 따끔한 경고를 느낀다. 그러나 잭2는 소름이 돋을 정도 로 우리와 다르다. 누군가를 죽이고 그의 아이들에게서 아버지 를 앗아가 놓고도 잭2는 단 한 톨의 죄책감조차 느끼지 않는다. 잭2의 정신에는 텅 빈 구멍 같은 결함이 있기 때문이다. 상상하 기 힘든 잔인한 행동마저도 당연하고 편안하게 느낀다. 잭2가 정상적인 인간의 본성을 가졌다면 이런 일은 절대 있을 수 없 다. 그런 생각을 떠올렸다는 것만으로도 잭의 양심은 비난을 퍼 부을 것이며, 그럼에도 결국 실행에 옮기고 말았다면 양심은 잭 의 남은 인생 전체를 수치심으로 뒤덮이게 할 것이다. 그렇다면 잭2가 그런 행동을 하도록 만든 건 과연 무엇일까? 악마가 그랬 을까? 아니다. 잭2가 그런 행동을 할 수 있게 만든 건 그에게만 있는 심리학적·신경학적 결함이다. 그 텅 빈 구멍 같은 결함 때 문에 애초부터 잭은 인간적인 관계를 맺을 수 없었던 것이다.

어둡고 위험한 고속 도로와 비슷한 여러 상황에서 우리 는 인간관계의 기본적인 믿음에 의지하며 양심이 사람들의 행 동을 적절하게 조정해 줄 거라 믿는다. 그리고 대개의 경우 이 런 우리의 믿음을 저버리는 일은 일어나지 않는다. 우리는 사람들이 당연히 살인하지 말라는 기본적인 금지 사항을 잘 지키며, 어른들이라면 누구나 아이들에게 상냥하게 대할 거라고 믿는다. 약속을 소중하게 여길 거라는 것도 의심하지 않는다. 공식적으로 계약서까지 작성했다면 더더욱 그렇다. 또한 은행가, 중개인, 고문 같은 사람이 우리를 속일 일은 없다고 생각한다. 친구나 가족이 자신의 이익을 위해 우리의 개인적인 정보를 이용하지 않으리라는 걸 믿는다. 우리의 사법 제도는 '하나님 앞에서 거짓을 말하지 않겠다고 맹세한 사람들은 진실만을 말할 것'이라는 이념을 바탕으로 한다. 놀라운 일은 21세기가 되었는데도 우리 사회가 개인에 대한 믿음을 바탕으로 하는 명예로운 체계에 크게 의존하고 있다는 사실이다. 그렇기 때문에 우리가 명예, 양심, 인간관계를 별로 개의치 않는 사람과 부딪친다면 아주 곤란한 상황에 빠진다. 더구나 후미진 고속 도로 또는 회의실이나 법정, 아니면 집처럼 다른 사람들이 쉽게 개입할 수 없는 사적인 장소에서 그런 사람을 만난다면 침착함을 잃고 큰 위험에 빠질 수 있다.

무자비한 사람들은 언제나 우리를 당황하게 한다. 그런 사람이 저지른 굉장히 혐오스러운 행태에 대해 전해 들으면 우리는 "이해할 수 없다."고 말하며 이렇게 묻는다. "어떻게 사람이 그럴 수 있지? 그 사람은 거울에 비친 자기 모습을 똑바로 쳐다볼 수나 있을까?" 그리고 대개의 경우 이 질문에 대한 답은 그렇게 어렵지 않다. 그 가해자들은 자신의 모습을 본다고 해도 별다른 감정을 느끼지 않는다. 왜냐하면 그들에겐 견딜 수 없는 죄책감과 수치심을 느끼게 하는 내부적인 구조가 아예 존재하지 않기 때문이다.

소시오패스와 엮인다고 해서 톰2처럼 목숨을 잃는 경우는 별로 없겠지만, 어떤 식이든 결말은 늘 파괴적이다. 우리가 소시오패스의 본모습을 안다고 하더라도 그들과의 관계가 위험천만하다는 사실은 변하지 않는다. 물론 대부분의 경우 그들의 본색을 알아채지도 못하겠지만 말이다. 사고가 난 날, 잭2가 만나려고 했던 여성 역시 아마 잭2의 본모습이 어떤지는 전혀 알지 못할 것이다. 그녀가 잭2를 분노하게 하고, 잭2가 나쁜 짓을 저지를 수 있을 좋은 기회까지 갖춰진다면 모를까. 그녀가 캄캄하고 인적 없는 길바닥에 쓰러진 톰2처럼 죽임을 당할 일은 없을 것이다. 아무리 소시오패스라도 들켜서 처벌받을 가능성이 높을 때는 성질을 죽이고 일을 벌이지 않기 때문이다. 하지만 만약 그녀가 잭2와 가까워진다면 잭2는 감정적으로든 금전적으로든 아니면 법에 걸리지 않는 어떤 방식으로든 그녀에게 피해를 줄 게 틀림없다. 그녀에게 돈이 있거나 이용할 만한 사회적·직업적인 인맥이 있거나 잭2가 관심을 가질 만한 무언가가 있다면 잭2는 무슨 수를 써서라도 자기 것으로 만들려고 들 것이다. 일상적으로 잭2는 그녀를 기만하고 조종하려 들 텐데, 다른 목적이 있다기보다 대개는 그저 재미로 그렇게 할 뿐이다. 잭2와 오래 함께할수록 잭2가 그녀의 삶에 끼칠 피해는 더욱 커진다.

그저 양심이 없을 뿐입니다

하지만 소시오패스를 만난 대부분의 사람들이 그런 것처럼 그녀는 진실을 받아들이기보다는 먼저 자신의 가치와 정신 상태부터 의심한다. 사람에게 양심이 없다는 사실이 그녀에겐 너무나 놀라운 일이라 선뜻 믿기지 않기 때문이다.

소시오패스의 정의

소시오패스의 개념은 전혀 새로운 것이 아니다. 세계 곳곳에서 인간의 행동을 관찰하던 사람들은 최소한 2세기 전부터 양심이 없는 상태에 대한 기록을 남겼다. 그들은 이런 상태를 망상이 없는 조증manie sans délire, 도덕 불감증moral insanity, 도덕적 백치moral imbecility, 정신병질적 열성psychopathic inferiority, 사이코패시psychopathy, 소시오패시sociopathy 등 다양한 이름으로 불렀다. 내가 진행한 연구에서는 소시오패시라는 용어를 사용하고 있는데 그렇다고 해서 소시오패시가 사이코패시를 비롯한 다른 용어들과 구분될 만큼 의미에서 뚜렷한 차이를 가지고 있지는 않다. 일반적으로 '사이코패스psychopath'는 폭력적인 성향을 가지고 있고, '소시오패스sociopath'는 그렇지 않다고 알고 있는 사람이 많지만 이는 틀린 생각이다. 사이코패스와 소시오패스는 서로 통용해서 쓰이는 경우가 많으며 동일하게 양심이 전혀 없는 사람을 의미한다. 폭력 성향에 있어서는 둘 다 그럴 수도 있고 그렇지 않을 수도 있다.

현대 정신 의학에서 인식한 최초의 인격 장애는 죄책감이 없음을 가장 중요한 특징으로 하는 정신 질환이었다. 미국 정신 의학의 아버지로 불리는 펜실베이니아 대학교의 벤자민 러쉬Benjamin Rush 교수는 1812년에 이 같은 증상을 '도덕관념 타락'이라 명명하고 그러한 증상으로 고통받는 사람들에 대한 기록을 남겼다. 미국 정신 의학 협회American Psychiatric Association, APA가 발행하는 『정신 질환 진단 및 통계 편람Diagnostic and Statistical Manual of Mental Disorders, DSM』은 흔히 정신 질환의 성경이라고 불리는데[1], 1994년에 발간된 이 책의 제4판 『정신 질환 진단 및 통계 편람-4』에도 러쉬 교수의 기록과 유사한 내용이 나온다. 책에서는 '반사회적 인격 장애antisocial personality disorder'를 설명하면서 이 장애를 가진 사람들이 '다른 사람의 권리를 무시하거나 침해하는 행동을 일삼는다'고 적고 있다.

2013년에 나온 개정판 『정신 질환 진단 및 통계 편람-5』에는 반사회적 인격 장애가 '사회적 규범을 잘 따르지 않고 남을 기만하며 충동적이고 범죄를 저지르며 양심의 가책을 느끼지 못하는 것을 특징으로 한다'고 되어 있으며 다음의 7가지 '병리적 인격 특징pathological personality traits' 중에서 3개 이상을 충족시킬 경우 반사회적 인격 장애로 진단할 수 있다고 되어 있다.

그저 양심이 없을 뿐입니다

1. **조작**: 다른 사람을 조종하기 위한 속임수나 자신의 목적을 이루기 위한 유인, 유혹, 거짓말, 아첨 등을 반복한다.

2. **기만**: 부정과 사기를 저지르며 자신에 대한 허위 사실을 유포할 뿐만 아니라 특정 사건과 관련해서 꾸밈 또는 날조 행위를 한다.

3. **냉담**: 타인의 감정이나 문제에 무관심하며 자신의 행동이 타인에게 미치는 부정적이고 유해한 영향에 대한 죄책감이나 후회가 없다. 공격성 또는 사디즘의 경향을 보인다.

4. **적대**: 지속적이거나 빈번하게 화를 내고 사소한 무시와 모욕에도 분노와 짜증을 느낄 뿐 아니라 비열하고 고약하며 앙갚음을 한다.

5. **무책임**: 재정적인 의무를 포함한 여러 의무 및 계약을 존중하지 않고 무시하며, 합의와 약속에 대해 존중하거나 이행하려는 노력을 보이지 않는다.

6. **충동**: 눈앞의 자극에 즉각적으로 반응해 행동하며, 결과를 예측하거나 고려하지 않은 채 즉흥적으로 행동한다. 계획을 세우지 않으며 계획에 따라 행동하지 못한다.

7. **위험 감수**: 쓸데없이 위험하고 아슬아슬하며 자신이 피해 볼 수도 있는 활동에 참여한다. 지루함을 잘 견

디지 못하기 때문에 결과를 따져 보지도 않은 채 지루함에서 벗어나기 위한 행위를 무분별하게 실행한다. 자신의 한계를 고려하지 않으며 자신이 위험해질 수 있다는 현실을 인정하지 않는다.

이런 진단 기준을 작성하는 과학자들은 독심술을 익혀야 알아낼 수 있을 법한 내부의 심리 상태나 감정에 대해서는 말하지 않는다. 그보다는 가급적 진단하는 사람이 직접 관찰할 수 있는 행동을 중심으로 기술하려 한다. 또한 정신 의학적인 진단을 하면서 도덕성이라는 주제를 다룰 여지도 별로 없기 때문에 『정신 질환 진단 및 통계 편람』에서는 **양심**에 대한 언급을 단 한 곳에서도 찾아볼 수 없다. 양심이나 양심의 결핍을 언급하기보다는 **냉담**이나 **기만**처럼 더 쉽게 관찰할 수 있는 행동 특성을 위주로 말하고 있다.

소시오패스는 사람들이 혹할 만한 멋진 말솜씨와 뿜어져 나오는 매력, 사람들의 눈길을 끄는 광채와 카리스마를 이용해 '부정이나 사기' 같은 기만적인 행위를 저지를 때가 많다. 그들은 다른 사람들보다 더 자연스럽고 강렬하며 오묘할 뿐만 아니라 훨씬 더 섹시하고 매력적이다. 소시오패스는 사람들을 최면에 걸리게 할 만큼 매력적인 동일 행동을 구사하기도 한다. 동일 행동isopraxism 즉, 행동 따라 하기|reflexive mirroring란 다른 사람의 신체 언어, 동작, 목소리 톤, 억양, 단어와 비유의 선택,

얼굴 표정은 물론 숨 쉬는 속도까지 그대로 따라 하는 것을 말한다. 가까운 친구들이나 연인 또는 장난을 치는 사람들은 자연스럽게 이런 동일 행동을 보일 때가 많다. 대개는 상대방이 잘 알아채지 못하지만, 이런 동일 행동이 두 사람 사이의 신뢰감과 정서적인 친밀감을 한층 더 깊어지게 해 줄 때가 많다. 그러나 안타깝게도 소시오패스는 사람을 속여서 비정상적인 관계로 이끌기 위해 의도적으로 동일 행동을 할 수 있다. 예를 들면 달콤한 아첨을 연신 해 대며 마치 자신이 피해자들의 취미와 관심사에 깊은 흥미를 가진 듯 행동하는 거다. 스스로에 대해 거창한 말을 늘어놓고 카리스마를 뽐내며 '자신에게 푹 빠진' 피해자의 마음을 사로잡는다. "내가 얼마나 특별한지 언젠가 온 세상이 깨닫게 될 거야."라든가 "나중에 어디 가서 나만한 사람을 또 만나겠어?"라는 식으로 말이다. 아마 소시오패스의 매력에 빠지지 않은 객관적인 입장의 사람들이 이런 말을 듣는다면 이상하다고 여기거나 심지어 웃음을 터트릴 것이다.

소시오패스는 보통 사람들에 비해 훨씬 더 많은 흥분과 자극을 원하며, 멈출 수 없는 강렬한 욕구 때문에 신체적·재정적·사회적으로 굉장히 위험한 행동을 감행할 때가 많다. 예를 들면 "허리케인이 왔을 때 해변에 놀러 가자."라든가 "왜 그 주식에 있는 돈을 다 투자하지 않는 거야? 딱 봐도 급등할 거 같잖아!"라든가 아니면 "사장님의 결혼 파티를 망치자. 사장님이 어떤 표정을 지을지 궁금하지 않아?"라는 식이다. 만약 조신하

게 살아온 사람들이 그런 위험한 행동에 대한 제안을 처음 접한
다면 모험적이고 매력적이라고 느낄 수 있다. 소시오패스는 그
런 사람들을 꼬드겨서 위험한 모험에 동참하도록 만든다. 그래
놓고 그들에게 큰 피해가 돌아가는 결과가 생기면 자신의 책임
이 아니라고 발뺌한다.

흔히 소시오패스는 병적으로 거짓말과 속임수를 일삼
고, 연인과 친구에게 기생하는 관계를 유지하는 것으로 잘 알려
져 있다. 특히 얄팍한 감정과 숨 막히는 냉담함, 공허하고 순간
적인 호감을 보이는 것으로도 유명하다. 물론 그런 호감과 애정
조차도 실제로 있는지 어떤지는 알 수 없지만 말이다.

교묘하고 냉담한 행동에 공을 들여야 할 때 소시오패스
는 악어의 눈물을 흘리며 상처받고 연약한 사람인 척 연기를 한
다. 심지어 범법 행위를 하려 하면서도 말이다. 『이토록 친밀한
배신자』에서도 말했듯이, 소시오패스는 정상적인 사람들이 동
정과 연민을 느낀다는 점을 이용하는 '동정 연극pity play'을 하며,
이 동정 연극이야말로 정상적인 사람들이 그들을 알아볼 수 있
는 유일한 소시오패스의 특징이다. 아주 지독한 짓을 저질렀다
는 사실이 드러나거나 거듭 결백함을 주장했던 일이 거짓으로
판명되기라도 하면 소시오패스는 갑자기 다쳤다, 너무너무 우
울하다, 마음 깊이 후회한다, 아주 심각한 병에 걸렸다고 하는
등의 동정 연극을 펼칠 때가 많다. 자신의 정체가 탄로 나면 소
시오패스는 전형적인 3단계의 작전을 구사한다. 처음에는 "내

그저 양심이 없을 뿐입니다

가 왜 그런 짓을 하겠어?"라고 말하며 **무죄 주장**을 하고, 이어서 "안 그래도 요즘 죽고 싶은 심정인데, 이렇게까지 나를 비난하면 벼랑 끝에 몰리는 기분이야!"라는 식으로 **동정 연극**을 한다. 앞의 두 작전으로도 그 일을 덮을 수 없게 되면 마지막으로 **고발자 협박**을 비롯해 곤혹스럽고 부적절한 방식으로 분노를 터트린다.

지금까지 말했던 소시오패스의 증거들을 우리가 안다고 하더라도, 그들은 여전히 자신의 정체를 들키지 않는다. 양심의 부재가 낳는 괴리는 헤아릴 수 없을 만큼 깊고 크기 때문에 우리는 그들의 본모습을 이해하기는커녕 그들의 정체조차 잘 '알아채지' 못한다. 그들이 바로 눈앞에 있거나 심지어 옆에서 함께 잠을 자고 있더라도 말이다. 누구나 당연히 양심이 있을 거라고 믿는 상태에서 눈곱만큼도 양심이 없는 사람을 상대해야 한다면 무슨 수로 그들을 당해 낼 수 있겠는가.

우리가 그들의 정체를 파악하기 어려운 이유는 겉으로 봐선 그들이 전혀 소시오패스처럼 보이지 않기 때문이다. 그들 누구도 살인마인 찰스 맨슨Charles Manson(1969년, '맨슨 패밀리'라는 집단을 이끌며 8명을 살해)처럼 보이지 않는다. 그들의 얼굴은 무섭거나 사악해 보이지 않으며, 미친 사람처럼 보이지도 않는다. 음침하고 외진 곳에 숨어 있지도 않으며 위협적인 목소리로 말하거나 입에 거품을 물고 있지도 않다. 대부분의 소시오패스는 우리 같은 보통 사람들과 다름없어 보이고 우리처럼 말한다. 교

37   1장_ 정서적인 결함, 소시오패시

육, 지능, 재능의 수준 역시 우리처럼 아주 폭넓다. 최저 임금만 받으며 일하는 사람에서부터 대단한 권력이나 정치 경력을 가진 사람까지, 직업도 아주 다양해서 기초 생활 수급자, 복지 정책 입안자, 공장 노동자, 학생, 교사, 예술가, 의사, 변호사, 전문 경영인을 비롯한 우리 사회의 모든 직업군에서 그들을 발견할 수 있다. 그들은 우리와 다르게 보이지 않으며 우리처럼 살아간다. 경찰에 쫓기거나 법정에서 재판을 받거나 감옥에 가는 소시오패스는 극소수에 불과하다.

더더욱 우리의 상식을 뒤집는 사실은 이 '도덕적으로 비정상인' 사람들 중에 정작 살인자는 거의 없다는 것이다. 그들은 다양한 방법으로 사람들을 통제하고 조종하며 파괴하지만 대부분 치명적인 폭력 사건으로 치닫게 하지는 않는다. 피에 굶주린 미치광이는 아주 소수일 뿐이다. 양심 없는 그들 중 대부분은 그런 극단적인 욕망을 채우기보다는 처벌받지 않는 것을 더 중요하게 생각하며 우리가 생각하는 것 이상으로 감옥에 가거나 사형수가 되는 일을 피하고 싶어 한다. 연인을 재정적인 파멸로 이끌거나 동료의 경력을 망치거나 연약한 사람들의 정신에 지워지지 않을 상처를 남기는 등의 행동을 하는 소시오패스에 비해 살인을 저지르는 소시오패스는 드물다. 탄로 날 경우 훨씬 더 심각한 처벌을 받기 때문이다. 그렇다고 죄책감이 없는 그들에게 자신의 행동을 절제하는 내부적인 메커니즘이 있다는 말은 아니다. 다만 철저히 계산하고 행동하는 것일 뿐이다. 자신에게 심각한 결과가 초래될 것 같으면 그들은 냉정한 이성으로 자신의 행동을 절제할 수 있으며 실제로 그런 식으로 교묘하게 법망을 빠져나간다.

그런데도 누군가를 신체적으로 공격하는 상황이 벌어져야 한다면 집처럼 많은 사람들의 이목을 피할 수 있는 장소에서 그런 짓을 저지른다. 형제, 노인, 아이들, 배우자를 반복적으로 학대하는 범죄자들 중에는 소시오패스가 많으며, 이런 경향성은 『정신 질환의 진단 및 통계 편람』 중 냉담을 설명하는 부분에 기술되어 있다. 공격성과 사디즘 역시 이 냉담에 포함된다. 가정 폭력은 아예 기소되지 않거나 기소되더라도 처벌받는 경우가 거의 없기 때문에 소시오패스의 입장에서는 뒷일을 별로 걱정할 필요가 없다.

사람들은 대부분 교도소에 소시오패스가 득실득실할 거라 예상하지만 현실은 그와 정반대다. 반사회적인 행위를 했다가 붙잡혀서 감옥에 가는 경우는 오히려 굉장히 예외적인 일이다. 소시오패스와 그들에게 당한 피해자를 대상으로 연구하는 연구자들은 소시오패스가 주로 현재 우리 사법 체계의 감시망에 걸려들지 않는 범죄들을 저지른다는 사실을 밝혀냈다. 평균적으로 말하면, 미국의 교도소 수감자 중에서 소시오패스의 비율은 겨우 20% 정도에 불과하다.[2] 물론 이 20%가 저지른 범죄가 심각하다는 것만은 틀림없다. 그 20% 중에서 상당수는 상습적인 범죄자이며,[3] 강탈, 무장 강도, 납치, 잔혹한 살인 등 심각한 중범죄를 저지른 범죄자가 절반을 넘는가 하면 반역, 간첩, 테러 등 국가에 대한 범죄를 저지른 자들도 있다. 그럼에도 교도소에 있는 소시오패스는 10명 중 겨우 2명에 불과하다. 설령 그 지역의 법을 어겼다고 해도 소시오패스가 거짓된 동정 연극으로 판사와 가석방 심의 위원회를 속이고 조종하는 일이 흔하다.**4** 브리티시 콜롬비아 대학교University of British Columbia의 심리학 교수인 스테판 포터Stephen Porter 박사는 그들의 동정 연극을 두고 '아카데미상도 받을 만한 명품 연기**5**'라고 말한다. 포터 박사의 연구에 따르면 소시오패스 범죄자들은 상대적으로 복역하는 기간이 짧으며, 조기 석방되는 비율도 일반 범죄자들의 두 배가 넘는다고 한다.

겉보기엔 보통 사람처럼 보일지 몰라도 소시오패스는 남을 속이고 조종하는 능력에 있어서는 타의 추종을 불허한다. 소시오패스에게 당한 경험이 있는 수많은 피해자들에게 혹시 초반에 속고 있다는 의심을 한 적이 있는지 질문하면 한결같이 아무런 위험 신호도 느끼지 못했다고 대답한다. 피해자들은 소시오패스의 첫인상을 매력이 넘치고 다른 사람들의 말에 잘 귀기울이며 굉장히 친절했던 것으로 기억한다. 의심할 만한 구석은 전혀 없었다면서 피해가 현실로 드러날 때까지 피해자들은 아무런 낌새도 채지 못했고, 피해를 당한 이후에도 여전히 그들을 의심하지 않는 사람이 많았다. 앞서 수감자들의 통계를 연구했던 브리티시 콜롬비아 대학교의 로버트 헤어Robert Hare 교수

그저 양심이 없을 뿐입니다

는 사이코패시 점검표(수정판, the PCL-R)를 만들었는데, 이 점검표는 전 세계의 연구자들과 임상 의학자들이 표준 진단 도구로 사용하고 있다. 헤어 교수는 자신이 연구하고 있는 주제에 대해 다음과 같이 단도직입적으로 적었다. "이 세상에 그들이 혼란에 빠트리지 못할 사람은 없다. 금품을 빼앗거나 조종하고 사기를 치는 것은 일도 아니다. 심지어 전문가라도 마찬가지다. 유능한 소시오패스는 그 누구의 마음이라도 멋대로 가지고 놀 수 있다. …… 이들로부터 당신 자신을 지킬 수 있는 가장 좋은 방법은 그 인간 포식자들의 본성을 이해하는 것이다."

쫓고 쫓기는 게임, 지배, 통제에만 몰두하는 그들을 이해하지 못한다면 우리는 도저히 그들을 당해 내지 못한다. 우리 대부분은 아주 괜찮은 사람이다. 우리가 가장 바라는 일은 가능한 한 행복하고 평온하게 살면서 자신과 가족들을 돌보며, 우리 아이들 또한 그렇게 살아가는 모습을 지켜보는 것이다. 때론 우리도 이기적으로 행동할 때가 있겠지만, 전반적으로 보면 우리는 사랑하는 사람들의 평안함과 우리가 하고 있는 일, 활동에서 의미를 얻기 위해 열심히 노력한다. 그리고 필요하다면 큰 희생까지도 감수한다. 삶을 그저 하나의 재밋거리로 여기는 사고방식은 우리 마음 깊은 곳에서 거부감을 불러일으킨다. 우리 대부분에게 있어 삶은 진지한 노력이며 그에 대한 가장 큰 보상은 사랑하는 사람들과의 소중한 관계이다. 인간이라고 해서 누구나 사랑할 수 있고 양심을 가지고 있는 것은 아니며, 그 양심 없

는 소수의 인간들이 인류에게 고통을 안기는 주범이라는 사실
은 당혹감을 넘어 우리를 충격에 빠트린다.

그들을 알아야 하는 이유

양심을 기를 능력이 없다는 건 본질적으로 그렇게 타고
난 것으로, 절대 변하지 않는다. 그렇기 때문에 동정심이나 이
성적인 배려, 신에 대한 경외, 도덕적 우려, 크게는 공식적인 법
률 체계의 요구를 철저히 무시한다. 그럼에도 대부분의 인류 역
사에서 우리는 이런 사실을 이해하지 못했다. 아니, 이해하기를
거부해 왔다는 편이 더 정확하겠다. 지금까지 우리는 악이란 우
리 외부에 존재하는 어떤 힘이나 실체라고 여기며 양심이 없는
인간을 인정하지 않고 심리적으로 거부하는 바람에 소시오패스
라는 문제가 만연하도록 방치한 꼴이 되었다.

소시오패스를 한층 더 깊이 이해할 수 있도록 다음 질
문의 답을 한번 생각해 보자. 겉보기엔 아주 달라 보이는 여러
명의 소시오패스에게는 어떤 공통점이 있을까? 사람들을 속여
돈을 가로채는 가짜 투자자와 소름 끼치는 연쇄 살인범의 공통
점은 무엇일까? 또 부하 직원을 괴롭히는 상사나 가족을 학대
하는 가장처럼 아무 일 없는 듯 우리와 함께 살아가는 수많은
소시오패스와 악명 높은 사기꾼, 연쇄 살인범은 어떤 면이 서로

그저 양심이 없을 뿐입니다

닮았을까? 감을 잡았겠지만 바로 얼음처럼 차가우며 감정이 없는 공허함이다. 다음 장에서는 언뜻 보면 굉장히 달라 보이는 각각의 소시오패스의 속은 어떠한지 심리학적인 해부 결과를 알려 주고자 한다.

'악'이 심리학적·신경학적 결함임을 잘 이해하면 어느 순간 상당히 충격적인 패러다임의 전환이 일어난다. 즉, (소시오패스를 '알아채지' 못해서) 스스로 그들보다 약하다고 여기고 두려워하던 기존의 사고방식에서 벗어나, (현실에서 그들의 공허함이 어떤 모습인지 알면) 어떤 방식으로 그 무자비한 자들에게 맞서야 하는지를 깨닫게 된다. 다시 말하면 우리가 복수심에 가득 차서 허둥지둥 미신적인 방식으로 그들을 상대할 게 아니라 이성적이고 인도적이며 효과적인 방식으로 맞서야 한다는 사실을 이해하게 된다. 앞으로 4개의 장에 걸쳐 소시오패스가 (1)당신의 자녀일 때, (2)직장 동료 또는 업무상 상대해야 하는 사람일 때, (3)양육권 문제로 법정에서 다투는 배우자일 때, (4)직접적인 폭행이나 사이버 폭력을 휘두르며 당신을 괴롭히는 사람일 때의 네 가지 경우를 살펴볼 생각이다. 그리고 그다음 장에서는 당신 스스로를 지킬 수 있는 10가지 지침을 말해 주겠다.

소시오패스를 상대할 때 가장 중요하고 실천해 볼 만한 원칙은 로버트 헤어 교수가 천명한 일반 원칙이다. **소시오패스를 물리치려면 그 '인간 포식자'의 본성을 이해해야만 한다.** 나는 이 책을 통해 당신이 그들의 본성을 아주 명확하게 이해함으로

써 그들로부터 당신 자신을 지켜 내기를 바란다. 아울러 그들을 '알아보는' 새로운 방법을 원하는 당신의 요구에 내가 부응하고 당신의 불안과 외로움을 덜어 줄 수 있었으면 한다.

다음 장에서 나는 악의 개념에 대한 당신의 사고방식과 악한 사람, 선한 사람, 나아가 인간 종족 전체에 대한 당신의 생각에 근본적인 변화를 일으킬 만한 것들에 대해 이야기할 것이다. 첫 번째는 '감정적으로 공허한' 아이들을 기르느라 고군분투하는 다정한 부모들의 이야기이다. 수세기 동안 우리가 인간 본성에 대해 가지고 있었던 유구한 관념과는 달리 그 아이들은 선천적으로 사랑을 할 능력 없이 태어났다.

타인은 말할 것도 없고 부모조차 사랑하지 않는 아이들을 길러야 한다면 그 부모는 윤리적으로 그리고 인도적으로 무엇을 할 수 있을까? 이 막막한 질문을 이해하고, 어린 소시오패스는 과연 어떤 모습일까라는 논란이 많은 주제에 대한 통찰을 얻기 위해 사일러스라는 소년의 이야기를 살펴보도록 하자. 이 야기는 초강력 폭풍 샌디가 뉴욕을 강타한 다음 날 아침에 시작한다.

그저 양심이 없을 뿐입니다

내 아이가

소시오패스라면?

양심 없는 아이들

"내가 낳은 어여쁜 큰아들이 괴물이라니⋯⋯.
도저히 받아들이지 못하겠어요."

— 테네시의 한 어머니가

"어떻게 울부짖는 부모를 보며 쾌감을 느낄 수 있는 걸까요?
이토록 어린 여자애인데."

— 토론토의 한 아버지가

11살 사일러스는 엄마가 멍청하다고 생각한다. 초강력 폭풍 샌디가 스테이튼 아일랜드를 덮치기 전에 대피소로 데리고 가지 않았기 때문이다. 하지만 한편으로는 대피하지 않아서 즐거워하고 있다. 그 덕에 지루하기만 했던 가족의 일상에 소동이 벌어졌으니까 말이다. 사일러스는 밤새 캄캄한 방 안에서 폭풍이 몰아치는 소리를 들으며 어수선한 트윈 침대에 앉아 있었다. 집에서 미들랜드 해변까지는 불과 1마일 거리밖에 되지 않았기 때문에 집으로 쏟아져 들어오는 파도와 바람 소리는 마치 거대한 화물 열차가 집을 향해 달려오는 듯했다. 계속해서 벽이 흔들리는 게 느껴질 정도였다. 벽이 세차게 떨릴 때마다 사일러스는 아주 큰 소리로 "끝내주네!" 하고 외쳤다. 폭풍은 이제 막 이 마을을 지나고 있었다. 사일러스는 이 정도의 폭풍이라면 길거리에 죽은 지 얼마 안 된 사람들이 널려 있겠다는 생각이 들었다. 그걸 보면 얼마나 재미있을까!

엄마가 창문에 붙여 놓은 배관용 망사 테이프 사이로 햇빛이 희미하게 비쳐 들자 사일러스는 이제 시작해야겠다고 마음먹었다. 사일러스는 아주 이른 시간에 출발해야 한다고 생각했다. 그래야 정신 차리고 슬슬 밖으로 나오는 이웃들과 해변으로 몰려오는 구조 대원들을 피할 수 있기 때문이었다. 모든 계획은 밤사이 이미 다 세워 둔 터였다. 사일러스는 모자가 달린 노란 재킷을 입고 부츠를 신었다. 그러고는 엄마가 부엌 싱크대 밑에 놓아둔 아주 크고 검은 쓰레기 봉지 하나를 챙겼다.

　　　　　　　　　　　　　2장_ 내 아이가 소시오패스라면?

복도를 따라 부엌으로 내려간 사일러스는 엄마의 침실을 지났다. 엄마는 아직 침실에 있었다. 사일러스가 집을 나서는데도 엄마는 사일러스를 막으려 하지 않았다. 사실 엄마는 사일러스를 통제하는 것뿐 아니라 옥신각신 승강이를 벌이는 것조차 그만둔 지 오래였다. 사일러스는 뭐든지 마음대로 했다. 엄마가 대피소로 가지 않은 이유 중에는 사일러스가 여러 사람들 앞에서 '부끄러운' 행동을 하지는 않을까 하는 걱정도 한몫했다는 걸 사일러스는 잘 알고 있었다. 사실 엄마의 신경을 긁는 건 사일러스에게 너무나 쉬운 일이어서 하품이 나올 정도였다. 사일러스의 아빠 역시 사일러스를 감당하기 힘들어서 2년 전, 집을 나갔다.

침실에 있던 사일러스의 엄마는 이미 잠에서 깨어 있었다. 복도에 울리는 발소리에 그녀는 방문을 열고 잠깐 걱정스런 표정으로 귀를 기울이다가 천천히 부엌으로 향했다. 그녀는 중심을 잃지 않으려는 듯 오른쪽 손가락 끝으로 벽을 더듬으며 걸었다. 부엌에 도착하자 상자에서 쓰레기 봉지를 꺼내는 사일러스의 모습이 보였다.

"뭐 하는 거야?" 엄마가 물었다.

"신경 쓰지 마." 사일러스가 대답했다.

재킷 주머니에 봉지를 쑤셔 넣은 사일러스는 엄마를 보지도 않고 비에 젖은 부엌문을 열고 밖으로 나갔다. 엄마가 보기에 밖은 아직 위험하고 어두컴컴한 새벽녘이었다. 엄마는 불

그저 양심이 없을 뿐입니다

현듯 사일러스가 이대로 돌아오지 않는다면 어떤 기분일지 궁금해졌다. 이런 생각을 하면 안 된다며 떨치려 했지만 그 생각은 엄마의 머릿속을 떠나지 않았다. 솔직히 엄마 자신도 어떤 기분이 들지는 상상이 되지 않았다. 다만 그런 생각을 떠올렸다는 죄책감에 가슴이 조여드는 듯했다. 그녀는 마지막으로 심호흡을 해 본 게 언제였는지 애써 기억을 더듬어 보았지만 늘 수치심과 공포에 휩싸여 조마조마하게 지냈기에 그때를 떠올릴 수 없었다.

집 뒤쪽 계단으로 내려간 사일러스는 물웅덩이를 지나 늪처럼 변한 앞마당에 도착했다. 이제 최악의 폭풍은 지나간 게 확실했지만 칙칙한 잿빛 하늘은 여전히 불길해 보였다. 길 건너편을 보며 사일러스는 그나마 자기 집은 폭풍을 아슬아슬하게 피했다는 걸 알게 되었다. 건너편에 있는 집들 대부분은 아주 심하게 망가져 있었으며 어떤 집은 지붕 전체가 날아가고 없었다. 사일러스는 "이야, 끝내주는데!" 하며 나직이 탄성을 토했다. 모자를 벗은 사일러스는 그나마 물에 덜 잠긴 길을 따라 걸으면서 해변으로 향했다. 교차로에서 가장 높은 곳에 이르자 물은 완전히 빠져 있었고 아스팔트 위에는 생뚱맞게 작은 청홍색 게들이 걸어 다니고 있었다. 사일러스는 지나가는 게를 발로 툭 차서 뒤집어 놓고는 게가 어떻게 나오는지 지켜보았다. 하지만 게는 칙칙한 배를 드러낸 채 발만 연신 흔들어 댈 뿐이었다. 재미가 없어진 사일러스는 바스락거리는 소리가 들리지 않을 때

　　　　　　　2장_ 내 아이가 소시오패스라면?

까지 부츠 뒤꿈치로 게를 밟아 뭉개고는 다시 해안 쪽으로 걸어 갔다. 동네 놀이터에 다다른 사일러스는 그네 앞에 보트가 있는 걸 발견하고는 배를 잡고 깔깔 웃었다. 바다에서 타는 진짜 보트가 놀이터까지 떠내려온 것이었다.

놀이터 너머는 폭탄이라도 떨어진 듯했다. 그 많던 집들은 온데간데없고 뼈대만 겨우 남아 있었다. 사일러스는 뭐부터 할지 고민했다. '그래, 시체들은 어디에 있을까?' 사일러스가 이런 생각을 하고 있을 때, 밝은 빨간색의 반짝이는 뭔가가 눈에 들어왔다. 그 빛은 날아간 집의 잔해가 어지럽게 널려 있는 잿빛의 집터에서 나오고 있었다. 사일러스는 그곳으로 걸어갔다. 여기저기 튀어나온 철사와 전선을 피하며 얼마 남지 않은 나지막한 콘크리트 벽을 넘어가자 마침내 방에 다다를 수 있었다. 이전에는 사람과 물건들로 채워져 있었겠지만 지금은 탄식을 자아내는 폐허일 뿐이었다. 물이 무릎 위까지 차올랐는데도 사일러스는 전혀 개의치 않았다. 그 빨간색 물체는 마루판 조각 사이에 끼어 있었다. 가까이 다가가서 살펴보니 그건 조그맣고 빨간 클리포드Clifford the Big Red Dog, 애니메이션의 주인공 강아지 인형이 었다. 사일러스는 인형을 살살 잡아당겨서 꺼낸 다음, 잠깐 이리저리 살펴보다가 쓰레기 봉지 안에 집어넣었다. 물이 뚝뚝 떨어지는 인형은 돈이 될 것 같아 보이진 않았지만 그래도 나쁘지 않은 물건이었다.

조금 더 바다에 가까워지자 기초만 남고 완전히 날아간

그저 양심이 없을 뿐입니다

집 몇 채가 나타났다. 그중 하나는 칼로 잘라 낸 듯 집의 절반이 사라지고 없었고 비스듬하게 기울어진 오른쪽 절반만 남아 있었다. 내부가 드러난 잔해들 사이로 11살 아이가 비집고 들어갈 정도의 틈이 있었다. 집의 절반 높이에 있던 물건까지 젖은 채 여기저기 널브러져 있었다. 그런데 놀랍게도 내부의 벽은 온전해 보였다. 시신이 없는 걸로 봐서 여기 살던 사람들은 폭풍이 오기 전에 빠져나간 듯했다. 사일러스는 뭔가 쓸 만한 게 없는지 둘러보기 시작했고, 침실 바닥에서 반짝이는 목걸이 세 개와 반지 한 개를 발견하고는 가지고 온 봉지에 담았다. 하지만 그 이후로는 값이 나갈 만한 물건은 보이지 않았으며 특히 전자제품은 모두 흠뻑 젖어서 건질 게 하나도 없었다. 부엌 수납장을 뒤지자 멀쩡한 오레오 쿠키들이 나왔고 그것들도 사일러스의 봉지 속으로 들어갔다. 부엌 서랍에서는 별로 젖지 않은 종이 앨범이 나왔는데 그 안에는 어린 소년의 생일 파티 사진들이 가득 들어 있었다. 사진을 넘겨보던 사일러스는 바로 이 집에서 파티가 열렸다는 걸 알았다. 나중에 이 집에 살던 사람들이 돌아와서 이 사진들이 멀쩡하게 남아 있는 걸 보면 기뻐할 거란 생각이 들자 사일러스는 히죽거리며 사진들을 바닥 가운데 있는 물웅덩이에 던져 넣었다.

구조 대원과 경찰이 나타나려면 아직 시간이 좀 있을 거라 생각한 사일러스는 더 좋은 곳을 찾을 요량으로 반으로 쪼개진 그 집에서 기어 나왔다. 얼마 떨어지지 않은 곳에 뭔가 있을 법한 커다란 집이 있었다. 집을 둘러싸고 있는 현관 지붕이 부서져 내리면서 집 앞에는 널빤지들이 떨어져 있었기 때문에 집 앞쪽의 벌어진 틈까지 가려면 그 잔해들을 지나가야 했다. 상당히 위험한 도전이었지만 사일러스는 별 탈 없이 집 안으로 들어갈 수 있었다. 이번에는 먼저 부엌부터 확인했다. 그런데 부엌 테이블 위에 손전등과 양초 상자가 있던 흔적을 발견했다. 사일러스는 어젯밤에 틀림없이 누군가가 여기에 있었으며, 그 사람은 전기가 나갈지도 모른다는 생각에 손전등과 양초를 준비했을 거라 판단했다. 어쩌면 아직 주변에 누군가가 있을 수도 있었다.

"여기요! 누구 있어요?"

사일러스가 외쳤지만 아무런 대답도 들려오지 않았다. 사일러스는 잠시 기억을 돌이켰다. '대피 안 하고 그냥 집에 있기로 했을 때 멍청한 우리 엄마가 폭풍에 대비한답시고 했던 게 뭐였더라?' 문득 엄마가 창문에 수도관용 테이프를 붙이고 손전등을 찾아 꺼내 놓았으며 지하실로 가서 가스 밸브를 잠갔다는 게 떠올랐다. 사일러스는 부엌을 둘러본 다음 지하실로 통하는 문을 열고 계단을 내려가기 시작했다. 아래쪽에서 손전등 빛에 반짝이는 어떤 물체가 보였다. 지하실은 사일러스의 허리 높이까지 물이 차 있었다. 손전등으로 주위를 비춰 보던 사일러스는 물 아래쪽으로 얼굴을 파묻은 채 떠다니는 백발의 시신을 발견했다. '쓸모없는 노인네가 폭풍이 오기 전에 탈출도 하지 않고

그저 양심이 없을 뿐입니다

뭘 한 거야, 멍청하게.' 사일러스는 물을 가르며 시신에 다가가 주머니를 더듬기 시작했다. 첫 번째 주머니는 비어 있었지만 두 번째 주머니에서 지갑이 나왔다. 지갑 속에는 몇 장의 사진과 신용 카드, 100달러짜리 지폐 2장이 들어 있었다. **획득 성공!**

사일러스는 좀 더 있으면서 익사한 시신을 관찰하고 싶었지만 이제 서둘러야 한다는 사실을 알고 있었다. 시신의 모습을 눈에 담아 두겠다는 듯 한참을 쳐다본 사일러스는 쓰레기 봉지를 놔두었던 부엌으로 다시 올라왔다. 사일러스는 흠뻑 젖은 지갑을 봉지 안에 던져 넣은 후 다시 서둘러 집 안을 둘러보았다. 하지만 쓸 만한 것들은 별로 없고 책만 많이 있을 뿐이었다. 막 떠나려던 참에 사일러스는 CD 더미를 발견했다. 맨 위에 있는 CD에는 요요마Yo-Yo Ma라고 적혀 있었다. 이름이 재미있다고 생각한 사일러스는 요요마의 CD를 봉지에 넣은 다음, 의식이라도 치르듯 끈을 당겨 입구를 졸라맸다.

바깥에는 이제 불빛들이 반짝이고 몇몇 사람들이 진흙탕을 헤치며 돌아다니고 있었다. 사일러스는 얼굴이 다 가려지도록 모자를 깊이 눌러 썼다. 물에 젖어 춥기도 했지만 그보다는 절대 잡히고 싶지 않았기 때문이다. 배고픔을 느낀 사일러스는 집으로 돌아가기로 했다. 집에 도착해 보니 엄마는 여전히 침실에 있었다. 자기 방으로 돌아가 옷을 갈아입은 사일러스는 쓰레기 봉지에서 지갑을 꺼낸 후 신용 카드와 200달러를 챙겨 주머니에 넣었다. 그다음에는 오레오 쿠키 상자를 꺼냈다. 그리고 상자 속에서 오레오 12개를 꺼내 3줄로 나눠서 쌓은 다음 먹어 치우기 시작했다. 쿠키를 돌려서 떼어 낸 다음, 속에 있는 크림부터 핥아먹는 사일러스의 모습은 여느 아이들과 하나도 다르지 않았다.

3일 후, 엄마는 몰래 사일러스의 방에 들어갔다. 사일러스에게 들킨다면 청소를 하려던 참이라고 둘러댈 작정이었다. 완전히 거짓말은 아니었다. 엄마가 찾고 있었던 건 폭풍이 지나간 다음 날 아침에 사일러스가 들고 나갔던 쓰레기 봉지였으니까 말이다. 이 녀석이 대체 무슨 짓을 했던 걸까?

쓰레기 봉지는 옷장 안의 더러운 셔츠 밑에 숨겨져 있었다. 엄마는 봉지를 열어 안에 있는 물건들을 확인했다. 곰팡이가 생기기 시작한 흠뻑 젖은 클리포드 인형, 열려 있는 오레오 쿠키 상자, 클래식 음악 CD, 진짜처럼 보이는 금붙이 몇 개…… 그리고 가장 밑바닥에는 뻣뻣하고 비틀어진 가죽 지갑이 나왔다. 지갑 속에 돈은 하나도 없었고 망가진 사진만 몇 장 들어 있었다. 잠깐 의아해하던 그녀는 순간 이 지갑이 어디서 나왔을지를 깨닫고는 기겁을 하며 바닥에 던졌다. 부들부들 떨리고 숨이 막힌 그녀는 사일러스의 작은 침대에 주저앉았고, 절망적인 자신의 아이를 생각하며 얼굴을 양손에 묻은 채 울음을 터트렸다.

그저 양심이 없을 뿐입니다

절망적인 아이들

11살의 사일러스는 위험한 일을 즐기고 잔인한 행동과 도둑질을 쉽게 저지르며 얼음처럼 차가운 감정을 지닌 데다 사랑을 하지 못한다. 사일러스는 결코 순진무구한 아이가 아니며 그의 이야기는 선뜻 믿기지 않을 정도다. 하지만 이 세상에는 분명 사일러스 같은 아이들이 실제로 살고 있다.

아이의 순진무구함은 어른들에게 굉장히 중요하다. 살아가는 동안 우리에게는 여기저기 모난 구석이 많이 생겨난다. 그럼에도 아이들은 그에 아랑곳하지 않고 우리를 사랑한다. 세상의 풍파를 겪은 우리 어른들은 겉치레와 가면으로 스스로를 겹겹이 감추고 있지만, 순진무구한 아이들은 어른들로 하여금 예전에는 솔직하게 표현하며 살았다는 사실을 다시금 떠올리게 한다. 어린아이에게는 거짓이 없다. 실망하거나 아프거나 정말 뭔가 필요할 때는 울음을 터트리고 아주 기쁠 때는 웃음을 짓는다. 물론 울기보다는 웃을 때가 훨씬 더 많다. 욕구, 즐거움, 호기심을 있는 그대로 느끼고 아무런 계산 없이 누군가를 사랑할 수 있는 아이들의 기적과 같은 능력은 인간 본질의 핵심이 무엇인지 아주 잘 보여 준다.

그런데 당신은 이제 순진무구하지 않은 아이들이 있다는 걸 알게 되었다. 이 사실을 알고 나니 어떤 기분이 드는가? 어쩌면 마음 깊이 공포를 느끼는 건 물론이고 전율할지도 모르

2장_ 내 아이가 소시오패스라면?

겠다. 나 역시 실제로 그런 두려움을 경험했다. 그때 나는 심리 치료 센터에서 일하는 어리숙한 대학원생이었고, 그날은 성폭행범을 면담하기로 예약되어 있었다. 일대일로 진행하는 면담 시간이 다가오자 갑자기 알 수 없는 불안감이 나를 덮쳤고 면담을 하지 않았으면 하는 난처한 바람이 불쑥 나타났다. 동시에 그 사례에 대한 나의 지적 호기심 역시 자취를 감추고 말았다. 다시 마음을 가다듬고 대기실로 간 나는 경악하지 않을 수 없었다. 거기에 앉아 있는 건 겨우 12살짜리 아이였기 때문이다! 마른 체형의 아이는 나이보다 더 어려 보였고 어머니가 짜 주었을 것 같은 큰 스웨터의 목을 잡아당기며 장난을 치고 있었다. 얼굴 위로 드리워진 옅은 갈색 머리칼 뒤로 보이는 아이의 파란 눈에는 지루함이 가득했다. 어른들로 가득한 대기실에 있는 보통의 아이들이 그런 것처럼 말이다. 그 아이는 전혀 무서워 보이지 않았고 오히려 함께 있으면 안전할 것 같은 느낌이었다.

이 평범해 보이는 아이가 한 달 전쯤 여동생의 침실에 숨어 있다가 동생을 덮쳐서 성폭행했다는 사실을 나는 알고 있었다. 당시 잠겨 있던 문을 부수고 들어간 아이 엄마의 눈에 비친 건 비명을 지르는 여섯 살 난 딸 위에 열두 살 난 아들이 올라가 있는 장면이었다. 대기실에 앉아 있는 그 아이의 옆에는 지친 얼굴의 부모와 엄마 옆에 찰싹 달라붙어 무릎 위로 올라가려고 하는 여섯 살 난 여동생이 함께 있었다.

나는 아이를 개인 상담실로 데려갔다. 건너편 의자에

앉은 아이는 여전히 지루해 보였다. 내가 던진 질문에 아이는 아주 짧게 대답했다. 나이를 감안한다고 하더라도 지나치게 짧은 대답이었다.

"네가 왜 여기에 와 있는지 아니?" 나는 물었다.

"네." 아이는 대답했다. 아이가 좀 더 얘기해 줬으면 하는 생각에 나는 다시 물었다.

"그 이유를 말해 줄 수 있니?"

"제가 한 일 때문이에요."

"네가 뭘 했는데?"

"여동생을 아프게 한 것 같아요."

"여동생을 아프게 했다고? 그래서 기분이 안 좋니?"

아이는 잠시 작은 방을 둘러보았다. 하지만 눈을 끌 만한 게 아무것도 없자 다시 나를 바라보며 말했다.

"그럼요."

나머지 질문에도 아이는 같은 식으로 대답했다. 적절한 대답처럼 보이긴 했지만 진심은 느껴지지 않았다. 이미 차트에 기록된 내용에 내가 추가할 만한 건 하나도 없었다. 나와 상담하는 30분 동안 아이는 어떠한 폭력적인 행동이나 문제가 될 만한 행동도 하지 않았다. 또한 아이는 이상하게도 자신이 저지른 행동에 죄책감을 느낀다거나 지금 겪고 있는 상황을 무서워하는 것처럼 보이지 않았다. 내가 던지는 질문에 당황하는 모습조차 보이지 않았다. 솔직히 그 아이에게서는 어떤 감정도 찾을 수 없었으며 정작 감정적인 반응을 보인 건 나 자신이었다. 정말 놀라운 일이었다. 나는 어른이었고, 권위를 가진 상황이었다. 반대로 아이는 아직 어리고 나의 권위에 순응해야 하는 처지였다. 그럼에도 단둘이 있는 그 상황에서 불안함을 느낀 건 그 아이가 아니라 나였다. 아이에게 이제는 대기실로 가도 좋다고 말할 때까지 내 심장은 심하게 고동쳤고 약간의 어지럼까지 느낄 정도였다.

아동 보호 서비스와 가정 법원에서는 그 아이에게 치료받을 것을 명령했다. 나는 적당한 치료사를 연결해 주는 일을 맡고 있었기 때문에 법원의 치료 명령을 받은 환자를 자주 담당했던 심리학자에게 그 아이를 소개해 주었다. 그 짧은 면담 이후로 나는 그 아이를 다시 보지 못했다. 그 이후로도 똑같이 불안한 병력을 가진 여러 아이들을 만나 보았지만 내 기억에 가장 또렷이 남아 있는 건 역시 그 괴물 같은 아이였다. 그 아이가 내 생에 처음 만난 아동 성폭행범이었기 때문일까? 아니면 아이 부모의 슬프고 지친 얼굴, 웃음과 활기가 자취를 감춘 그들의 눈동자를 잊을 수 없어서일까? 아무튼 나는 그 부모들이 앞으로도 가야 할 길이 한참 남았다는 걸 알았다. 당시에는 부모가 억지로 치료사에게 데려갈 수 있는 어린아이였지만 나중에 자라고 나면 그렇게 할 수 없을 게 뻔했다. 아마 얼마 안 가 그 아이는 자기가 하고 싶은 대로 행동하며 가족의 마음을 산산조각 내고 다른 사람에게도 상처를 주었을 것이다.

그저 양심이 없을 뿐입니다

그 아이와 겨우 30분을 마주한 나도 이렇게 스트레스를 받았는데, 그 아이로부터 결코 벗어나지 못하는 부모는 어떨까? 그토록 냉담한 아들을 보며 결국 자신들을 비난하지는 않았을까? 아들과 함께해야 하는 운명임을 절감했을 때 그들은 어떤 선택을 할까? 부모의 사랑으로 견뎌 낼 수 있는 두려움과 수치심은 어느 정도일까? 단 한 톨의 죄책감도 느끼지 못하는 아이의 부모로 살아가는 삶은 도대체 어떨까?

그런 아이들의 부모가 내게 보낸 편지를 보면 그들이 얼마나 비통한 삶을 살고 있는지 이해할 수 있다. 그들의 편지를 읽을 때마다 나는 켜켜이 쌓인 공포로 완전히 절망한 그들을 떠올리며 뼛속 깊이 파고드는 아픔을 경험한다. 그리고 그 편지 역시 수많은 고통스런 사례들 중 하나에 불과할 뿐이라는 사실을 나는 잘 알고 있다. 절망에 빠진 한 아버지는 나에게 이런 편지를 보내왔다.

저는 반사회적 인격 장애라고 진단받은 아이의 아버지입니다. 제 아들은 이제 18살입니다. 지난 5년간 제 삶은 지옥 그 자체였습니다. 제 아들은 사관 학교에 서머스쿨까지 6군데나 되는 학교를 옮겨 다닌 끝에 겨우 고등학교를 졸업했습니다. 아들은 너무나 폭력적인 데다 심한 마약 중독에 빠져 있습니다. 아마 세상에서 가장 끔찍한 사람일 겁니다. 절대 자기가 뭔가를 잘못했다고는 생각하지 않고 후회하는 법도 전혀 없습니다. 그래서 저는 아들을 쫓아냈죠. 지금은 친척집에서 살고 있는데 친척들에게는 완벽한 사람인 척하며 감쪽같이 속이고 있다고 합니다.

아들이 학교를 다니는 동안 저는 경찰에 체포된 아이의 뒤처리에서부터 학교의 퇴학 처분과 폭행 사고 수습, 약물 중독 재활 센터 방문 등 그 아이가 저지른 수많은 일들을 뒤치다꺼리하며 보냈습니다. 불쑥 떠오르는 지난 힘든 일들과 떠나지 않는 죄책감 때문에 너무너무 힘듭니다. 왜 이런 일이 일어났는지 이해하기도 어렵습니다. 상담을 받아 보기도 했지만 그분들은 제가 얼마나 힘든지 잘 모르는 것 같았습니다.

저는 삶을 되찾고 싶습니다. 아내와 어린 아들, 제 자신을 위해서요. 큰아들을 용서하고 싶긴 하지만 지금은 안 될 것 같습니다. 그 아이는 결국 감옥에 갈 거라는 직감이 드는데 그렇다고 제가 그걸 막을 방법이 있겠어요? 불가능한 일이라는 걸 저도 잘 압니다.

편지를 하나 더 읽어 보자.

제 아들은 참 똑똑했어요. 문제는 그 재능을 전부 나쁜 쪽으로 쓴다는 거예요. 저는 걔가 고등학생이 되었을 쯤에야 이런 사실을 알았어요. 우리 아이와 만나기만 하면 누구든

그저 양심이 없을 뿐입니다

지 끔찍한 고통을 겪게 된답니다. 아들이 항상 제일 친한 친구라고 말했던 아이는 자살했어요. 친구들끼리 모여 게임이라도 하기 시작하면 아들은 결국 같이 놀던 아이들을 때려요. 안 그럴 때가 없었어요. 이런 일이 계속 반복됩니다. 언제는 뜨거운 다리미로 6살 난 여동생의 목을 지진 적도 있었어요. 늘 이런 식이에요.

위의 두 가지 짧은 이야기에서 우리는 죄책감이 없는 아이들의 공통적인 특징을 알 수 있다.

- 끊임없이 학교에서 문제를 일으킨다.
- 폭력성이 있다.
- 약물 문제에 연루되어 있다.
- 가증스럽다(비열하다).
- 책임지기를 거부한다.
- 후회하지 않는다.
- 매력을 이용해 사람들을 현혹한다.
- 다른 사람을 마음대로 조종하려고 한다.
- 다른 사람의 삶을 망친다.
- 형제들을 공격한다.

뿐만 아니라, 부모에게 미치는 심각한 영향도 알 수 있다.

2장_ 내 아이가 소시오패스라면?

- 극도의 피로와 탈진.
- (때로는 연속적으로 상기되는) 트라우마 반응.
- 착란.
- 자기 비난과 죄책감.
- (심지어 상담을 받는 중에도 자주 느끼는) 고립감.
- 가족 전체의 혼란.
- 미래에 대한 두려움.

어느 어머니가 보내온 이야기를 하나 더 읽어 보자. 이 소름 끼치는 이야기는 죄책감이 없는 아이를 둔 부모가 자주 맞닥뜨리는 또 하나의 믿기지 않는 상황을 말해 준다.

저는 여동생의 간청으로 갓난쟁이였던 조카를 떠맡게 되었어요. 동생은 원래 아이를 가질 생각이 없었기 때문에 양육 준비를 못했다고 했어요. 게다가 남편이 아버지 노릇을 할 수 있을지 걱정된다고 하더라고요. 제부란 작자는 술주정뱅이에 폭력 성향까지 있었거든요. 그런데도 여동생은 남편과 갈라서지 못할 거 같았어요. 저희 부부는 조카를 정말 내가 낳은 아들처럼 여겼고 사랑이 넘치는 가족이 될 수 있도록 최선을 다했어요. 딸과 차별하지 않았죠. 하지만 얼마 안 가 조카가 늘 거짓말을 해 댄다는 사실을 알게 되었어요. 이제 겨우 걸음마를 하는 어린아이였는데

그저 양심이 없을 뿐입니다

말이에요. 누가 자기를 때리거나 괴롭힌 것처럼 연기를 하면서 동정을 받으려고 애썼어요. 그러고는 딸아이의 물건을 훔치기 시작했어요. 그러다 들켜도 자신이 한 일이라고 절대 인정하지 않았죠. 저희 부부는 늘 조카를 지켜봐야 했어요. 잠깐이라도 눈을 떼면 누군가를 때릴 것 같았거든요. 저는 저희 가족의 안전이 걱정되기 시작했어요. 전에도 아이가 물건을 훔쳐 갈까 봐 침실 문을 잠그고 살았는데 이제는 자는 동안 몰래 들어와서 저희를 공격할까 봐 밤에도 문을 잠글 지경이에요.

아이에게 공격당할까 봐 밤마다 침실 문을 잠가야 하는 가정이 있다는 이야기를 들으면 아마 대부분의 사람들이 충격받을 것이다. 그러나 죄책감 없는 아이가 집에서 폭력적인 행동을 하고 심지어 살인까지 저지르는 건 그렇게 드문 일이 아니다. 보통 이런 종류의 행동은 가족 중에서 가장 작고 약한 사람을 대상으로 일어난다.

내가 직접 낳은 아들, 로버트가 소시오패스라니, 저는 정말 믿고 싶지 않았어요. 그렇지만 부모로서 아무리 따뜻하게 보듬어 줘도 로버트가 가족들을 때리고 괴롭히는 걸 막을 수 없었죠. 다섯 살 터울인 여동생 신디가 태어나고 얼마 지나지 않아 저는 후회했답니다. 신디를 사랑하지 않아

서가 아니라 로버트가 신디에게 한 짓 때문이에요. 로버트
는 신디가 걸음마를 떼지 못했을 때부터 괴롭히기 시작했
어요. 신디의 팔에는 어떻게 생겼는지 이해할 수 없는 화상
이 있었고 다리에는 멍 자국도 있었어요. 늘 조심하며 지
켜보았지만 로버트가 하는 일을 완전히 막을 수는 없었죠.
그러다 큰 사건이 터지고 말았어요. 신디는 겨우 두 살이
었고 그때 막 걸음마를 시작하려던 참이었어요. 그래서 저
희 부부는 혹시 신디가 지하실로 가는 계단에서 굴러떨어
질까 봐 입구를 막는 문을 설치한 상태였지요. 저는 침실
에서 빨래를 개키느라 잠깐 방심했어요. 로버트가 밖에서
놀고 있는 줄 알았거든요. 그때 계단 아래쪽에서 뭔가 계
속 부딪히는 소리가 들렸어요. 저는 미친 듯이 뛰어 내려
갔어요. 그리고 지하실 콘크리트 바닥에 누워 있는 신디를
발견한 거예요. 신디의 몸은 이리저리 일그러져 있었고 숨
을 쉬지 않았어요. 저는 고개를 들고 로버트를 쳐다봤어
요. 계단 위에 서 있는 로버트에게서 놀라움이나 충격 같
은 건 전혀 찾아볼 수 없었어요. 자기와는 상관없는 일이
라는 듯 어깨를 으쓱하더니 신디가 문 여는 방법을 알아냈
을 거라고 하더군요. 하지만 저희 부부는 틀림없이 저 녀
석이 우리 신디를 죽였을 거라고 확신했어요.

로버트처럼 끔찍한 아이들을 둔 부모들의 입장에서는

그저 양심이 없을 뿐입니다

친절하지도 않고 도리어 헷갈리게 하는 정신과 용어들이 마음에 와닿지 않을 때가 너무나 많다. 로버트가 어린 신디를 죽게 만든 이후 로버트의 엄마는 그를 소시오패스라고 불렀다. 그간의 사정을 아는 사람이라면 누구나 그런 그녀의 행동이 당연하다고 여길 것이다. 하지만 전문적인 견지에서 보면 전혀 그렇지 않다. 미국 정신 의학 협회는 소시오패스 즉, 반사회적 인격 장애라는 진단을 성인인 환자에게만 적용하기 때문에 지금의 정신 질환 진단 체계에서는 7살 어린이를 절대 소시오패스라고 진단하지 않는다. 그래서 『정신 질환 진단 및 통계 편람-5』에서는 18살 미만의 환자일 경우 반사회적 인격 장애 대신 '품행 장애conduct disorder'로 진단하기를 권고한다. 실제로는 품행 장애가 반사회적 인격 장애보다 더 이해하기 어렵고 헷갈리는 진단명인데도 말이다. 품행 장애는 사회적 규범과 타인의 권리를 지속적으로 침해하는 것이 특징이며, 대표적인 증상으로는 파괴 성향, 거짓말, 무단 결석, 기물 파손, 절도, 고문 및 살해, 언어·신체적 공격성, 사람에 대한 잔인하고 해로운 행동, 죄책감과 후회의 결핍 등이 있다.

만약 품행 장애 진단을 받은 아이의 부모가 품행 장애 아이에 대한 적절한 대처 방법을 알고 싶다면, 정신 의학 전문가들이 정립한 진단 기준부터 이해해야 한다. 짐작하겠지만, 그 기준은 복잡할 뿐만 아니라 다소 당혹스런 느낌마저 들게 한다. 『정신 질환 진단 및 통계 편람』에서는 품행 장애에서 나타나는 증상으로 다음의 15가지 행위를 들고 있다.

- 다른 사람을 괴롭히거나 협박하거나 위협하는 일이 빈번하다.
- 자주 신체적인 다툼을 벌인다.
- 다른 사람에게 심각한 신체적 손상을 입힐 수 있는 무기(예: 방망이, 벽돌, 깨진 병, 칼, 총)를 사용한 적이 있다.
- 사람에게 신체적으로 잔인한 행동을 한다.
- 동물에게 신체적으로 잔인한 행동을 한다.
- 피해자와 직접 대면하면서 도둑질을 한다(예: 강도, 지갑 날치기, 강탈, 무장 강도).
- 다른 사람에게 성행위를 강요한다.
- 심각한 피해를 주기 위해 고의로 불을 지른다.
- (방화 이외의 방법) 타인의 재산을 고의로 망가뜨린다.
- 다른 사람의 집, 건물, 자동차에 몰래 침입한다.
- 물건 또는 호감을 얻거나 의무를 회피할 목적으로 거짓말을 자주 한다(즉, 다른 사람들을 속인다).
- 피해자 몰래 귀중품을 훔친다(예: 파괴·침입 없이 도둑질, 위조).
- 13살이 되기 전부터 밤늦게까지 집에 들어오지 않는 일이 자주 있다(부모가 금지함에도).
- 친부모 또는 양부모와 함께 사는 동안 가출을 2번 이

그저 양심이 없을 뿐입니다

상(장기간인 경우는 1번 이상) 한다.

· 13살이 되기 전에도 무단 결석을 자주 한다.

10살 미만의 아이가 앞의 진단 기준에 해당하는 '문제 행동' 중에서 하나라도 해당되면 품행 장애로 진단[6]할 수 있으며(소아기-발병형), 10살 이상의 아이라면 지난 12개월 동안 문제 행동 중에서 3개 이상을 저질렀고 그중에서 최소한 한 번은 최근 6개월 이내였다면 품행 장애의 진단을 고려한다(청소년기-발병형). 다시 말해, 초등학교 고학년의 어린이나 청소년을 품행 장애로 진단하려고 할 때 임상의는 극단적인 문제 행동의 명확한 패턴이 있는지를 확인한다. 어린이가 개의 꼬리를 잡아당긴다거나 청소년이 통금 시간을 어기고 화를 많이 내며 가끔 부모에게 말대답을 하는 정도로는 명확한 패턴이 있다고 하기 어렵다. 따라서 이런 아이들은 절대 품행 장애로 진단받지 않는다.

품행 장애와 소시오패스를 서로 다른 두 가지 장애로 보는 시각은 부모뿐만 아니라 임상의에게도 별로 도움되지 않는다. 18살이 되어서야 소시오패스가 처음으로 발현되기 시작하는 게 아니라는 것 정도는 많은 임상의들도 확실히 알고 있으니까 말이다. 그러나 유감스럽게도 전문가들은 단순히 별로 좋지도 않은 딱지가 아이에게 계속 따라다니면 곤란하다는 이유로 그런 진단을 하지 않으려고 한다. 비록 그 진단이 정확한 경우라고 하더라도 말이다. 그러나 우리는 무단 결석이나 부모의

2장_ 내 아이가 소시오패스라면?

금지를 무시하는 행위 같은 몇 가지 행동만 뺀다면 품행 장애와 소시오패스가 아주 비슷해 보인다는 점에 주목할 필요가 있다. 소시오패스와 품행 장애에서 가장 중요한 심리적 특징은 나이에 걸맞은 양심이 결핍되어 있다는 점이며, 그로 인해 나타나는 병리적 행동을 통해 소시오패스 또는 품행 장애라고 진단한다.

더욱이 종단 연구에 따르면 '청소년기-발병형' 품행 장애 즉, 10살이 넘어서 품행 장애로 진단받은 아이들 중 60% 이상7이 어른이 되었을 때 반사회적 인격 장애를 드러낸다고 한다. 그리고 10살 이전에 품행 장애로 진단받은 아이들이 자라서 소시오패스가 될 가능성은 이보다 훨씬 더 높다. 따라서 사실상 어떤 사람을 공식적으로 반사회적 인격 장애라고 진단하기 위해서는 분명히 이전에 품행 장애로 진단받았을 뿐만 아니라 15살이 되기 전에 그 징후들이 나타났어야 한다. 다시 말해 성인이 되어 반사회적 인격 장애로 진단받을 정도라면 어렸을 때부터 무언가 잘못되어 있었을 게 틀림없다.

나머지 약 40%는 나이가 들면서 반사회적 행동을 확실히 적게 하거나 더 이상 하지 않게 된다. 따라서 이 아이들은 어른이 되어서도 반사회성 인격 장애로 진단받지 않는다. 지금 우리가 품행 장애라고 진단하는 청소년들 중 일부가 아마도 미래에는 영구적인 정신의 결함 때문이 아니라 힘든 사춘기를 겪는 동안 격변하는 환경과 성장에 따른 압박감 때문에 생긴 문제들로 괴로워한 것임을 이해하게 될 것이다. 그리고 품행 장애의

그저 양심이 없을 뿐입니다

진단 기준이 보다 잘 정비되어 힘든 주변 환경으로 인해 생기는 괴로움을 단순히 '행동화'로 표출하는 청소년이나 갱, 마약, 빈곤, 주변 사람들의 폭행 등 극심한 압박에 대한 반응으로 문제 행동을 하고 있는 청소년들을 걸러 낼 수 있게 된다면 심리학자와 정신과 의사는 더 이상 소시오패스와 '진정한' 품행 장애를 따로 구분하지 않아도 될 거라 생각한다.

　　한편, 연구자들은 자라서 소시오패스가 되는 품행 장애 아이와 그렇지 않는 아이를 결정하는 요인을 밝혀냈다. 아니나 다를까 연구 결과는 역시나 감정적 유대감을 형성하는 능력의 결핍을 지적하고 있으며, 이는 포괄적으로 품행 장애라고 진단받은 아이들 중에서 반사회적이며 공격적인 아이들을 구별할 수 있는 기준이 냉정하고 감정이 없는 형태의 인관관계에 있음을 강력하게 시사한다. 이 연구를 광범위하게 검토[8]한 뉴올리언스 대학교University of New Orleans의 심리학자인 폴 프릭Paul Frick과 국립 정신 건강 연구소National Institute of Mental Health의 신경과 전문의인 스튜어트 화이트Stuart White는 "죄책감 결여, 공감 능력 결핍, 냉정하게 타인을 이용하는 행위 등의 냉담-무정서 특질 callous-unemotional traits, CU특질은 소아기와 청소년기를 거치면서 비교적 잘 자리 잡는 것으로 보이며, 특별히 더 심각하고 공격적이며 꾸준히 반사회적인 행동을 하는 청소년 그룹에게서 이런 특질이 나타난다. 또한 이 특질을 가진 반사회적인 청소년들은 다른 반사회적인 청소년들에 비해 감정적·인지적·인격적인 면에서 여러 가지 뚜렷한 차이를 보인다."고 말했다. 여기서 말한 뚜렷한 차이로는 전반적으로 저하된 열의, 처벌에 대한 비정상적인 무감각, 타인의 고통에 대한 무덤덤함 등을 들 수 있다.

냉담-무정서한 개인들을 더 이해하려면 아직도 많은 연구가 필요하겠지만, 프릭을 비롯한 여러 전문가들은 미국 정신 의학 협회가 품행 장애의 진단 기준 중 '세부 진단'에 '심각한 냉담-무정서 특질을 가지고 있음'이라는 문구를 넣어야 한다고 주장했다.[9] 2012년 영국 왕립 의학 학회지Journal of the Royal Society of Medicine에 발표된 한 보고서[10]는 이런 '세부 진단'이 명백히 필요하다는 점을 다시 한번 강조했다. 보고서에서는 냉담-무정서 특질을 가진 아이들의 반사회적인 행동은 다른 품행 장애 아이들에게는 없는 어떤 유전적인 문제와 관계 있어 보인다고 결론을 지었다. 지금은 이 유전적인 문제가 비정상적인 뇌의 발달과 관련된다고 여겨진다.

아동기의 품행 장애는 병리적인 기능을 유발하는 여러 요인들이 축적되어 발생한다. 그 위험 요인들 중 절반은 신경학적·유전적인 요인이며, 나머지 절반은 환경적인 요인이다. 환경적인 요인으로는 임신 중의 영양실조, 납을 비롯한 독성 물질의 조기 노출[11], 반사회적인 행동과 관련된 가족의 영향, 아동학대 등이 있으며, 그중에서 특히 주목해야 할 요인은 우리 사회에 팽배한 공격적인 개인주의, 타인을 지배하는 권력, 냉혹한 경쟁 전략, '승리'를 부추기고 지향하는 문화이다.

그저 양심이 없을 뿐입니다

아동 학대는 아이의 정신과 기능의 거의 모든 측면에 심각하게 부정적인 영향을 미친다. 하지만 엄밀히 말해 아동 학대가 품행 장애의 원인이라고 말하기는 어려우며, 원인으로 추정되는 요소들 중 하나일 뿐이다. 1994년 발표된 한 연구[12]에서는 아동기에 학대받고 방치된 경험이 있는 성인과 그렇지 않은 성인을 비교한 결과를 실었다. 연구자들은 소시오패스의 기준을 제시하고 그 기준으로 총 694명의 성인을 평가했는데, 아동기에 학대와 방치를 당하지 않은 사람들에 비해 그런 경험을 가진 사람들 중에서 소시오패스가 훨씬 더 많았다고 한다. 구체적인 수치를 보면 아동기에 학대와 방치를 당한 사람의 경우 13.5%, 그렇지 않은 사람은 7.1%였다. 하지만 다른 관점에서 보자면 아동기에 학대를 당했다고 하더라도 결과적으로 86.5%는 자라서 소시오패스가 되지 않았으며, 학대를 당하지 않았음에도 7.1%는 자라서 소시오패스가 되었음을 의미한다. 다시 말해서 아동기의 학대는 소시오패시를 유발하는 충분조건도 필요조건도 아니다.

이는 품행 장애 아이의 부모 중에서 아동 학대자라고 비난을 받고 있는 사람들에겐 아주 중요한 정보이다. 흔히 그런 부모들은 분명 아이를 학대하는 사람일 거라 생각하기 쉽지만 실상은 그렇지 않다. 한 어머니는 나에게 보낸 편지에서 "부모가 아이를 소시오패스로 만들었다며 저희를 비난하는 경우가 정말 많아요. 하지만 저희 중 상당수는 다른 사람들과 마찬가지

　　　　　　　　　　2장_ 내 아이가 소시오패스라면?

로 피해자랍니다. 아마 대부분 그럴 거예요."라고 말했다.

냉담-무정서 특질과 뇌

신경학적 요인에 대해서는 성인 소시오패스를 대상으로 하는 연구에서 보다 폭넓게 연구되어 왔는데, 이들 연구에서는 뇌의 기능적인 차이는 물론 구조적인 차이가 존재하는지에 대해 초점을 맞추고 있다. 특히 주의를 기울이고 있는 뇌의 부위로는 섬엽insula, 앞쪽 및 뒤쪽 대상피질anterior and posterior cingulate cortex, 편도체amygdala, 해마곁이랑parahippocampal gyrus, 뇌의 정중선 근처에 위치하는 전상측두이랑anterior superior temporal gyrus, 눈의 바로 뒤쪽과 위쪽에 있는 전두엽의 피질 부위인 안와전두피질orbitofrontal cortex이다. 서로 연결된 이들 변연계와 부변연계의 구조물들을 총괄해서 부변연계paralimbic system라고 부른다. 변연계는 본능과 기분에 관계되며 기초적인 감정과 욕구를 조절한다. 부변연계는 동기 부여, 자제력, 목표 추구, 자신의 감정 및 외부에서 입력되는 감정의 처리에 관계된다.

소시오패스의 감정 처리에 관한 전기 생리학 및 뇌 영상 연구를 진행했던 인지 신경 과학자들은 소시오패스의 뇌는 부변연계와 관계된 신경 회로의 기능이 완전히 상실되거나 현격히 저하되어 있다고 결론지었다. 신경 회로에서 왜 이런 문제가

　　　그저 양심이 없을 뿐입니다

발생하는지는 아직 밝혀지지 않았지만 유전적인 신경 발달의 차이가 원인이라고 생각된다. 그리고 이 신경 발달의 정도는 양육 과정 또는 문화적인 요인, 때로는 양쪽 모두의 영향으로 보완되거나 악화될 수 있는 것으로 보인다.

2010년에 펜실베이니아 대학교University of Pennsylvania의 범죄학과, 정신 의학과, 심리학과의 연구자들[13]은 소시오패스가 신경 발달에 기초하고 있다는 가설을 공식적으로 시험하고자 했다. 이미 널리 받아들여져 있던 이 가설을 시험하기 위해 연구자들은 자기 공명 영상MRI을 사용했고, 잘 알려진 부변연계의 해부학적 발달 결함인 뇌실사이중격강cavum septum pellucidum, CSP이 소시오패스와 관련이 있다는 사실을 발견했다. 뇌실사이중격강은 액체로 채워진 좁고 길쭉한 구멍처럼 생긴 공간으로, 그 폭은 가변적이며 뇌의 양쪽 반구 사이의 중앙선에서 뇌 속으로 깊숙이 들어간 곳에 위치한다. 임신 12주가 지난 모든 태아에게서 뇌실사이중격강을 찾아볼 수 있지만 대략 임신 20주가 되면 85%의 태아에서 닫히기 시작하며 생후 3~6개월쯤이면 완전히 닫힌다. 뇌실사이중격강이 닫히는 이유는 해마와 편도체 및 기타 뇌의 정중선 근처 구조물의 표면에 있는 신경 섬유가 정상적으로 신속하게 발달하기 때문이다. 상대적으로 발달이 활발하지 않을 경우 즉, 부변연계의 발달 결함이 있을 때는 융합이 잘 이루어지지 않아 성인이 되더라도 뇌실사이중격강이 그대로 남아 있다. 이 연구에서 뇌실사이중격강이 존재하는 성

2장_ 내 아이가 소시오패스라면?

인 피험자는 그렇지 않은 피험자에 비해 소시오패스의 인격적 특징과 반사회적인 행동 이력이 확실히 더 많은 것으로 나타났으며, 이는 부변연계의 발달 결함과 소시오패스의 관련성을 공식적으로 확인한 최초의 연구였다.

펜실베이니아 대학교의 연구자들은 인간에 대한 연구를 시작하면서 소시오패스의 '표지marker'로 뇌실사이중격강을 제안했다. 이 제안은 이전에 시행했던 동물 연구 경험을 바탕으로 한 것이었는데, 설치류, 붉은털원숭이, 다양한 육식 동물을 대상으로 했던 이전의 연구에서 투명중격septum pellucidum의 이상이 공격성의 증가와 관련이 있음을 발견했기 때문이다. 소시오패스에게 신경학적 이상이 있다는 사실을 비추어 볼 때 이 발견은 인간이 아닌 동물에게도 소시오패스가 존재할까라는 질문을 떠올리게 한다. 물론 이 질문에 대한 답은 아직 모르는 상태다.

정상적인 인간의 뇌는 외부 세계로부터 입력되는 감정적 자극에 아주 민감하게 반응한다. 그러나 부변연계의 발달이 미숙한 소시오패스의 뇌는 이런 활동을 제대로 하지 못한다는 사실이 신경 과학자들에 의해 밝혀졌다. 정상적인 뇌는 사랑, 슬픔, 두려움처럼 감정적인 단어나 감정을 분명하게 담고 있는 신체적 표현에 더 빠르고 강하게 반응한다. 인간처럼 고도로 사회적이고 상호 의존적인 동물은 이처럼 상황에 맞게 반응하는 능력을 가지고 있다. 그러나 소시오패스는 그런 감정적인 단어를 보고 듣거나 또는 그런 상황을 직접 보더라도 감정을 담

그저 양심이 없을 뿐입니다

지 않은 중립적인 단어나 사건과 별 차이 없는 반응을 보인다. 실제로 성인 소시오패스와 반사회적인 행동을 일삼는 청소년을 대상으로 감정적인 언어와 관계된 작업들을 처리하도록 하는 실험14을 해 보면 정상적인 성인과 청소년들에 비해 감정적인 단어를 잘 처리하지 못한다고 한다.

또한 감정을 자극하는 사진을 보여 줬을 때도 성인 소시오패스는 정상 성인이라면 당연히 보일 법한 놀람 반응-startle reponse을 보이지 않는다.15 간단한 작업을 하는 도중에 다양한 감정에 관련된 사진을 보여 주면서 반응을 살펴본 실험16에서 정상 성인은 사진을 보고 산만해지는 모습을 보였다면 성인 소시오패스는 감정적인 동요 없이 사진을 보여 주지 않았을 때와 동일한 작업 능력을 보였다. 뿐만 아니라 소시오패스 경향이 있는 사람은 얼굴에 드러나는 감정 표현을 인식하는 능력에도 문제가 있으며,17 그중에서도 특히 공포를 표현하는 얼굴 표정을 잘 인식하지 못했다. 소시오패스가 얼굴 표정을 잘 인식하지 못하는 이유는 변연계의 일부인 편도체 기능에 장애가 있기 때문이다.18 편도체는 공포를 비롯한 여러 감정을 즉각적으로 인식하는 것을 포함해 감정과 관계된 여러 가지 기본적인 기능을 담당하는 곳이다.

소시오패스에 대해 진행된 기능적 영상 연구에서는 소시오패스에게 감정적인 처리 과정이 필요한 작업을 하도록 한 뒤 그들의 뇌에 어떤 변화가 일어나는지 관찰했다. 그 결과 소

2장_ 내 아이가 소시오패스라면?

시오패스는 감정적인 일을 처리할 때 뇌의 배외측 전전두피질 dorsolateral prefrontal cortex 영역이 더욱 활성화되는 것으로 드러났다.[19] 배외측 전전두피질은 고차적인 인지 능력과 관련되는 영역으로, 정상인이라면 수학 문제처럼 복잡한 일을 처리할 때 활성화되는 곳이다. 그런데 감정적인 일을 처리할 때 소시오패스의 뇌에서 이 영역이 더욱 활성화된다는 말은 결국 그들은 머리를 써서 계산하지 않고는 감정적인 일을 처리할 수 없음을 의미한다. 사랑과 배려는 물론이고 심지어 자신들이 즐기는 불안과 공포까지도 예외가 아니다. 또 이 연구에서는 소시오패스가 정상인처럼 감정을 즉각적으로 인식하는 능력이 없으며 그 대신 다른 사람들의 감정적인 반응을 지적인 방식으로 계산해야 한다는 사실도 지적했다. 심지어 우리가 보기에 '아주 분명한' 감정적인 반응이더라도 말이다.

소시오패스에서 나타나는 신경 발달의 결함은 소시오패스에게 아주 큰 영향을 미친다. 연구에 따르면 신경 발달의 결함으로 인해 전반적으로 그들은 **감정을 우선해서 처리하지 못하는 결손**을 가지게 되었고, 그 결과 감정을 자연스럽게 이해하고[20] 다른 사람과 감정적으로 관계를 형성하는 능력을 잃었다.[21] 앞에서 내가 '뇌 안의 구멍'이라고 말한 비유적인 표현도 바로 이 능력의 결손을 말한다. 양심은 다른 사람과의 감정적인 유대감에서 생겨나는 반응이기 때문에 이러한 감정적 유대감을 느낄 수 없는 소시오패스라면 절대 양심을 가질 수 없다. 다시 말하면 도덕 의식의 결여는 아주 깊고 비극적인 결함을 의미한다. 소시오패스에게 양심이 없는 이유는 그들에게 신경학적으로 사랑이 존재하지 않기 때문이다.[22]

안타깝게도 미국, 영국, 독일에서 실시된 여러 자기 공명 영상 연구[23]에서 다수의 품행 장애 어린이와 청소년에게서도 성인 소시오패스와 아주 유사한 뇌의 이상이 관찰되었으며 고통에 관계되는 사회적인 자극에 대해서도 무감각한 것으로 나타났다.

2008년에 남자아이의 조기 발병 품행 장애를 조사했던 독일의 연구[24]에 따르면 왼쪽 편도체와 해마를 비롯해 왼쪽 안와전두 영역과 양쪽 측두엽에서 정상에 비해 평균 6%의 **회백질 용적 감소**가 있는 것으로 나타났다. 2013년에 영국에서 여자아이를 대상으로 실시한 신경 영상 연구[25]의 결과 역시 앞에서 말한 남자아이의 실험 데이터와 거의 일치했다. 이 결과는 정상적인 아이와 냉담-무정서한 아이 사이에는 단순히 기능적인 차이를 넘어 실체적인 구조의 차이가 존재할 수 있음을 말한다.

사일러스의 진단

차갑고 계산적인 아이들에게 우리가 생각하는 순진무구한 어린 시절의 개념을 적용할 수는 없다. 이 주제는 매우 감정적인 것이기 때문에 정신 건강 전문가 및 우리 모두는 나중에 자라서 소시오패스가 '될' 품행 장애 어린이들이라고 해서 '사악함'으로 가득 차 있다거나 미쳤다고 생각해서는 안 된다는 점을 꼭 명심해야 한다. 오히려 그들은 사랑과 양심을 느끼지 못하는 심각한 신경학적 결함으로, 스스로 자각하지는 못하지만 고통받고 있다. 만약 우리가 색안경을 끼지 않고 양심 없는 아이들을 바라볼 용기를 가질 수 있다면 우리는 보다 효과적으로, 어쩌면 동정 어린 마음으로 그 아이들을 대하고 그들의 신경학적 결함이 초래하는 파괴적인 행동에도 대처할 수 있을 것이다.

그러나 안타깝게도 정신 건강 전문가는 이런 아이를 둔 부모에게 '품행 장애'라는 완곡하고 엉뚱한 진단만 내릴 뿐이다. 부모는 그저 에둘러 말하는 임시변통 같은 병명만 들었을 뿐 제대로 된 설명이나 건설적인 조언은 듣지 못한 채 그 무서운 상황에 철저하게 홀로 내버려진다.

초강력 폭풍 샌디가 파괴와 죽음을 남겨 두고 떠난 뒤 사일러스가 이웃집을 돌아다녔다는 사실을 알게 된 사일러스의 엄마가 마음을 추스르고 용기를 내 마침내 사일러스를 정신과에 데려가기로 했다고 가정해 보자. 사일러스 엄마의 입장에서는 뭐라도 좋으니 사일러스의 이상하고 무서운 행동을 이해할 수 있게 해 줄 설명이나 모호하지 않은 병명을 간절히 원할 것이다. 그녀는 사일러스에게 뭔가 심각한 문제가 있다는 사실을 알고 있으며 전문가에게 상담을 받으면 더 이상 수수방관하지

그저 양심이 없을 뿐입니다

않아도 될 거라 기대한다. 그녀가 원하는 건 진실이다.

사일러스의 검사를 마친 전문가는 아마 그의 엄마에게 품행 장애가 있다고 말할 것이다. 의사가 말한 품행 장애의 증상을 들은 그녀는 사일러스에게 품행 장애의 행동 특징이 있다는 걸 인정할 것이다. 사일러스가 남을 조종하고 거짓말을 하며 사람과 동물에게 잔인한 행동을 하면서도 결코 후회하지 않는 건 그녀 역시 너무 잘 알고 있다. 그러나 사일러스의 엄마는 사일러스가 어린 소시오패스라는 얘기는 듣지 못할 것이다. 소시오패스는 어른에게만 가능한 진단이기 때문이다. 더욱 나쁜 것은 아직 『정신 질환 진단 및 통계 편람-5』에는 '냉담-무정서'라는 특징에 대한 언급이 없기 때문에 고군분투하는 엄마에게 아들의 감정적 결함을 설명해 줄 진정한 기준은 여전히 없는 상태다.

사일러스의 엄마가 아들이 소시오패스라는 진단을 들을 때쯤엔 사일러스가 이미 성인이 되어 있을 것이고 그의 뒤로는 그가 그때까지 걸어왔던 기나긴 파괴의 길이 굽이치고 있을 것이다. 품행 장애 자녀를 둔 부모들 중 다수는 스스로 미쳐 가고 있다는 생각을 하며 살아간다. 특히 아이가 소아기-발병형인 부모들이라면 더욱 그렇다. 냉담-무정서한 아이는 두 살배기라도 과잉 행동, 충동성, 흥분성, 빈약한 애착 관계와 같은 기질적인 문제를 보이기 시작한다. 이런 문제들이 악화됨에 따라 부모는 소용돌이에 휩쓸려 추락하는 신세로 전락한다. 잘해 보고자 애쓰는 정상적인 부모조차 이런 운명을 피하지 못한다. 아

2장_ 내 아이가 소시오패스라면?

이들이 점점 부모의 말을 듣지 않으면서 지친 부모는 결국 아이에게 굴복하거나 더 강한 벌을 주며 아이를 밀어붙일 수밖에 없다. 부모가 항복하고 나면 힘을 얻은 아이들은 더욱 나쁜 행동까지도 서슴지 않는다. 체벌을 받은 아이들은 부모의 공격적인 행동을 본보기로 해서 이내 자신만의 공격적인 행동을 하기 시작하며 머지않아 부모보다 훨씬 더 공격적으로 행동한다. 이런 식으로 품행 장애 자녀를 둔 부모는 어떻게 해도 저주 같은 상황을 벗어날 수 없으며 수시로 불안, 우울감, 수치심, 절망감을 느낀다.

품행 장애 자녀를 둔 부모는 사람들과 어울리기를 꺼려 집 밖으로 잘 나가지 않고 점차 지역 사회와 단절되며 고립이 심해질수록 그들의 우울감과 수치심은 더욱 커져 간다. 부모가 자신의 역할을 제대로 하지 못하는 상황은 품행 장애 자녀 외 다른 아이들에게 아주 심각한 영향을 미친다. 그 아이들은 심리적인 문제를 일으킬 수 있을 뿐만 아니라 아무리 문단속을 하고 조심해도 품행 장애가 있는 형제의 신체적인 폭력을 피하지 못한다.

다수의 무자비한 아이들은 나이가 들고 경험이 늘어나면서 피해자들을 고립시키고 그들이 스스로 미쳐 가고 있다고 믿도록 만드는 방법을 알게 된다. 전문가들이 중요한 정보 알리기를 주저하는 바람에 품행 장애 아이들이 그런 방법을 깨닫기 한참 전부터도 가족들을 대상으로 똑같은 짓을 저지르도록 방치하는 셈이다. 진정한 품행 장애는 행동의 장애가 아니라 양심

그저 양심이 없을 뿐입니다

의 장애라는 진실을 확실하게 알려 주는 편이 처음에는 부모를 고통스럽게 할 수 있겠지만 결과적으로 명확한 이해와 큰 안도감을 줄 것이다.

나는 자식에 대한 회의감을 감당하지 못하고 스스로가 제정신인지 의심하고 있는 부모가 이 책을 통해 통찰력과 안도감을 얻을 수 있기를 바란다. 물론 책에 나오는 내용을 마음 깊이 받아들이기가 쉽지만은 않을 것이다. 하지만 부모가 미래를 대비할 수 있도록 하는 일은 굉장히 중요하다. 왜냐하면 그 아이가 18살이 되어도 끔찍하고 견디기 힘든 짓들을 멈추지 않을 것이기 때문이다. 오히려 아이의 일 처리가 더욱 교묘해져 가족에게는 더욱 큰 재앙을 안겨 줄 것이다. 아이가 자라서 소시오패스가 될 때까지도 부모는 아이가 '좋아질 수' 있을 거란 희망을 버리지 않겠지만, 정작 그 아이가 돌려주는 건 부모로서 죄책감이 들게 하는 악몽 같은 일들뿐이다. 결국 어떤 결정적인 사건이 터지고 나서야 마침내 정신을 차린 부모는 혼란스러운 마음을 주체하지 못하면서 자신의 인생에서 성인이 된 아이를 분리시키든가 아니면 평생 사라지지 않을 충격과 상심을 받아들여야 한다는 사실을 깨닫는다. 아이와 분리된다고 해도 그 일이 부모에게 끝없는 상심을 주기는 마찬가지다. 아무리 그 아이가 양심이 없는 아이라 하더라도 말이다. 이런 결정을 하는 건 부모에게 너무나 고통스러운 일이다. 소시오패스인 자식을 이사 가게 하거나 쫓아낸다고 해도 부모의 힘든 도전은 끝나지 않는다. 부모는 어떻게든 자신의 여생을 구하고 남아 있는 아이를 계속 돌봐야 한다.

평생 동안 위험에 처해 있는 소시오패스의 형제들을 생각할 때마다 나는 이 이야기를 떠올린다. 아직은 아무도 죽지 않았고 감옥에 간 사람도 없으니 뉴스에 나올 법한 그런 이야기는 아니다. 이야기 속의 잔인한 행동 중 일부는 불법이 아닐지도 모르겠지만 그래도 나에게는 특별히 잊히지 않는 이야기다.

저는 제 아들 프랭크를 아주 자랑스럽게 생각해요. 이제 21살인 프랭크는 눈이 보이지 않지만 장애를 훌륭하게 이겨 냈거든요. 아무런 어려움 없이 집 안을 돌아다닐 수도 있고 심지어 피아노도 칠 수 있답니다. 하지만 지금 프랭크는 부모인 저희를 경멸해요. 저나 아이 아빠가 아무리 칭찬하고 지지를 보내도 프랭크의 마음을 바꿀 수는 없죠. 프랭크가 그렇게 변한 건 누나인 지나 때문이에요. 지난 몇 년간 지나는 프랭크의 마음을 얻으려고 프랭크에게 신경을 많이 썼어요. 그런 다음에는 프랭크에게 끊임없이 저와 아이 아빠에 대한 거짓말을 했답니다. 남들은 지나를 아주 좋은 누나라고 생각할 거예요. 하지만 그건 속임수에 불과해요. 사람들을 속이려고 그렇게 예의 바른 행동을 하는 거죠. 지나의 사악한 본성을 눈치 채는 사람은 아무도 없어요. 지나가 옆집에 사는 어린 남자애를 우리 차 트렁

그저 양심이 없을 뿐입니다

크에 가둔 적이 있다고 하면 누가 믿겠어요? 지나는 프랭크가 눈이 안 보인다는 걸 이용해서 프랭크를 제멋대로 조종하고 놀림거리로 만든답니다. 어떤 날은 하얀색 셔츠 위에 욕설을 쓴 다음 그 셔츠를 프랭크에게 입혀서 쇼핑하러 간 적도 있어요. 결국 프랭크는 그 일로 경찰관에게 심문까지 받아야 했고요. 그런데도 지나는 전혀 모르는 일이라고 하면서 도리어 저와 아이 아빠가 그렇게 한 거라고 믿게 했어요. 저는 정말 모르는 일이라고 했지만 경찰관은 의심의 눈초리를 거두지 않았죠. 지나가 경찰관에게 추파를 던지는 걸 보니 구역질이 날 것 같더라고요. 한번은 콘서트에 간다며 프랭크를 데리고 나가서는 역에다 버리고 온 적도 있었어요. 프랭크는 핸드폰이 있고 어떻게 사용하는지도 알고 있었어요. 하지만 지나는 프랭크의 핸드폰이 고장 나 있던 걸 미리 확인했던 거죠. 결국 프랭크는 저희를 원망했어요.

프랭크를 조종하는 게 지나의 하루 일과였어요. 대학교 다닐 때 좋은 성적을 받았는데도 취직할 생각은 전혀 없었죠. 그 대신 프랭크에게 아파트를 같이 얻어서 살자며 꼬드기기나 하고 집에 있는 물건들을 이베이에 내다 팔아서 용돈으로 썼어요. 저희가 뭐라고 하면 지나는 경찰서에 가서 저희가 프랭크를 신체적으로 학대했다고 고발했어요. 지나는 경찰관에게 프랭크의 팔에 있는 멍 자국들이 아빠가 때려서 그렇게 된 거라고 저희가 항상 프랭크를 때린다고 말했답니다. 하지만 지나의 거짓말은 곧 들통났어요. 프랭크가 아빠에게 맞았다고 지나가 진술한 그날, 아빠가 집에 없었다는 걸 프랭크가 기억해 냈거든요. 그날 프랭크는 아빠에게 걸려 온 전화를 받았고 휴대폰에도 장거리 전화 기록이 남아 있었죠. 마침내 지나는 체포되었지만 자기가 프랭크를 때렸다는 건 끝까지 인정하지 않으려 했어요. 결국 지나는 집을 나갔고요. 프랭크는 아주 큰 충격을 받았어요. 누나만 믿도록 조종당해 온 탓에 이제는 누구를 믿어야 할지 모르는 거죠. 프랭크는 누구와도 말을 섞으려 하지 않았고 저희가 아무리 애를 써도 다시는 원래의 프랭크로 되돌릴 수 없었답니다.

이 이야기는 소시오패스가 약자와 어린이, 가난한 사람, 또는 신체적·지적으로 장애가 있는 사람처럼 다루기 쉬운 목표물을 노린다는 것을 보여 준다. 게다가 가지고 놀면서 괴롭힐 희생자로 가족만큼 손쉬운 대상이 또 어디 있겠는가. 더군다나 소시오패스가 저지른 범죄 중 다수가 기소되지 않는다는 사실도 주목해야 한다. 자기 동생에게 몰래 욕설이 써진 셔츠를 입힌다고 해서 불법은 아니다. 프랭크의 부모 역시 법원으로부터 지나의 접근 금지 명령을 받아 내지 못했다.

지나의 내부에는 스스로를 통제할 시스템이 없다. 무슨

그저 양심이 없을 뿐입니다

짓을 저지르더라도 양심이 없는 그녀에게 죄책감이나 후회를 느끼는 일 따위는 일어나지 않는다. 별로 강하지 않은 미국 사법 제도의 감시망이 달라지지 않는 한 지나가 언제든지 가족들에게 하고 싶은 대로 할 수 있다는 걸 우리도, 겁에 질린 지나의 어머니도 잘 알고 있다.

치료: 긍정적 유관 관리contingency management, 有關管理

"애착 관계를 만들지 못하는 사람과의 사랑은 상처만 남을 뿐이네요……."

어느 독자가 나에게 보낸 편지에 나오는 말이다. 나에게 이런 감정을 토로하는 사람은 셀 수 없을 정도로 많다. 부모는 슬픔에 잠긴 채 아이의 품행 장애를 고쳐 보려고 갖은 애를 다 쓴다. 아이가 유대감을 느끼며 정상적으로 살아갈 수 있기를 간절히 원한다. 그러다 문득 아이가 변하지 않고 그대로라면 미래가 어떠할지를 떠올리며 두려움을 느낀다.

품행 장애를 '고칠' 수 있다고 주장하는 기숙 학교, 센터, 캠프의 치료 프로그램도 있다. 그 프로그램은 아이들을 강제로 행동 규제하는 환경에서 충분한 기간(일반적으로 90~120일 [26]) 동안 지내게 하면 교정된 상태를 유지할 수 있다는 생각을 바탕으로 한다. 관리자들은 엄격한 규칙과 일정을 시행하고 지키지 않는 아이들에겐 벌을 준다. 하지만 실제 이 프로그램을 시도해 본 사람이라면 이런 식으로는 아이들이 '고쳐지지 않는' 다는 걸 안다. 집으로 돌아와서 며칠 아니면 몇 주 정도는 전보다 나아진 듯 보이겠지만 그 이후로는 원래의 반사회적인 행동을 다시 저지르기 시작한다. 이렇게 빨리 되돌아가는 이유는 지금까지 알려진 어떤 방법으로도 내부의 결함 즉, 양심의 결여를 치료할 수 없기 때문이다. 바로 그 결함이 이런 경악할 행동을 유발하는 원인이다. 가혹한 진실은 소시오패스를 치료할 방법이 없는 것처럼 현재로선 품행 장애를 치료할 수 있는 방법도 없다는 것이다. 양심이 없는 사람에게 양심을 만들어 줄 방법은 아직 없다.

개인 및 집단 정신 역학 치료, 정신 병원 입원, 소년원, 단기 투옥 프로그램은 모두 효과가 없으며 문제를 더 악화시킬 뿐이다. 연구에 따르면 품행 장애 청소년들을 집단으로 모아서 하는 치료는[27] 반사회적인 행동을 부채질하는 경향이 있으며, 특히 그 청소년들에게 반항적이고 불법적인 활동을 서로 토론하는 기회가 주어질 수 있기에 더욱 그렇다고 한다. 더군다나 품행 장애에는 약을 처방하지도 않는다. 품행 장애를 가진 아이들 중 다수가 주의력 결핍, 과잉 행동 장애attention deficit hyperactivity disorder, ADHD를 함께 앓고 있다. 두 가지 모두를 진단받은 아이들에게는 행동 과잉, 집중력 부족, 충동성을 치료할 목적으로 ADHD 치료제를 처방하는데 가끔은 성공적일 때도 있다. 하

그저 양심이 없을 뿐입니다

지만 지금까지 품행 장애 자체를 치료하는 데 효과가 있었던 약물은 없다.

아이가 아직 청소년이 되지 않았다면 품행 장애에서 나타나는 증상인 '주요 문제 행동'을 가끔씩은 완화시키고 혼란에 빠져 있는 가족들에게도 어느 정도 평화를 줄 수 있는 시스템이 있다. 아이의 부모에게는 이 소식이 큰 위안이 될 것이다. 이 접근 방법은 아이보다는 부모를 대상으로 하며, 본질적으로는 교육 기법의 하나인 '긍정적 유관 관리'를 가르치는 몇 차례의 수업으로 구성되어 있다(긍정적 유관 관리는 돌발 사건에 대해 일정한 보상을 약속함으로써 긍정적인 행동을 유도하는 치료 방법을 말한다_옮긴이). 앞에서 말한 유명한 치료법들과는 달리 긍정적 유관 관리는 근거를 중심으로 하는 치료법이며, 체계적인 연구를 통해 그 효과를 확인하고 개선시킨 방법이다.

돌발 사건은 '만약~한다면'이라고 표현할 수 있다. 예를 들어 "당신이 이렇게 하면 이런 일이 일어날 것이다."라는 식이다. 직감에 따른 자연스러운 육아 방식에서는 대부분의 돌발 사건이 저절로 일어나고 그에 맞는 사회적인 보상이 뒤따른다. 만약 아이가 빵을 캐비닛에 다시 넣으면 부모는 아이에게 미소를 지어 준다. 이때 빵을 되돌려 놓는 행동은 긍정적인 행동이고 부모의 미소는 보상에 해당한다. 이와는 대조적으로 훈련을 받고 돌발 사건을 의도적으로 관리할 수 있게 된 부모라면 특정한 행동과 그에 따른 보상을 '점수표'에 미리 분명하게 알려 준다. 점수표에는 양치질을 하거나 화장실을 제대로 사용하는 등 각각의 행동을 했을 때 받을 수 있는 점수 및 특정한 보상을 받는 데 필요한 점수가 적혀 있다. 보상 목록에는 슈퍼 히어로 스티커 7점, 작은 장난감 14점처럼 물건들도 있고 엄마 아빠와 술래잡기, 잠자기 전 책 더 읽어 주기처럼 사회적인 보상도 있다. 덤으로 칭찬을 해 주고 안아 주기도 한다.

보통의 아이들과는 달리 품행 장애 아이들은 사회적인 보상에는 그다지 큰 관심을 두지 않는다. 그런 아이들에게는 좋아하는 음식, 갖고 싶어 하는 전자 제품, 컴퓨터 사용 시간, 새 옷과 같은 물건들이 더 의미 있는 보상이며 아이들도 확실히 더 좋아할 것이다. 점수를 얻을 수 있는 행동은 대개 아주 기본적인 친사회적 행동과 비폭력적인 행동들이다. 예를 들면 차를 타고 가는 동안 고함을 지르거나 누군가를 밀지 않기, 저녁 먹을 때 '좋은' 말만 쓰기, 방에 아기가 있으면 물건을 던지지 않고 조심해서 행동하기 같은 행동들이다.

긍정적 유관 관리는 부모 관리 기법 교육parent management training, PMT이라고도 불리며, 보통 아동 행동 치료사들이 교육을 담당한다. 유명한 프로그램으로는 예일 육아 센터 및 아동 행동 클리닉Yale Parenting Center and Child Conduct Clinic의 대표이자 행동 심리학자인 앨런 카즈딘Alan E. Kazdin이 만든 카즈딘 교육법Kazdin method28이 있다. 카즈딘은 돌발 사건을 관리함에 있어서 내재되어 있는 근본적인 원인보다는 아이의 반항 행동에

그저 양심이 없을 뿐입니다

직접적으로 대응해야 한다는 점을 분명히 한다. 그러면서도 친사회적 행동을 더 많이 하고 부정적인 상호 작용을 줄이며 가정에서 혼돈을 줄이는 일 역시 그 자체로 아주 소중한 변화라는 사실을 강조한다. 곤란을 겪고 있는 부모들도 이런 변화가 소중하다는 것에 수긍한다. 그러면 카즈딘식의 접근 방법이 어떻게 적용되는지 한번 살펴보도록 하자. 이 일화를 통해 냉담-무정서 장애 그 자체는 다루지 않더라도 아이의 파괴적인 행동에 직접적으로 대응하는 카즈딘식의 접근법이 부모들에게 얼마나 도움이 되는지 실감할 수 있을 것이다.

스미스씨 부부에게는 품행 장애가 있는 8살 아들 윌리엄과 정서적으로 건강한 5살 딸 에이미, 이렇게 두 명의 아이가 있다. 저녁 식사를 마치면 스미스씨 가족은 으레 밝고 유쾌한 TV 프로그램을 함께 보려고 하는데, 그때마다 윌리엄은 어린 에이미를 발로 세게 차고는 에이미가 울음을 터트리는 모습을 보면서 깔깔 웃는다. 에이미의 다리에는 늘 멍 자국이 있다. 그러다 엄마가 에이미를 재우려고 하면 윌리엄이 따라 들어와서 에이미에게 "네가 잠들면 끔찍한 괴물이 네 옷장에서 나올 거야!"라고 말하며 겁을 준다. 얼마나 창의적인지 윌리엄은 매일 밤 새로운 상상의 괴물을 만들어 낸다. 엄마가 윌리엄에게 제발 나가라고 간청을 해도 귓등으로도 듣지 않는다. 잔뜩 겁에 질린 에이미는 결국 엄마 아빠와 함께 잠을 자는 날이 부지기수다.

2장_ 내 아이가 소시오패스라면?

월리엄을 진찰한 소아과 의사로부터 월리엄의 행동을 바꿀 수 있도록 유관 관리를 배워 보라는 권유를 받은 스미스씨 부부는 훈련 과정에 참가했다. 스미스씨 부부는 부엌 벽에 포스터 크기의 점수표를 붙이고 월리엄의 점수를 표시할 금색 별도 샀다. 별 4개를 모으면 방과 후에 먹는 초코바 1개 획득, 별 8개를 모으면 비디오 게임 30분, 30분 초과 시 1회 내에서 할 수 있도록 정했다. 만약 월리엄이 점수를 계속 모아서 별이 20개가 되면 새 액션 피규어를 사 주기로 했다. 스미스씨 부부는 점수표의 위쪽에 보상 및 보상을 얻는 데 필요한 비용(점수)을 잘 보이도록 적고, 점수표의 옆에는 별을 획득할 수 있는 구체적인 달성 목표 목록도 분명하게 적었다. 달성 목표의 대다수는 자제력에 관한 것이었다. 예를 들면 '엄마 아빠에게 욕하지 않기', '약 먹을 때 엄마를 때리겠다고 으름장 놓지 않기', '친구들을 화나게 하거나 울리는 행동과 말을 하지 않기', '선생님께 거짓말하지 않기' 등이었다. 학교에는 자체적으로 문제아들의 사회성을 기르고 공부를 돕는 프로그램이 있어서 수업이 있는 날이면 보고서와 함께 최소한 하루에 한 번은 집에 연락을 취하게 되어 있었다. 대부분의 달성 목표는 성공했을 때 하루에 1점을 얻을 수 있으며 2점을 얻을 수 있는 달성 목표도 2개나 있었다. 그 두 가지는 '에이미를 발로 차거나 때리지 않기'와 '에이미에게 무서운 괴물 이야기 하지 않기'였다.

월리엄은 이 '게임'에 빠르게 적응했다. 보상을 받는 건

그저 양심이 없을 뿐입니다

물론이고 부모를 상대로 '승리'할 수도 있었기 때문이다. 즉, 윌리엄은 평소에 부모가 해 주려 하지 않았던 것을 하도록 '조종할' 수 있었다. 스미스씨 부부는 이 방식이 인위적이라 생각했고 칭찬으로는 윌리엄에게 동기를 부여하지 못한다는 점에서 서글픔을 느꼈다. 하지만 이 방식은 실제로 효과가 있었다! 윌리엄의 행동은 집에서도 학교에서도 많이 좋아졌다. 매일매일의 일상이 더 편안해졌다. 잠을 잘 때도 더 평화로운 분위기로 변했다. 스미스씨 부부는 이 '유관 관리'가 에이미에게 불공평한 것은 아닌지 걱정했다. 에이미는 늘 좋은 행동을 하는데 아무런 보상도 해 주지 않기 때문이었다. 정확히 말하면 에이미에게 품행 장애가 없기 때문에 윌리엄이 받는 특별 대접을 받지 못하는 셈이다. 그래서 부부는 에이미가 아주 협조를 잘하거나 친구들과 특히 잘 지낸 날에는 특별한 선물을 주기로 했다. 하지만 이 방식이 어린 에이미에게 주는 가장 좋은 이점은 더 이상 윌리엄에게 발로 차인다거나 매일 밤 끔찍한 괴물 얘기를 듣지 않아도 된다는 것이다.

윌리엄은 늘 가족에게서 괴로움을 쥐어짜 내고 고통에 시달리는 모습을 보며 즐거워하는 듯했다. 한마디로 윌리엄은 '부정적인 감정을 먹고 사는 괴물'이었다. 윌리엄이 가족을 괴롭히는 일 대신 '득점 게임'에 집중하자 가족의 고통도 당연히 줄어들었다.

전반적으로 볼 때, 품행 장애에 가장 효과적인 치료법[29]

은 몇 가지의 치료 활동을 병행하는 치료 패키지이다. 여기에는 윌리엄의 경우처럼 부모에 대한 유관 관리 교육, 부모의 노력을 지원하기 위한 학교의 개입, 필요할 경우 ADHD 약물 처방, 아이의 학업 및 사회성 기술 훈련을 위한 학교의 지원 등이 모두 포함된다. 이 접근법의 목표는 품행 장애의 근본적인 원인을 치료하기보다는 아이들의 **행동 변화**를 이끌어 내고 지원하는 것이다. 예를 들어, 학교에서 이루어지는 사회성 기술 훈련은 품행 장애 아이들이 다른 아이들에게 "안녕?", "~해 줄래?", "고마워." 같은 말을 하거나 아이들을 밀치고 땅에 넘어뜨리지 않고도 관심을 얻도록 가르쳐 준다. 그러나 이들 훈련은 아이들의 행동만 변화시킬 뿐이며, 진정한 친구를 사귀려면 아이들에게 더 잘 대해야 한다는 생각을 심어 주지는 못한다. 훗날 소시오패스로 진단받을 가능성이 있는 아이에 대한 사회성 기술 훈련에도 이와 같은 불편한 아이러니가 존재한다. 그러나 부모와 품행 장애 아이를 지도하는 선생님으로서는 다른 아이들이 괴롭힘당하거나 얻어맞지 않는 것만으로도 다행스런 일이다.

최근 의학 지식과 기술의 급속한 발전 덕분에 냉담-무정서한 뇌의 원인이 변연계의 기능 장애에 있음이 밝혀진 것처럼 다른 장애의 생물학적 원인도 규명할 수 있게 되자, 자연스럽게 우리가 그 장애를 치료할 수 있을까라는 질문이 대두되었다. 뇌졸중이나 외상으로 뇌가 손상되었던 사람이 나중에 많은 기능을 회복한 사례에서 알 수 있듯이 우리의 뇌는 놀라운 회복

그저 양심이 없을 뿐입니다

력을 가지고 있다. 마찬가지로 전뇌forebrain에 있는 신경 회로의 회복력을 감안한다면 사랑과 양심이 있어야 할 곳이 텅 비어 있는 냉담-무정서한 뇌의 신경학적 결함을 되돌릴 방법도 있지 않을까?

언젠가 신경 생물학자들이 뇌의 자연적인 회복력을 보강하고 반복적인 개인의 경험에 맞춘 뇌 신경 회로 형성을 강화할 수 있는 화학적 치료법을 개발할 거라는 바람도 있다. 행동주의자인 알란 카즈딘은 자신의 품행 장애 치료법에 대해 "반복적인 실행은 아이의 행동 목록에 특정한 행동을 각인하는 데 도움을 주며, 이 변화 과정은 뇌 내부의 변화와 관계가 있습니다. …… 최근 뇌의 화학적 기전 및 구조 연구의 기술이 발전함에 따라 그 변화 과정이 어떻게 진행되는지를 과학이 분자 수준에서 관찰할 수 있는 능력을 갖추게 되었지만 아직 연구는 초기 단계에 불과합니다. 지금으로서는 반복적인 실행이 뇌를 변화시킨다는 사실은 확인했다고 말할 수 있으며 그런 변화가 어떻게 이루어지는지 파악하기 위해 노력하는 중입니다."라고 말했다.[30]

긍정적인 사회적 관계를 이끌어 내는 반복적인 행동 훈련과 함께 약물로 뇌의 고유한 회복력을 강화해 준다면 우리는 대인 관계를 형성하는 뇌의 기능을 회복시킬 수 있을지도 모른다. 그렇게 해서 변연계가 보다 정상적으로 기능하면 아이는 학교에서 사회성 기술을 익히고 집에서도 바른 행동을 할 것이다. 왜냐하면 실제로 친구를 사귀길 원하고 부모를 기쁘게 하는 일이 중요하다고 느끼기 때문이다. 아이는 감정적인 유대를 형성하는 능력을 새로이 갖추고 그의 내부에서는 다른 사람들에게 잘해야 할 이유가 생겨난다. 그에 따라 품행 장애가 사라지며, 아울러 소시오패스로 살아갔을지도 모를 운명도 함께 사라진다.

뻔뻔스런 사기꾼, 냉혹한 지능 범죄자, 아주 잔혹한 학교 깡패, 가족에게 행패를 부리는 인간, 냉혈한 정치 지도자처럼 소시오패스로 살아온 사람들이 어린 아기였을 때부터 의학의 도움을 받아 감정적인 유대감을 경험했다면 결과는 어땠을까? 충분한 연구비의 지원 아래 많은 과학자들이 관심을 쏟는다면 냉담-무정서한 아이들의 뇌를 영구적으로 변화시킬 방법을 연구할 수 있으며 또 그렇게 해야 한다. 그런 연구야말로 세상을 바꾸는 일일지도 모른다. 그러나 냉담-무정서한 뇌에 사랑과 양심을 받아들일 수 있는 신경학적인 환경을 만드는 놀라운 승리는 아직 먼 미래의 얘기일 뿐이다.

정상적인 자녀 및 스스로를 지키는 방법

냉담-무정서한 아이의 부모에게 엄청난 과학적 진보를 기다리는 일은 사치에 불과하다. 현재 치료법이 없는 장애일지라도 부모는 지금 당장 어떤 조치라도 해야 하는 처지에 있다. 특히나 걱정스러운 일들 중 하나는 품행 장애를 가진 자녀가 하

그저 양심이 없을 뿐입니다

는 불쾌한 행동을 다른 정상적인 자녀에게 설명해야 한다는 것이다. 이미 심하게 스트레스를 받은 부모는 이런 얘기조차 꺼내길 두려워하며 아이에게 잘 이해시킬 수 있을지 확신하지 못하는 경우가 아주 많다. 그러나 애초에 품행 장애가 없는 아이들에게 자신의 형제가 양심을 가지고 있지 않다는 사실을 완벽하게 설명할 수 있는 방법은 없다. 다행인 것은 그 아이들에게 스스로 두렵고 당황스러웠던 경험을 말할 수 있는 기회를 주는 것만으로도 아이가 상당히 안도할 수 있다는 것이다. 그리고 아이들을 위로하고 품행 장애가 있는 자신의 형제를 이해하는 데 도움을 주는 연령별 지침들도 있다.

　　대화의 수준은 대개 아이의 도덕 발달 수준에 따라 결정된다. 아직 10살이 되지 않은 대부분의 아이들은 권위를 가진 누군가가 벌을 주는지 아닌지에 따라 행동의 잘잘못을 판단한다. 아이들은 보호자와 감정적으로 결속되어 있기 때문에 엄마나 아빠에게 벌 받는 것을 아주 중요하게 여기며 괴로워할 때가 많다. 비록 그 벌이 경미해서 "그러면 안 돼! 그건 나쁜 거야!"처럼 그저 화난 어조로 말하는 정도라도 아이들은 괴로워한다. 이처럼 어린아이들은 처벌 여부에 따라 행동의 잘잘못을 가리는 일에 굉장히 진지해서 부모가 화를 내거나 '나쁜'과 '잘못된'이 들어 있는 말을 들으면 아주 감정적으로 반응한다. 여러분도 부모님께 꾸중을 듣고 그저 웅크린 채 울기만 했던 어린 시절의 기억을 쉽게 떠올릴 수 있을 것이다. 그래서 어른의 시각에서는

　　　　　　　　2장_ 내 아이가 소시오패스라면?

선악에 대한 아이들의 개념이 너무 단순하고 부족해 보인다고 하더라도 부모는 아이의 사고방식과 대화 도중에 아이가 느끼는 감정을 존중해야 한다. 특히 아이와 냉담-무정서한 형제에 대한 대화를 나눌 때는 더욱 그렇다. 10살이 안 된 보통의 아이에게 품행 장애를 설명할 때는 어떤 벌을 받는지 얘기해 주는 편이 훨씬 더 쉽게 내용을 전달할 수 있다.

이를 이해하기 위해 이제 6살인 카라와 엄마가 잠자기 전에 나누는 대화를 한번 살펴보자. 엄마와 카라는 카라의 침대에 앉아서 품행 장애가 있는 언니인 니콜에 대해 대화를 나누기 시작한다.

카라 어제 있었던 일 기억하세요? 니콜이 그네 줄을 풀어서 저는 못 탔잖아요. 그런 저를 보고 니콜은 막 웃어 댔고요. 그러니까 엄마는 화가 나서 니콜에게 집에 들어가라고 했어요. 그러고는 저녁까지 못 나오게 했죠.

엄마 그럼, 기억하지. 그네도 못 타게 됐는데 놀려 대기까지 해서 화가 많이 났지?

카라 엄마가 니콜에게 벌을 줬어요.

엄마 그래, 그랬지. 니콜이 잘못했거든. 전에도 두 번이나 그렇게 한 적이 있어서 엄마가 그러지 말라고 경고를 했었어. 그런데도 어제 그렇게 행동해서 집으로 들어가라고 했던 거야.

그저 양심이 없을 뿐입니다

(두 사람 모두 잠깐 말이 없다가)

카라 하지만…… 니콜이 또 그네 줄을 풀었어요.

엄마 또? 언제?

카라 오늘요.

엄마 아이고, 우리 카라 짜증 났겠구나. 내일은 그네 탈 때 엄마랑 같이 가자. 엄마가 옆에서 지켜볼게.

카라 엄마, 그런데 전 이해가 안 돼요. 벌도 받았는데 니콜은 왜 자꾸 그렇게 하는 거예요?

(다시 침묵이 흐르고 심호흡을 한 엄마는 결국)

엄마 카라는 벌을 받으면 화가 나지?

카라 네. 정말 화도 나고 속에서 어떤 아픔이 느껴져요. 몸이 아픈 건 아니고 몸 안에서요……. 그러니까…… 뭔지는 모르겠는데…….

엄마 무슨 말인지 알아. 엄마도 어렸을 때 벌을 받으면 카라처럼 마음이 아팠거든. 아마 다른 사람들도 그럴 거야. 하지만 니콜은 그렇지 않아. 보통 사람들과는 다르단다. 벌을 받아도 니콜은 그런 아픔을 느끼지 못해. 적어도 우리처럼 느끼는 건 아니란다. 그래서 벌을 받아도 니콜이 바뀌지 않는 거야. 엄마 말은 벌 주는 것으로는 니콜의 그런 행동을 막을 수 없다는 거야.

카라 내 친구들은 전부 벌을 받으면 정말 속상해해요.

엄마 그렇지. 하지만 니콜은 달라.

2장_ 내 아이가 소시오패스라면?

카라   음, 그럼 언제쯤 니콜이 우리랑 같아지는 거예요?

엄마   니콜은 변하지 않을 거야.

카라   니콜이 그렇게 행동하지 않게 할 순 없어요?

엄마   그래, 우린 니콜을 바꿀 수 없을 거야. 카라와 엄마가 그런 것처럼 지금 그대로가 바로 니콜이니까. 네가 항상 기억해야 하는 건 말이지……. 네 잘못이 아니라는 거야. 카라, 약속해 줄래? 그게 네 잘못이 아니라는 걸 잊지 않겠다고?

카라   (엄마를 이상하다는 듯 바라보다가) 좋아요. 잊지 않겠다고 약속할게요.

엄마   고맙구나, 우리 귀염둥이. 잊지 않도록 엄마가 가끔씩 다시 얘기해 줄게. 그래도 될까?

카라   (이 얘기에 지겨워하며) 내일 그네 타러 가도 돼요?

엄마   그럼, 되고말고. 엄마도 같이 갈 거야.

한두 번 더 이런 대화를 나누는 과정을 통해 카라가 니콜은 자신과 다르며 엄마가 화를 내거나 벌을 준다고 해서 니콜이 속상해하거나 '잘못된' 행동을 그만둘 리가 없음을 아는 것만으로도 어린 카라에게는 실질적인 도움이 될 것이다. 이제 카라는 옳고 그름을 판단하는 문제에 있어서 니콜은 보통 사람과 다르며 니콜이 카라를 괴롭히는 건 카라의 잘못이 아니라는 엄마의 솔직한 얘기를 들었다. 엄마의 말을 들은 카라는 니콜에게

그저 양심이 없을 뿐입니다

괴롭힘을 당하더라도 덜 당황하고 괴로워하며, 니콜이 자신의 감정을 가지고 놀려고 할 때도 저항할 수 있는 힘을 얻는다.

나이가 더 많은 아이와의 토론은 더 미묘할 수 있다. 10살이 넘은 보통의 아이들 대부분은 처벌 유무로 행동의 잘잘못을 정의하는 수준은 넘어설 정도로 성숙하며 '사람들에게 해를 끼치지 마라', '도둑질하지 마라', '거짓말하지 마라'와 같은 사회와 가족의 규칙을 중요시하게 된다. 이 아이들은 규칙 자체를 중요하게 여기며 규칙을 어기는 행동은 나쁜 행동이라고 정의한다. 이 단계에 있는 보통의 아이들은 자신이 규칙을 어기는 '나쁜' 행동을 했을 경우 처벌 유무와 상관없이 죄책감을 느낄 것이다. 아이의 발달이 이 수준까지 도달했다면 양심에 대해 토론할 수도 있다.

엄마가 카라와 처음으로 냉담-무정서한 언니 니콜에 대한 대화를 나누고자 했을 때 카라의 나이가 6살이 아니라 12살이었다고 가정하자. 그런데 16살인 니콜이 카라의 새 신발을 몰래 감추는 일이 일어났다. 그 신발은 카라가 오랫동안 용돈을 모아서 산 아주 멋진 신발이었다. 그동안 니콜은 카라의 감정을 혼란스럽게 할 요량으로 잔인하고 이해하기 어려운 짓들을 계속해 왔는데 이번에는 신발을 훔쳐다 감춘 것이다. 카라와 엄마가 미친 듯이 신발을 찾아다녔지만 결국 찾을 수 없자 카라는 흐느끼기 시작했다. 두 사람은 더 이상 참을 수 없었다. 지난 1년 동안 엄마는 카라가 점점 더 우울해지는 모습을 지켜

2장_ 내 아이가 소시오패스라면?

보았다. 카라는 매일매일 조금씩 자존감을 잃는 듯했다. 엄마는 카라가 돈을 모아서 스스로의 힘으로 신발을 산다면 카라의 기분도 조금은 나아지지 않을까 기대하고 있었다. 그런데 지금 니콜이 그걸 훔쳐 간 것이다. 엄마 역시 울고 싶은 심정이었다.

지금까지 들을 수 없었던 분노에 찬 목소리로 엄마는 니콜에게 신발을 당장 내놓지 않으면 2주간 외출을 금지하겠다고 말했다. 외출을 못 하게 하면 2주 동안 니콜과 힘든 전쟁을 치러야 할 거란 사실을 잘 알고 있었지만 엄마는 그렇게 말할 수밖에 없었다.

하지만 그 순간, 놀랍게도 니콜은 결백을 주장하는 대신 차분하게 카라를 바라보며 말했다.

"지하실."

카라는 소중한 신발을 찾으러 계단을 뛰어 내려갔다. 니콜은 카라의 등 뒤로 "세탁기 뒤쪽이야."라고 소리쳤다. 몇 초가 지나자 카라의 울부짖음이 들려왔다.

"안 돼! 안 돼! 어떻게 이럴 수가."

놀란 엄마가 카라에게 소리쳐 물었다.

"무슨 일이니, 카라야?" 그러나 대답을 듣기 전부터 엄마에게는 익숙한 그 느낌이 다시 엄습했다.

"니콜이 신발 굽을 부러뜨렸어요! 도대체 언니는 왜 이러는 거예요? 신발 굽을 부러뜨렸다고요!"

니콜은 마치 포커 게임 대회에서 우승이라도 한 것처럼

그저 양심이 없을 뿐입니다

활짝 웃고 있었다. 엄마는 여태까지 어떻게 니콜 같은 망나니가 있는 집에서 카라처럼 온화한 아이를 기를 수 있었는지 믿기지 않을 뿐이었다. 니콜은 계속 거짓말을 하고 돈과 보석을 훔치며 개를 심하게 폭행한 것도 모자라 집에 불까지 지르려고 했다.

카라가 잠자리에 들 무렵, 엄마는 카라의 마음을 달래 주기 위해 침대에 앉아서 그 이야기를 해야겠다고 다짐했다. 만약 엄마나 카라가 니콜이 한 짓을 했더라면 얼마나 양심의 가책에 시달렸을지에 대해.

"카라, 네가 니콜이 많이 아끼는 물건을 망가뜨리면 기분이 어떨 것 같아?"

"아마 엄청난 죄책감을 느끼겠죠."

"나도 그렇단다."

엄마는 카라에게 양심은 '누군가에게 상처를 주면 죄책감과 불쾌한 감정에 시달리도록 만드는 마음속 목소리'라고 말해 주었다. 니콜에게는 양심이 없기에 마음속에서 들려오는 목소리가 없다는 말도 해 주었다. 카라는 잠깐 생각하더니 물었다.

"그러면 니콜은 어떤 일에도 결코 죄책감을 느끼지 않는다는 말이에요? 너무 이상하네요. 어떻게 그럴 수 있죠?"

"말 그대로야. 니콜은 죄책감을 느끼는 일이 절대 없지. 믿기 어려운 건 나도 마찬가지란다." 엄마는 말했다.

토론을 한 다음 날, 카라는 엄마에게 와서 그동안 말하지 않던 일을 털어놓았다. 예전에 니콜이 카라에게 자기 옷장

　　　　2장_ 내 아이가 소시오패스라면?

맨 아래 서랍 안에 있는 잠옷 밑에 코카인을 숨겨 뒀다며 한 번해 보라고 꼬드긴 적이 있었다고 했다. 카라는 겁이 났지만 이런 일로 겁먹었다고 하면 어린애라서 그렇다고 할까 봐 엄마에게 얘기하지 않았다고 했다.

"그 안에 코카인이 아주 많이 있었어요."

죄책감에 시선을 아래로 떨구며 카라가 말했다. 잠시 마음을 진정시킨 엄마는 카라에게 혼자서 이런 일을 처리하려고 하지 않고 함께 이야기 나누게 해 주어 무척 기쁘다고 말했다. 엄마는 12살 난 딸을 아주 오랫동안 안아 준 다음 언니의 압박을 이겨 낸 카라의 행동이 얼마나 용감한 것인지 얘기해 주었다. 엄마의 말에 카라는 어깨를 뒤덮고 있던 끔찍한 무언가가 벗겨지는 듯한 느낌이 들었다.

"그러니까 니콜에게 양심이 없기 때문에 그런 나쁜 일에도 서슴없이 저를 꼬드길 수 있다는 말이죠?" 카라가 물었다.

"그렇단다." 더 이상 달콤한 말로 꾸미고 싶지도 않은 듯 엄마는 서글픈 목소리로 대답했다. 이런 예상치 못한 이야기를 듣고도 아무 일 없었다는 듯 평온할 부모는 없다.

카라와 니콜의 부모가 할 수 있는 조치는 무엇일까? 이 가상의 시나리오에서 그들은 카라가 안전하도록 조부모에게 보내고 니콜의 코카인을 화장실에 버렸으며, 니콜이 18살이 되어 법적으로 성인이 되는 대로 집에서 내보내자는 때늦은 서글픈 대화를 나눴다. 전에도 니콜은 집을 나간 적이 여러 번 있었

그저 양심이 없을 뿐입니다

고 한 번 나가면 며칠씩 집에 들어오지 않곤 했다. 그러나 니콜의 부모는 자신들이 니콜을 쫓아내지 않는 이상 니콜이 완전히 집을 나가는 일은 없을 거란 걸 잘 알았다. 집에서 사는 게 너무 편하기 때문이었다.

과연 니콜의 부모는 2년 안에 니콜의 뜻을 꺾고 집에서 쫓아낼 수 있는 감정적인 힘을 가지게 될까? 설사 그렇다고 해도 그들이 계속 그 생각을 바꾸지 않고 유지할 수 있을까? 카라도 그렇게 할 수 있을까? 어쩌면 그들은 몇 년 전 니콜을 품행장애로 진단했던 의사가 권했던 대로 니콜을 치료사에게 보낼 수도 있다.

그들에게는 치료사뿐만 아니라 변호사도 필요할 수 있다. 니콜의 아버지는 16살짜리 아이 문제로 법적 조언이 필요하다는 데 거부감이 있다. 하지만 만약 니콜이 그저 마약을 하는 정도에서 그치지 않았다면 어떨까? 니콜이 집에서 마약을 팔았다면 말이다. 그들 스스로를 지키려면 변호사의 조언이 필요하다. 만약 변호사가 니콜을 경찰에 신고해야 한다고 하면 그들은 과연 니콜을 경찰에 넘길 수 있을까? 니콜이 가족에게 저지른 짓을 생각한다면 니콜의 아버지는 변호사의 조언이 뭐가 됐건 그대로 해야 한다는 걸 믿어 의심치 않을 것이다. 그렇다. 니콜의 아버지가 생각한 이유 말고 다른 여러 가지 이유로 그들에게는 변호사가 필요하다. 미국의 여러 주州에서는 18살 미만의 자녀를 쫓아낼 경우 그 부모를 처벌하는 '록 아웃 법lock-out law'

이 있으며, 만약 자녀가 범죄 행위에 연루될 경우 부모의 법적인 상황은 더욱 복잡해진다. 법적으로 성년이 된 자녀(만 18살 이상)를 퇴거시키는 것도 어려울 수 있다. 주와 국가에 따라 법이 다르기 때문에 아이를 집에 들이지 않을 생각이라면 법률 대리인과 상담하는 것이 현명하다. 이런 상황에서 흔히 부모는 상실감, 좌절감, 아이를 버렸다는 죄책감을 느끼는 한편 안도감도 느낀다. 거기에 안도감을 느낀 데 대한 죄책감까지 느끼기 때문에 그들의 정신적 고통을 해결하기 위해 치료사를 만나는 일 역시 중요하다.

품행 장애 자녀의 부모를 위한 대처법

품행 장애가 있는 자녀를 둔 부모를 위해 나는 지금 당장 대처하는 데 도움이 될 만한 몇 가지 구체적인 정보와 함께 이 장에서 소개한 몇 가지 실용적인 요점을 다시 한번 말하고자 한다.

- 당신이 아동 학대자가 아니라면 **양심이 없는 아이의 상태는 당신 잘못이 아니다.** 당신은 지독하게 불행한 상황에 빠졌을 뿐이며, 그 상황에 대처하려면 당신은 온 힘을 다해야 한다. 이 문제는 당신이 만든 것도 아

그저 양심이 없을 뿐입니다

니고 예측할 수 있는 일도 아니었다. 이런 일로 자신을 비난하며 에너지를 소모하지 마라. 냉담-무정서한 품행 장애 자녀의 부모인 당신이 이 책에서 꼭 알았으면 하는 가장 중요한 한 가지는 **당신이 그 아이를 그렇게 만들지 않았다**는 사실이다.

· 개인 및 집단 정신 역학 치료, 정신 병원 입원, 소년원, 단기 투옥 프로그램은 모두 효과가 없을 뿐만 아니라 오히려 냉담-무정서한 당신 아이의 행동을 악화시킬 수도 있다. 현재 청소년이 되지 않은 아이들의 품행 장애에 대한 가장 효과적인 치료법은 유관 관리, 약물 처방, 학교에서의 사회성 기술 훈련 및 학업 지원, 가정에서 부모가 기울이는 노력을 지원하기 위한 학교의 개입 등으로 이루어진 치료 패키지이다. 유관 관리는 카즈딘식을 비롯한 유사한 방법들을 말하며, 약물 처방은 품행 장애와 함께 주의력 결핍 과잉 행동 장애를 가진 아이에게 치료 약물을 처방하는 걸 말한다. 이 치료 패키지를 조율해 줄 숙련된 아동 심리 치료사를 찾아보길 권한다. 그런 전문가들은 보통 행동 심리학을 전공하므로 당신이 거주하는 지역의 교육 기관에서 그들을 찾는 데 도움을 얻을 수 있다.

· 냉담-무정서한 아이, 청소년, 또는 성인의 부모로 살아간다는 것은 심리적으로 아주 난처한 경험이다. 나

2장_ 내 아이가 소시오패스라면?

는 당신이 스스로를 잘 보듬도록 도와줄 손길을 구하라고 강력하게 권한다. 스스로를 돌보는 일은 아이를 위한 치료 프로그램을 갖추는 것만큼이나 중요하다. 아니, 어쩌면 그 이상으로 중요하다. 인터넷을 통해 당신 주변의 치료사를 찾고자 한다면 미국 심리학회American Psychological Association(www.apa.org)와 국가 보건 의료 심리학자 등록 센터National Register of Health Service Psychologists(www.nationalregister.org)를 추천한다. 미국 심리학회 사이트의 메뉴에서 '심리학 지원 센터Psychology Help Center'로 들어가서 왼쪽 사이드 메뉴의 '심리학자 찾기Find Psychologist'를, 국가 보건 의료 심리학자 등록 센터 홈페이지에서는 상단 메뉴의 '심리학자 찾기'를 클릭하라. 두 사이트 모두 전문 분야별로 검색이 가능하며, 외상 후 스트레스 장애post-traumatic stress disorder 또는 급성 외상 반응acute trauma reaction으로 찾아보길 권한다.

· 냉담-무정서한 아이의 존재는 온 가족에게 압박과 고통을 준다. 상상하기도 싫겠지만 이 냉담-무정서한 아이들은 나머지 정상적인 형제들의 삶에 평생토록 영향을 미친다. 나는 당신이 정상인 자녀와 이 문제에 관해 툭 터놓고 지속적으로 대화하길 권한다. 비록 아이가 어리다고 해도 말이다. 만약 아이가 10살이 넘

그저 양심이 없을 뿐입니다

었다면 이 책의 내용 또는 다른 책을 참고해서 보다 구체적인 정보를 들려주었으면 한다. 정상적인 아이들이 경험한 끔찍한 일을 이해할 수 있게 돕는 정보를 감추는 건 아무런 도움도 되지 않는다. 정상인 아이들에게 그들의 형제가 지금 어떤 상태인지 얘기해 주지 않는다면 정상인 아이들이 혼자서 상황을 이해하도록 내팽개쳐 두는 것이며 결국 당신이 그랬던 것처럼 스스로를 미쳤다고 생각하게 할 뿐이다. 가장 애정 어린 선택은 이 장에서 설명한 대로 나이에 걸맞은 방식으로 아이들과 터놓고 대화하는 것이다.

• 현재로선 치료법이 없다. 많은 경우, 품행 장애가 있는 청소년 또는 청년과 그들 가족 간의 영구적인 분리는 불가피하다. 다시 한번 말하지만 이 상황에서 흔히 나타나는 감정적 고통과 죄책감을 해결하기 위해 전문가의 도움을 받으라.

직장에
존재하는

악마

소시오패스
직장 동료, 상사,
그리고 전문가

"그러니까 당신 말은 지금 내가 손에 들고 있는 게
칼이라는 소린가요?"

— 「가스라이트 Gaslight」(1944년)

오늘 아침 안젤라는 유난히 지루했다. 더 짜증 나는 건 몇 분 뒤에 신입 직원인 카일을 만나 지난 3개월간의 평가서까지 작성해야 한다는 사실이었다. 컴퓨터에서 평가서 양식 파일을 불러온 안젤라는 잠깐 생각에 잠겼다. 미리 평가서를 작성하고 카일에 대해 몇 마디 적어야 했지만 그건 참 지루한 일이었다. 카일은 일을 잘하는 듯했고 안젤라를 성가시게 한 적도 없었다. 돌이켜 보면 지금까지 카일은 안젤라에게 아무런 관심을 보이지 않았다. '그래, 그걸 바꿔야겠구나.' 갑자기 안젤라의 얼굴에 웃음이 번졌다. 평가서의 확인 항목에서 '양호'와 '우수'를 클릭하며 페이지를 쭉 내리던 안젤라는 '직원들과 소통' 항목에서 시선을 멈췄다. 그러고는 '보통'이라고 표시했다. 모든 항목을 똑같이 '양호'로 표시했다간 상사가 보기에 심사숙고한 평가서가 아니라고 느낄 수 있기 때문이었다. 그런 다음 안젤라는 인쇄 버튼을 클릭했다.

안젤라는 평가서를 이렇게 긍정적으로 작성해 주었으니 카일이 좋아할 거라 생각했다. 아마 카일은 퇴근 후 곧장 집으로 가서 아내에게 평가서 얘기를 할 것이다. 들리는 소문에 따르면 카일은 정말 가정적인 사람이니까 말이다. 안젤라의 얼굴에 다시 웃음이 번졌다.

카일이 사무실에 들어오자 안젤라는 찬찬히 그를 살펴봤다. 마르긴 했지만 어깨가 넓은 체형이었고, 안젤라는 그런 카일을 아주 매력적이라고 느꼈다. 카일은 굉장히 긴장한 모습

3장_ 직장에 존재하는 악마

이었다. 안젤라가 카일을 향해 활짝 웃어 주었고, 그 모습에 카일이 수줍게 미소를 지었다.

"어서 오세요, 카일." 안젤라가 말했다. 카일이 안젤라의 책상 옆쪽에 있는 의자로 가려 하자 안젤라는 소파에 앉으라고 손짓하며 말했다.

"오늘은 아주 얘기가 잘 풀릴 거 같은데요."

"정말 잘됐네요, 우드슨씨."

"오, 카일, 그냥 안젤라라고 불러요."

다시 수줍게 웃음을 짓고 나서 카일은 소파에 앉았다. 그 소파는 불편할 정도로 푹신했으며 높이도 낮았다. 카일은 단정하게 앉아 보려고 자세를 이리저리 바꿔 보았지만 별반 나아지지 않았다. 안젤라는 카일이 잘 볼 수 있도록 엉덩이를 흔들어 대며 방을 가로질러 걸어가서는 문에 자물쇠를 걸었다. 그 자물쇠는 간단하지만 아주 유용한 장치로 자신이 사무실에 출근한 첫날 직접 설치한 것이었다. 아주 간단한 잠금 장치에 불과하지만 그 장치를 쓰면 갇힌 듯한 느낌이 들게 할 수 있다. 안젤라는 그 효과를 좋아했다. 물론 지금까지 그녀에게 왜 문을 잠그는지 물어볼 만큼 용기 있는 사람은 아무도 없었다.

다시 멋진 몸매를 뽐내며 책상으로 걸어간 안젤라는 방금 출력한 평가서를 집어 들고 카일 옆에 딱 달라붙어 앉았다. 두 사람 사이의 공간은 겨우 1~2인치에 불과했다. 안젤라는 이런 작전에 도사였고, 자신의 이런 능력이 아주 마음에 들었다.

그저 양심이 없을 뿐입니다

하지만 조금 더 기다려야 했다. 카일과의 1차전에서 승리하려면 아직 해야 할 일이 남아 있기 때문이다. 안젤라는 카일에게 평가서를 건네주었다.

"여기 있어요, 카일. 읽어 봐도 괜찮아요. 아마 마음에 들 거예요."

카일이 평가서를 살펴보는 사이에 안젤라는 신발을 벗고는 다리를 접어 소파 위에 앉았다. 이제 안젤라는 카일의 옆에서 그를 바라보며 앉은 모양새가 되었고, 두 사람은 더욱 가까워졌다.

"아! 평가서를 너무 잘 써 주셔서 정말 감사합니다. 저는 이 일이 정말 마음에 들거든요. 앞으로 더욱 열심히 노력하겠습니다." 카일이 말했다.

"네, 그렇게 보여요, 카일. 일솜씨가 아주 좋더군요. 여기 이스턴에서 같이 일하면 아주 잘 맞을 것 같아요. 그렇죠?"

"정말 그렇게 하고 싶습니다. 우드슨씨."

안젤라는 카일의 무릎 바로 위에 손을 얹은 다음 웅크리며 말했다. "안젤라라고 불러요, 카일." 그러고는 몸을 움직여 어깨가 살짝 닿도록 했다. 당황한 카일은 곁눈질로 안젤라를 힐끗 쳐다보았다.

안젤라는 카일의 손에 들린 평가서로 시선을 돌리며 말했다. "나는 특히 이 4번째 항목이 마음에 들어요. '회사 정책에 주의를 기울임'이란 항목 보이죠? '우수'를 받았어요." 안젤라는 평가서를 읽으려는 듯 몸을 더 깊이 숙였고 그러면서 카일과 접촉하는 부위도 더 넓어졌다. '맙소사.' 당황한 카일의 얼굴은 이내 붉게 달아올랐다.

그 순간, 안젤라의 책상에서 버저가 울렸다. "젠장!" 짜증이 난 안젤라는 신발도 신지 않은 채 방을 가로질러 책상으로 걸어갔다. 소파 옆에 널브러져 있는 하이힐을 보고 있으면서도 카일은 지금의 상황이 믿기지 않았다.

"무슨 일이야?" 안젤라는 대뜸 사무 보조원에게 쏘아붙였다. 그러나 곧 "아, 전화 연결해."라고 하더니 카일에게 "나가 보세요."라고 말했다.

카일의 얼굴은 여전히 붉게 달아올라 있었다. 전화기 너머로 안젤라의 상사가 뭐라고 말하기 시작할 즈음, 카일은 질주하듯 문을 향해 달려 나갔고 안젤라는 그런 카일을 흥미로운 눈으로 쳐다보았다. 카일은 너무나 당황한 나머지 한참을 더듬거린 후에야 겨우 자물쇠를 풀고 사무실 밖으로 나갈 수 있었다. 안젤라는 속으로 쾌재를 불렀다. '카일, 게임은 이제 시작됐어. 아주 재미있겠는걸.'

상사는 반려 동물 프로젝트에 관해 안젤라와 상의를 하고 싶어 했다. 이 프로젝트에 지나칠 정도로 신중한 상사 덕분에 안젤라는 아무런 관심도 없는 새로운 마케팅 계획에 대해 이미 수백만 번이나 설명을 들은 상태였다. 하지만 프로젝트에 관한 대화를 나누는 건 상사에게 아부할 수 있는 좋은 기회였

그저 양심이 없을 뿐입니다

고 안젤라는 장장 15분씩이나 아부를 쏟아부었다. "환상적이네요.", "획기적이에요.", 어쩌고저쩌고……. 상사는 그런 안젤라의 아부를 좋아했고, 어쩌면 안젤라마저도 좋아하는 게 아닐까 하는 생각까지 들었다. 안젤라는 그런 상사의 생각을 훤히 꿰뚫어 보고 있었다.

이제 안젤라는 거칠 게 없었다. 상사와 통화를 마친 안젤라는 사무 보조원인 그레이스와 몇 마디 나눠야겠다는 생각이 들었다. 그레이스를 놀려 먹는 일은 언제나 그녀에게 큰 즐거움을 주었다. 그레이스는 굉장히 일을 잘하는 데다 누구나 인정하는 '마음씨가 착한' 사람이었다. 그레이스의 동료들은 그런 그레이스를 아주 좋아해서 그녀를 안젤라로부터 지켜 주고 싶어 했지만 한편으론 괜히 대놓고 편을 들다가 회사에서 쫓겨날까 봐 걱정하는 것도 사실이었다. 안젤라 역시 그런 사실을 잘 알고 있었다. 최근 경기가 침체되면서 회사에서 자리를 지키는게 쉽지 않은 상황이라 그레이스의 동료들 역시 나서지 못할 게 뻔했다. 이 같은 경기 침체의 시기가 그레이스를 가지고 노는 게임에 어떤 효과를 미쳤을지 떠올려 본 안젤라는 상황이 아주 재미있다고 생각했다.

안젤라는 책상 서랍에서 주황색 고무 팔찌를 꺼냈다. 가정 폭력 방지를 위한 단체에서 기부를 요청하며 보내온 그 팔찌에는 '동참해 주세요!'라는 문구가 새겨져 있었다. 기부 요청서는 진작 버렸지만 팔찌는 나중에 쓸모가 있을지 몰라 남겨 두

었었다. 안젤라는 팔찌를 재킷 주머니에 넣고 신발을 다시 신은 다음 본부 사무실로 갔다. 그곳에는 자신과 함께 일하는 열두 명의 직원이 책상에 앉아 연신 키보드를 치고 있었다. 안젤라는 몰래 그녀의 뒤로 다가갔다.

"그레이스!" 안젤라는 크고 심각한 목소리로 그레이스를 불렀다. 그레이스는 깜짝 놀라 겁에 질려 뒤를 돌아보았다.

"우드슨씨! 제가 해야 할 일이 있나요?"

"점심시간이 다 됐네요, 안 그래요, 그레이스?"

"어…… 네, 그런 것 같은데요."

"반나절이 지났어요. 오늘 아침엔 뭐 했어요?"

"음, 아! 처리해 달라고 말씀하신 이메일에 답장을 다 보냈어요."

"무슨 이메일? 나는 그런 얘기 한 적 없는데."

"어, 기억 안 나세요? 어제 제가 퇴근할 때 출근하면 꼭 처리하라고 하셨……."

"아니, 기억 안 나요, 그레이스. 그런 일이 있으면 내가 전화로 지시할 걸 잘 알면서 왜 이렇게 처리하는 거죠? 아니면 말귀를 못 알아들어서 이렇게 헷갈리는 건가요? 제대로 듣는 법부터 배워야 하지 않을까 싶은데. 그럴 순 있겠죠?"

"하지만 제 기억엔 그렇게 말씀하신……."

"내가 그런 말을 하지 않았다고 하진 않았어요. 어제 뭐라고 했는지 기억나게 해 줘야겠군요."

그저 양심이 없을 뿐입니다

안젤라는 주머니에서 팔찌를 꺼내 그레이스에게 내밀었다. 그레이스는 어리둥절한 눈으로 팔찌를 쳐다보았다.

"앞으로 밝은 주황색 팔찌를 볼 때마다 지시를 잘 들어야 한다는 걸 상기했으면 해요. 자, 받아요. 손목에 차세요."

안젤라에게서 팔찌를 건네받은 그레이스가 말했다.

"하지만 전 이 팔찌를 하고 싶지 않습니다."

"이거 봐요, 또 안 듣고 있잖아요. 내가 언제 팔찌를 하고 싶은지 물어봤어요? 얼른 손목에 차요."

그레이스는 너무너무 화가 났지만 결국 고무 팔찌 안으로 손을 찔러 넣고는 손목을 노려볼 뿐이었다. 이러다 해고를 당할까 두려웠기 때문이다. 물론 안젤라가 두렵기도 했다. 참을 수 없는 굴욕감을 느끼며 그레이스는 또 동료들 앞에서 울음을 터트리고 말았다.

그레이스의 눈에서 쏟아지는 눈물을 보며 안젤라는 오늘도 목표를 달성했음을 확인했다. 안젤라는 만족한 눈빛으로 사무실에 있는 사람들을 둘러보았다. 그들의 얼굴은 패배감으로 얼룩져 있었고 다들 눈이라도 마주칠까 봐 슬금슬금 피하기 바빴다. 안젤라는 자신의 힘을 만끽하며 날아갈 듯 유쾌해졌다.

협력의 자연사自然史

이쯤 되면 당신도 안젤라가 소시오패스라는 걸 눈치 챘을 것이다. 그리고 그녀가 소시오패스라고 생각한 이유 즉, 안젤라의 반사회적인 행동들을 짚어 낼 수 있을 것이다. 예를 들면 끊임없는 기만, 자주 지루함을 느끼는 성향, 타인을 가지고 놀면서 당황하게 하고 싶어 하는 욕구, 무책임함, 조작, 기막힌 아첨 솜씨, 목적을 이루기 위해 성적 매력을 이용하는 습성, 힘과 권력에 대한 집착, 냉혈적이며 계산적인 성격 같은 것들 말이다. 같은 직장에서 일하는 사람들이라면 공동의 목표를 위해 서로 돕고 협력해야 할 텐데 안젤라는 돕거나 협력하거나 다른 어떤 방식으로든 그 집단에 기여하고 싶은 생각이 전혀 없다. 안젤라의 목표는 아주 이기적이며 다른 사람을 희생시켜야 이룰 수 있는 것들이다.

영겁의 세월 동안 자연은 포유류의 뇌를 다른 개체들과 서로 협력하는 방향으로 진화시켜 왔다. 포유류의 하나인 인간 역시 마찬가지의 과정을 거쳤다. '인간보다 못하다'고 알려진 일부 동물들도 개체들끼리 서로 돕는다는 점에 비추어 안젤라의 반사회적인 목표가 얼마나 기괴하며 심각할 정도로 병적인지 잘 알 수 있다. 먼저 마이크라는 젊은 침팬지의 이야기를 한번 들어 보자.

2009년에 밀렵꾼들은 세네갈 공화국의 케두구주에서

118　　　　　　　　　　　　　　　그저 양심이 없을 뿐입니다

9개월 된 침팬지를 납치했다. 그 와중에 아기 침팬지의 어미는 밀렵꾼의 개에게 공격당해 심각한 부상을 입었다. 아프리카에서는 이토록 잔인하게 어린 동물을 납치하는 일이 그다지 드물지 않다. 그러나 이번에는 굉장히 이례적으로 과학자들이 납치범들로부터 아기 침팬지를 구출해 5일 후 성공적으로 어미에게 돌려주었다.

당시 자연 서식지에서 사바나 삼림의 침팬지를 관찰하기 위해 세네갈에 체류 중이었던 아이오와 주립 대학교Iowa State University의 인류학자들은 이 사건에 크게 분노했으며, 구출한 아기 침팬지에게 에이미라는 이름을 지어 준 후 상처 입은 어미를 찾아다녔다. 마침내 과학자들은 나무에서 9마리의 다른 침팬지와 함께 아이들에게 먹이를 주고 있는 어미를 발견했고, 티아라는 이름을 지어 주었다. 그들은 에이미를 그 나무에서 약 50피트 정도 떨어진 땅 위에 놓아두고 뒤로 물러났다. 인간들이 충분히 안전할 만큼 물러섰다고 판단되자 젊은 수컷 마이크가 내려와서 어린 에이미를 얼른 안고 나무 아래로 데려갔다. 연구자들이 알기로 10살 정도인 마이크는 티아와는 아무런 관계도 없는 침팬지였다. 티아는 상처를 입은 상태였음에도 재빨리 나무에서 내려왔고 마이크는 아기 침팬지를 어미에게 돌려주었다. 다른 침팬지들도 모두 나무에서 내려와 티아와 에이미 주위에 모였으며 서로 끽끽 소리를 내며 반가움의 인사를 나눴다.

티아는 에이미를 꼭 안은 채 몇 시간 동안 다른 침팬지

3장_ 직장에 존재하는 악마

들과 함께 쉬었다. 연구원들은 멀리서 그 모습을 지켜보았다. 늦은 오후가 되어 침팬지들이 이동할 시간이 되었다. 개에 물린 티아가 절뚝거리며 걷기 시작했지만 성치 않은 다리로는 무리를 따라갈 수 없었다. 그래도 따라가려고 억지로 애를 쓰자 상처에서는 다시 피가 나기 시작했고 티아는 종종 멈춰 서서 상처를 살펴보며 몰려드는 파리를 연신 쫓아내기 바빴다. 멈춰 설 때면 티아는 에이미를 자기 옆에 잠깐 내려놓았다가 다시 안고 무리를 따라가기를 계속했다. 이동이 시작된 지 5분쯤 되었을 때 이런 사실을 알아차린 마이크가 티아 곁으로 와서 에이미를 받아 목적지에 도착할 때까지 안고 이동했다. 침팬지 무리가 목적했던 서식지에 도착하자 마이크는 에이미를 티아에게 돌려주었다.

이처럼 동물들이 서로를 돕는 사례는 수없이 많다. 동물들은 동족뿐만 아니라 함께 있는 인간들도 도우려 한다. 밀렵꾼 같은 누군가에게 사로잡힌 침팬지는 함께 위험에 빠진 주인을 보호할 준비를 하며, 코끼리들은 다른 코끼리의 새끼를 돌보던 사육사를 지켜 주고, 혹멧돼지는 고아가 된 다른 혹멧돼지의 새끼를 돌봐 준다. 야생 침팬지들은 당황한 동료를 안아서 달래 주며 야생 큰까마귀는 더 크고 사나운 동물들로부터 먹이를 낚아채기 위해 무리를 지어 행동하고, 실험실의 까마귀들에게서는 서로에게 먹이를 먹여 주는 방법을 고안해 내는 모습이 관찰되었다. 짧은꼬리원숭이 중에서 '중재자' 역할을 하는 원숭이는

그저 양심이 없을 뿐입니다

무리 안에서 생기는 다툼을 해결하고 무리가 평화롭게 지낼 수 있도록 한다. 이처럼 서로를 돕는 사례는 얼마든지 있다. 영장류 동물학자인 프란스 드 발Frans de Waal31은 이런 증거들을 언급하며 "코끼리에서 늑대, 사람에 이르기까지 협력에 의존하는 모든 종種은 집단에 대한 충성심과 서로를 돕는 경향성을 보인다."라고 분명하게 말한다. 윤리학자인 마크 베코프Marc Bekoff32와 생명 윤리학자인 제시카 피어스Jessica Pierce는 그들의 저서 『야생의 정의Wild Justice: The Moral Lives of Animals』(University of Chicago Press, 2010년)에서 "최근 홍수처럼 쏟아진 협력에 관한 에세이와 연구 논문은 동물들 사이에서의 협력 사례를 찾으면 찾을수록 더욱 많이 발견할 수 있다는 사실을 보여 준다. 그리고 당신이 일정 기간 동안 동물들을 직접 관찰한다면 실제로 동물들이 서로 협력하고 늙어서도 무리와 함께 생활하는 모습을 흔하게 볼 수 있을 것이다."라고 말했다.

거친 세상에서 늘 위험에 노출되어 있었던 우리의 조상들은 살아남기 위해 다른 이들을 돕고 보호하는 행동을, 외면하기보다는 서로 도움을 주고받는 집단을 형성하는 쪽을 선택했을 가능성이 훨씬 높다. 많은 진화론자들은 자연선택이 친구 맺기, 협력, 집단 내의 갈등 회피처럼 서로에게 도움이 되는 행동을 보이는 개체를 선호한다고 주장한다. 다시 말하면 자연선택은 제로섬zero-sum보다는 윈윈win-win 전략을 선호하는 것이다. 우리 포유류 선조들의 뇌에서부터 진화를 시작한 원시적인 변연계는 적응력이 아주 뛰어났으며 애착, 충성심, 서로 돕는 경향성은 초기 인류가 살아남아 번성하게 해 주었다.

동물의 사례에서 알 수 있듯이 우리 인간 역시 동일한 면모를 가지고 있다는 사실에 주목해야 한다. 서로를 돕고 일을 완수하기 위해 함께 노력하는 것은 우리 인간에겐 자연스러운 일이다. 충성심과 서로를 돕는 경향성은 우리의 뼛속 깊이 새겨져 있다. 우리는 가정과 직장에서 우리 가까이 있는 이들과 협력하며 그들이 필요로 할 때 도움과 지원을 아끼지 않는다. 우리는 서로에게 든든한 버팀목이 된다. 때로는 기쁜 마음으로, 때로는 어쩔 수 없이 그렇게 하겠지만 어쨌든 그 일을 회피하지 않는다. 친구를 배신하거나 친구의 일을 등한시하는 행위는 굉장히 바람직하지 못한 행위로 여긴다. 우리의 먼 조상들은 이를 잘 알고 있었으며, 지금도 뇌의 깊은 곳에 있는 가장 원시적인 부분에서는 우리에게 속삭인다. 남의 일을 방해하는 훼방꾼은 정상적인 사회적 동물이 아니라고.

서로 협력하는 생물학적 경향성은 작고 취약한 선사 시대 설치류에서부터 서식지가 줄어들고 있는 침팬지와 우리 인간에 이르기까지 사회적 생물만이 가질 수 있는 특별한 마법이자 구원이다. 이런 협력을 통해 인류는 세계무역센터의 쌍둥이 빌딩을 세웠으며, 사랑을 느끼지 못하는 사악한 자들이 그 빌딩을 파괴하자 그 자리에 뜻깊은 기념관을 계획하고 건설했다. 금문교, 후버댐, 파나마운하를 건설했던 것도 사람들이 끊임없이

그저 양심이 없을 뿐입니다

함께 협력했기 때문이다. 치명적인 질병을 치료하기 위해 우리
는 함께 힘을 모은다. 우리가 놀라울 만큼 조화를 잘 이룬 덕분
에 훌륭한 지식과 상상력의 집합체를 구축했으며 힘을 모아 하
나의 팀으로 협력했기 때문에 지금까지 뛰어난 기술 발전을 일
구어 냈다. 그리고 앞으로도 충분히 잘 협력한다면 우리는 이
녹색 지구를 보존하고 이곳에서 삶을 영위하는 모든 사람들이
계속 여기에서 살아가게 할 수 있다.

그러나 우리가 충분히 협력하지 못하게 하는 몇몇 가지
이유 또한 존재한다. 가장 대표적인 이유는 정치적 또는 민족적
인 복수와 종교 간의 분쟁, 그리고 탐욕이다. 거기에 또 다른 하
나의 이유를 들자면 바로 모든 인간이 태생적으로 서로 협력하
려는 경향을 가지고 있지는 않다는 점이다. 이런 비정한 소수의
인간에게 사람이란 그저 살아 있는 장난감 즉, 가지고 놀거나
훼방을 놓고 지배해야 할 대상에 불과하다.

가장 사회적인 동물인 인류를 비롯, 이 지구상의 사회
적 동물들을 관찰해서 얻은 자료들은 소시오패스의 결함이 얼
마나 심각한 것인지를 극명하게 보여 준다. 우리로선 도저히 이
해할 수 없는 감정적인 결핍으로 인해 그들은 사회적 감각과
동료에 대한 감정적인 애착, 서로 도우려는 경향성을 갖지 않
는 대신 그저 재미 삼아 어느 한 개인이나 집단 전체를 방해하
는 행위를 계획하고 실행하며 사람들에게 상처를 주는 행위를
즐긴다. 우리 가까이 다가온[33] 사악한 인간의 그림자는 잊을 수

없는 오싹한 냉기를 느끼게 한다. 우리 인간에겐 조력자나 동료 또는 친구가 냉혈한임을 깨닫는 경험이 원초적인 두려움으로 느껴질 수 있다. 그 냉혈한은 당신의 동료이거나 친구, 같은 집단의 구성원, 또는 이웃일 수도 있다. 만약 당신이 그런 양심 없는 인간의 목표물이 된다면 형언할 수 없는 불안을 느끼고 그 자리에서 얼어붙을지도 모른다. 원초적인 규칙이 지켜지지 않을 때 우리 종족이 느끼는 감각은 그 정도로 강렬하다.

우리는 흔히 악마에게 이름과 얼굴을 부여하지만, 그들은 우리 외부에 실재하는 존재도 아닐 뿐더러 우리의 일부분도 아니다. 인간, 유인원, 사바나에 살고 있는 혹멧돼지, 숲에서 울부짖는 늑대 등 사회적 생물들이 자신이 속한 집단을 향해 사악한 짓을 저지르는 상황이 발생할 가능성은 없다고 해도 무방하다. 생존 자원의 부족 같은 모든 생명체에게 압도적으로 강력한 동기가 발동되지 않는 한, 자신이 속한 집단을 상처 주거나 파괴하는 일은 절대로 일어나지 않는다. 오히려 그들은 서로를 돕고 돌보며 자신의 동료들과 협력할 것이다. 정말 다행스러운 일이다. 그러나 앞에서 말한 것처럼 어떤 사람들의 뇌에는 이해할 수 없는 심각한 결핍이 존재한다. 그런 결함을 가진 이들은 어떤 죄책감도 없이 사악한 짓을 저지른다. 더욱이 그런 짓을 하며 즐거워한다. 문제는 이 이상한 회백질을 가진 사람들이 우리와 어울려 함께 살아가고 있다는 사실이다. 그들은 우리와 똑같은 모습을 한 채 이 세상을 분쟁과 고통, 상실의 구렁텅이로 몰아넣는다. 그리고 그들은 결코 스스로 바뀌거나 사악한 짓 하기를 멈추지 않을 것이다. 그러니까 직장에서 우리가 어떻게 그들을 막을 수 있을지 한번 생각해 보자. 직장이야말로 거의 모든 성인들이 깨어 있는 대부분의 시간을 보내는 장소인 동시에 반드시 서로 협력을 해야 하는 곳이니까 말이다.

소시오패스에게서 나타나는 경쟁 행동

『이토록 친밀한 배신자』가 출판된 후, 나는 무자비한 직장 동료에 대해 이야기하는 편지를 엄청나게 많이 받았다. 그 속에는 어떤 한 인간이 친절하고 너그럽고 따뜻하며 사랑이 넘치는 사람을 해치는 이야기들이 담겨 있었다. 편지를 보낸 사람들은 대부분 잠재적인 미래의 피해자들에 대한 책임감을 느끼고 있으며 그런 상황이 이미 끝난 지 한참이나 지났는데도 아직 그 상처가 완전히 아물지 않았다고 말한다.

저와 스티븐의 결혼 생활은 첫날부터 악몽 같았어요. 저는 스티븐을 광고 대행사에서 만났어요. 우리 둘 다 그 회사의 영업을 담당하는 임원으로 일하고 있었거든요. 함께 외근을 한 지 몇 주 정도 지났을 무렵 스티븐은 제게 부서 책임자인 폴라가 자기 부인이란 사실을 털어놨어요. 당시 스티븐의 결혼 생활은 지옥 그 자체였어요. 폴라는 스티븐을 고립시킬 수 있다면 무슨 일이든 마다하지 않았으니까요. 스티븐의 휴대폰을 마음대로 가져가 친구에게서 온 문자에 마치 스티븐인 체하면서 기분 나쁜 답장을 보낸 다음 삭제하기도 하고 차 옆쪽을 아주 길게 긁어서 흠집을 내놓고도 전혀 모르는 일이라고 펄쩍 뛰기도 했어요. 스티븐은 왜 폴라가 자기와 같이 살고 싶어 하는지 도무지 이해할 수 없다고 했죠. 그렇게 비참한 상황인데도 스티븐은 5년이나 버텨 냈어요. 폴라에게 스티븐을 사로잡는 신비한 힘이 있었나 봐요. 스티븐이 여러 번 이혼하려고 했지만 그럴 때마다 폴라가 막았죠. 어떤 때는 진심으로 사과하는가 하면 또 어떤 때는 자살을 하겠다고 협박하기도 했어요. 한번은 이혼하면 두 사람의 섹스 동영상을 인터넷에 뿌리겠다며 협박하는 메일을 보낸 적도 있었지요. 하지만 결국 3년 전에 스티븐은 이혼했어요.

폴라가 스티븐에게만 못되게 굴었던 것도 아니었어요. 그건 겨우 빙산의 일각에 불과했죠. 다른 회사 동료들은 아예 대놓고 무시했으니까요. 그래도 고객들과의 관계가 좋았던 데다 고위층에겐 사악한 면모를 들키지 않은 덕분에 폴라는 영업이사로 승진하기까지 했어요. 그 사이에 저희는 새로운 직장을 찾고 있었는데, 그 와중에도 폴라는 계속해서 저와 스티븐에게 발톱을 들이댔죠. 스티븐의 면접

그저 양심이 없을 뿐입니다

이 갑자기 취소된 적이 몇 번 있었거든요. 왜 그런가 했더니 글쎄 폴라가 그 회사 인사과에 전화해서 스티븐의 험담을 했다고 하더라고요. 스티븐을 억지로 자기와 함께 야근하게 한 적도 자주 있었어요. 그렇게 야근할 때면 폴라는 스티븐에게 제가 기회만 있으면 바람을 핀다고 모함했어요. 다행히 스티븐은 폴라의 말을 믿지 않았고요. 하지만 굉장히 힘들었어요.

저희가 결혼한 후에도 폴라는 멈출 기색이 없었어요. 그때는 같은 회사를 다니지도 않았는데 말이에요. 스티븐은 폴라가 펼쳐 놓은 그물에서 벗어나지 못하는 것 같았어요. 폴라는 끊임없이 스티븐에게 전화나 문자를 해 댔지요. 아무리 번호를 바꿔도 소용없었고요. 어떻게 알았는지 새로 바꾼 번호로도 같은 짓을 되풀이했어요. 사악한 데다 교활하기까지 한 폴라는 잠시도 쉬지 않고 저희를 괴롭혔어요. 어떻게 그런 사람이 사회적으로 계속 성공할 수 있는지 정말 이해가 안 되더군요. 스티븐을 괴롭히고 싶을 땐 괴롭힘 스위치를 켰다가 전문적으로 일 처리를 해야 할 때면 스위치를 끄는 식이었어요. 폴라에겐 그게 아주 간단한 일 같아 보였어요. 하지만 도대체 '왜' 그럴까요? 그게 제일 이해가 되지 않는 부분이에요.

스티븐이 그녀에게 그저 손쉬운 목표물인 걸까요? 저는 가끔 의아한 생각이 들어요. 그렇게 거짓말을 많이 했는데 아직도 폴라는 스티븐을 꼼짝 못하게 만들거든요. 한번은 차가 완전히 망가졌다면서 스티븐에게 돈을 달라고 했어요. 보험을 안 들었다면서요. 어떻게든 스티븐을 걸고넘어져 돈을 주게 만든답니다. 그런데 나중에 보니까 아주 새빨간 거짓말이더라고요. 그 차를 팔고 새 차를 산 거 있죠? 스티븐과 이혼하기 전부터 회사의 여러 남자들과 관계를 가졌다는 사실도 알게 되었고요.

기쁜 소식이 있어요. 저희가 상황을 파악하도록 도움을 준 훌륭한 상담 선생님을 만났답니다. 또 예전 회사에서 저희처럼 폴라에게 당한 사람들과 함께 모임을 만들었고요. 서로 자기가 당했던 경험을 얘기하고 다독여 주기도 한답니다. 어떻게 알았는지 폴라는 저희 상담 선생님에게도 전화를 걸었어요. 그러고는 저희가 폴라를 헐뜯어서 자살까지 생각했다며 저희를 아주 쓰레기로 만들었더군요. 나중에 알았는데 폴라는 가족들과도 완전히 등졌다고 하더라고요. 가족의 물건을 훔친 적도 있고 결혼한 자매들이 바람을 피웠다는 더러운 헛소문을 퍼트리기도 했대요. 최악은 뭔지 아세요? 스티븐이 어떤 소년을 들이받아 죽게 하고 뺑소니를 쳤다고 경찰에 익명으로 신고한 거예요. 물론 저희는 그게 폴라라는 걸 대번에 알았죠. 어느 날 경찰관 두 명이 우리 집에 와서 그 사고가 난 날 어디에 있었는지, 그걸 입증할 증거를 제시할 수 있는지 조사했지 뭐예요. 그

그저 양심이 없을 뿐입니다

날은 날씨가 화창해서 이웃들이 다들 밖에 나와 있었는데 말이죠.

결국 저희는 폴라에게 접근 금지 명령을 신청했고 그녀가 우리 삶을 망가뜨리지 못하도록 잠시 유보할 수 있었어요. 하지만 저는 이게 끝이 아닐 것 같아 두려워요. 지금쯤 폴라는 아마 다른 남자를 유혹해서 그 남자를 파괴하고 있을 거예요. 그래도 폴라에게 당한 사람들과 서로 위로를 주고받을 수 있어서 다행이에요. 하지만 저는 아직도 모르겠어요. 어떻게 하면 폴라가 그런 짓을 못 하게 할 수 있을지 말이에요.

여기서 소시오패스에게 당하는 피해가 실제로는 어떤지, 그리고 보이는 것과 무엇이 다른지 더 자세히 말해 줄 필요가 있겠다. 폴라의 사례에서 알 수 있듯이 양심 없는 자들은 회사에서 이루어지는 일반적인 경쟁 활동에는 잘 참여하지 않는다. 그들의 행동과 그런 행동을 유발하는 동기는 심리적으로 아무런 문제가 없는 정상적인 사람들의 것과는 상당히 다르다.

인간을 포함한 정상적인 동물에게 경쟁은 협력이나 도움처럼 예전부터 존재했던 성향이며, 그 동기가 생존과 관련될 경우 경쟁(또는 다투는) 행동은 잔인해질 수 있다. 좁은 서식지에 너무 많은 개체들이 모여 살면서 스트레스를 받으면 동물들은 자원을 두고 서로 싸우며 때로는 다른 개체를 무리에서 쫓아내기도 한다. 예를 들어 우간다의 몽구스 무리를 연구하는 연구자들은 지배적인 위치에 있는 암컷을 따르는 무리가 하위에 있는 임신한 어린 암컷을 내쫓기 위해 쫓아다니며 할퀴고 물고 괴롭힌다는 사실을 발견했다. 이런 행동을 하는 이유는 하위에 있는 암컷을 무리에서 쫓아내야 자신의 새끼들에게 더 많은 자원을 나눠 줄 수 있기 때문이다. 물론 스트레스가 없는 상황이라도 동물이나 인간은 권력 또는 마음에 드는 배우자를 차지하기 위해 어떤 방식으로든 서로 다툴 수 있다. 인간에게 있어서 경쟁은 육체적인 방식일 때도 있겠지만 그보다는 언어적이거나 심지어 드러나지 않는 정신적인 방식일 경우가 더 많다. 특히 직장 안에서의 경쟁은 더욱 그렇다.

그런 식의 다툼은 모두 **목표 지향적 공격성**과 관련된다. 다시 말하면, 정상적인 경쟁에는 납득할 만한 목표가 있으며 공격자의 생존 또는 삶의 질을 향상시키기 위해 경쟁을 한다. 반사회적인 행위가 보여 주는 놀라운 진실 중 하나는 그것이 일반적인 관점에서 말하는 자기 이익을 증진시키는 행위가 아니라는 점이다. 일반적으로 소시오패스가 '경쟁'을 벌이는 목적은 다른 사람을 깎아내리고 조종하는 데 있다. 그렇게 하기 위해 소시오패스는 경쟁에서 폭력적인 수단은 물론이고 때로는 언어나 성적인 수단까지 쓰는 등 다양한 방식을 동원한다. 이런 그들의 경쟁 방식은 자원과 승진을 놓고 벌이는 일반 직장에서의 경쟁과는 사뭇 다르며 오히려 재미 삼아 하는 행위에 더 가

그저 양심이 없을 뿐입니다

깝다. 직장의 환경이 어떠하든 간에 이런 식의 경쟁 방식은 분명 비정상적이며 파괴적이다. 더욱 놀라운 사실은 타인을 깎아내리고 조종하려고 하는 소시오패스의 욕구가 직장 생활에 도움을 주기는커녕 오히려 소시오패스의 생존과 안녕을 크게 위협한다는 것이다. 보통 사람이라면 그런 일을 하고 싶어도 실제 행동으로 옮기지는 못한다. 그런 짓을 저지르는 건 결국 사회적·직업적·재정적 자살에 불과하다는 사실을 누구나 잘 알고 있기 때문이다.

아무리 주도권을 쥐고 있는 사람이라도 사람들을 당황하게 하려는 욕망을 무절제하게 추구한다면 생산적인 결과가 나올 리 없다. 예를 들어 수천 건의 욕설 문자를 보내고 여러 명의 부하 직원과 부적절한 관계를 가지면서 자신에게 득이 되기를 바랄 수 있겠는가. 그런 짓은 누군가를 업신여기고 통제하려는 행위에 불과하며 본질적으로 비이성적인 행동이다.

내가 받았던 많은 편지에 쓰인 내용 중에서 자신에게 별 이익이 없는데도 타인에게 벌이는 비정한 음모의 대표적인 예는 가스라이팅gaslighting이다. 누군가를 자기 마음대로 통제하려 드는 것이다. 가스라이팅은 타인을 속임수로 현혹해서 그 사람이 스스로를 제정신이 아니라고 여기도록 만드는 행위로, 「가스라이트」라는 연극에서 빌려 온 표현이다. 이 연극은 1944년에 영화로 만들어져 인기를 얻기도 했다. 영화에서는 찰스 보이어Charles Boyer가 과거에 저지른 살인을 숨기고자 아내에게 사악한 속임수를 쓰는 악당 역할, 잉그리드 버그만Ingrid Bergman이 현혹을 당해 스스로 미쳤다고 믿게 되는 아내 역할을 맡아 열연했다. 이 영화에 나오는 속임수 중의 하나는 집에 있는 가스등을 밝게 했다가 어둡게 하면서 그런 상황이 그녀 자신의 상상이라고 믿도록 만드는 것이다. 가스라이팅이 일어나고 있어도 주변 사람들의 입장에서는 그 속임수들이 그다지 대단치 않아 보일 뿐더러 피해자들이 너무 이상하고 망상 같은 얘기를 늘어놓기 때문에 그들이 두려워하는 상황을 좀처럼 믿지 못한다. 이런 점이 가스라이팅을 당하는 피해자들을 더욱 고통스럽게 한다. 만약 직장에서 가스라이팅을 사용한다면 그 효과는 아주 탁월하다. 누군가를 깎아내리고 통제하는 모든 방법 중에서 자기 자신의 인식과 생각을 의심하도록 만드는 것만큼 냉담하면서도 효과적인 방법은 없으니까.

'닫힌 세계'에서의 소시오패스

나는 직장에서 무자비한 인간들이 손쉬운 목표물을 노린다고 하는 내용의 편지를 아주 많이 받았다. 그들이 노리는 가장 취약한 사람들은 스스로를 의심하는 사람들이다.

문제가 시작된 건 몇 년 전 제가 남편과 별거를 하고 이혼

그저 양심이 없을 뿐입니다

을 고민할 무렵이었어요. 먹고살아야 했기에 저는 지인이 새로 문을 연 주점에서 바 매니저 겸 경리로 일하게 되었죠. 그곳에서 저는 바텐더 중 한 사람, 라이언과 친구가 되었어요. 라이언은 제가 겪고 있는 모든 문제, 그러니까 남편과의 불화나 이혼이 어린 두 딸에게 어떤 영향을 줄지 걱정하는 제 마음을 다 공감하고 이해하는 멋진 남자였어요. 자기도 힘들게 이혼했다고 하더라고요. 저는 라이언이 그의 세 아이들에게 얼마나 멋진 아빠였는지 알고 굉장히 감동받았어요. 아이들하고 많이 놀아 주기도 했다더군요. 그리고 운동도 열심히 해서 몸매가 아주 훌륭했어요. 우리는 퇴근 후에 만나서 떠들고 웃고 술을 마셨어요. 라이언은 얘기를 참 잘 들어 주거든요. 가끔은 제가 너무 긴장해 있다며 어깨와 목 마사지를 해 주기도 했어요. 라이언은 저에게 '너무너무 매력적'이라고 했지만 제 이혼이 마무리되기 전이라 바람 피우게 하고 싶지는 않다고 했어요. 그런 점도 정말 멋지다고 생각했죠. 어떤 때는 술에 취해서 저에게 아주 열정적으로 키스를 퍼붓다가 밀쳐 내기도 했어요. 그럼 저는 아주 미칠 것 같았죠. 저는 라이언과 새로운 삶을 시작할 꿈에 부풀어 있었어요. 얼마 안 가 라이언은 자기가 경제적으로 너무 힘들다는 사실을 털어놨어요. 아이들 양육비 때문에 힘들다고 하더라고요. 그러면서 저에게 주점의 다른 사람들은 얼마나 버는지 물어보는데,

　　　　　　　3장_ 직장에 존재하는 악마

좀 불편했어요. 글쎄 사장님의 수입까지 물어보는 거 있죠? 그래서 저는 다른 사람의 금융 정보를 알려 주기는 곤란하다고 했어요. 그때부터 라이언은 저를 차갑게 대하기 시작했어요. 다시 관계를 회복하는 데까지 시간이 좀 걸렸지요. 라이언은 그 사람들에 대해 알려 달라고 계속 저를 압박했어요. 차츰 라이언은 일하는 시간에 비해 너무 적은 돈을 준다며 사장님을 욕하기 시작했어요. 저 역시 사장님에게 이용당하고 있다면서요. 저는 사장님이 정당한 급여를 주고 있다는 걸 알았지만 라이언이 일하는 시간을 줄여 줄 수 있을지 사장님에게 얘기할 수밖에 없었어요. 라이언과의 우정을 잃고 싶지 않았거든요. 저는 갈등과 혼란을 느꼈고 술도 많이 마시게 됐어요. 저를 어떻게 생각하느냐고 물을 때마다 라이언은 여전히 저를 사랑한다고 했어요. 그러다 라이언은 저에게 가불해 달라고 조르기 시작했어요. 금방 갚을 거라면서요. 가불해 줄까 생각해 보기도 했지만 그렇게 하지 않았어요. 지금은 제가 왜 라이언을 매력적이라고 생각했는지 믿기지 않네요.

결국 라이언은 해고당했어요. 그 상황이 저도 너무 안타깝고 힘들었어요. 라이언이 저에게 전화해서 비난하기 전까지는요! 라이언은 아주 악랄했어요. 완전히 딴사람 같았죠. 제가 자기를 성희롱했다고 신고할 거라더군요. 이러다 법정에 끌려가는 건 아닐지 걱정되었고 안절부절못했어

그저 양심이 없을 뿐입니다

요. 저는 사장님과 동료 몇몇에게 라이언과의 관계를 솔직히 털어놓았어요. 라이언은 우리 관계에 대한 얘기가 다 제 상상에 불과하다고 동료들에게 얘기했지만요. 라이언은 제가 사장님과 동료들을 늘 업신여겼다는 거짓말까지 했어요. 실제로는 제가 늘 그들을 변호하는 입장이었는데도 말이에요. 저는 직장을 그만두고 절망적인 상태로 다시 남편에게 돌아갔어요. 그리고 상황을 해결하고자 필사적으로 노력했죠. 남편과 저는 부부 상담을 받고 있고 저는 따로 치료를 받으면서 저 자신을 알아 가려고 노력 중이에요. 제가 얼마나 예민했는지 저 자신도 믿기지가 않아요. 너무 부끄러워서 멀리 이사를 가고 싶은 심정이에요. 제 인생에서 가장 약해져 있던 시기에 이용당했다는 걸 생각하면 다시 누군가를 믿을 수 있을지 모르겠어요. 제 자신도 믿지 못할 것 같아요…….

바텐더와 경리 직원에 관한 이 이야기는 직장에서 이루어지는 반사회적인 행위에 어떤 특징이 있는지를 잘 보여 준다.

- 피해자 비방.
- 자기 자신이 대단한 사람인 양 포장.
- 친절하며 도움을 줄 것처럼 가장.
- 유혹.

- 거짓말.

- 감당할 수 없는 부담스러운 일을 하도록 유도.

- 동정 연극.

- 책임 전가.

- 위협.

- 냉정하게 배신.

뿐만 아니라 이 사례에서 피해자는 스스로 실패했다고 여기며, 자존감을 잃은 건 물론이고 자신을 포함한 인간 전체에 대한 신뢰감이 바닥까지 떨어진 모습을 보인다.

경리 직원과 바텐더의 만남은 두 사람만 알고 있는 관계이기에 다른 사람들과는 분리된 독립적인 관계라 할 수 있다. 나는 이러한 만남 또는 접촉을 '닫힌 세계'라고 부른다. 경리 직원은 자신의 행동에 대해 점점 더 불안함을 느끼고 당황해하는 상태였기 때문에 자신의 상황을 어느 누구에게도 털어놓지 않았다. 사실상 둘 사이의 관계를 비밀로 부치는 데 그녀가 스스로 일조를 한 셈이다. 비밀과 고립은 학대를 더욱 조장한다. 그렇기 때문에 닫힌 세계에 머무는 한 당신은 소시오패스의 착취에 무력해질 수밖에 없으며, 당신의 삶 전반에서 위험을 맞닥뜨리게 된다. 만약 당신이 직장 생활에서 위태위태하고 스트레스로 가득한 닫힌 세계에 있음을 깨닫게 되었다면 단 한 사람이라도 괜찮으니 닫힌 세계의 **바깥세상에 있는 누군가**와 그 관계에 대해

그저 양심이 없을 뿐입니다

꼭 얘기를 나눴으면 한다. 같은 직장을 다니지 않는 친구든 가족이든 치료사든 어느 누구라도 상관없다. 대화를 통해 당신의 닫힌 세계에 바깥세상의 공기가 들어갈 수 있도록 해라. 꼭 그렇게 했으면 좋겠다. 대화를 나눌 때 소시오패스 또는 의학적 진단명 같은 다른 공식적인 표현을 반드시 쓸 필요는 없다. 그저 직장에서 어떤 일이 일어나고 있는지 설명하기만 하면 된다. 그렇다고 친구가 그 자리에서 당신의 딜레마를 해결할 방법을 알려 준다거나 당신의 의견에 동조하기를 기대하지는 마라. 당신의 목표는 첫째, 당신을 불안에 떨게 하는 그 사람이 당신을 완전히 고립시키지 못하게 하고 둘째, 당신 자신이 아닌 누군가에게서 따뜻한 목소리를 듣는 것이다.

닫힌 세계에 외부의 입력을 받아들이는 건 굉장히 중요하다. 다른 사람과 이야기를 주고받으면 당신은 차츰 공황 상태에서 벗어나 지금 벌어지고 있는 일을 보다 객관적으로 생각할 힘을 얻을 수 있다. 뿐만 아니라 닫힌 세계에 함께 있었던 사람이 소시오패스로 밝혀질 경우, 그들의 행동 방식에 대해 곰곰이 생각해 볼 정신적인 여유도 생긴다. 만약 그들이 계속 당신을 고립시키려 들면서 그 누구와도 절대 대화하지 못하게 한다면 아주 큰 위험 신호이니 정신을 바짝 차려야 한다. 경리 직원이 자신이 빠져 있던 닫힌 세계를 부순 일은 그녀에게 아주 큰 도움이 되었다. 그리고 이 장 시작에서 소개했던 사례의 그레이스와 카일이 누군가를 유혹하고 두려움을 심어 주었던 안젤라의 행동에 대해 서로 얘기를 나눴더라면 아마도 고립감이나 미칠 것 같은 기분이 훨씬 덜했을 것이다. 뿐만 아니라 함께 행동함으로써 다른 동료들에게 그 사실을 말할 만큼 대담해졌을 수도 있으며 각자 뭘 걱정하고 있는지도 얘기할 수 있었을 것이다. 사실 그레이스가 안젤라에게 그렇게 당했던 이유도 경제적으로 곤란해질까 두려워서 동료들에게 사실대로 말할 수 없었으며 그렇게 고립될수록 그레이스를 더 괴롭히기 쉽다는 사실을 가학적인 안젤라가 너무나 잘 알고 있었기 때문이다.

무자비한 소시오패스는 소시오패스의 특징적인 행동들을 실행하기 전에 먼저 가장 취약한 목표물부터 찾는다. 이미 보았듯이 그 이후의 일은 끔찍할 정도로 쉽기 때문이다. 더 많은 힘과 자원을 가진 소시오패스, 그러니까 아주 성공적인 경력을 가진 사람들은 보다 도전적인 목표물을 노릴 때가 많다. 그런 목표물일수록 더 큰 시기심을 불러일으키는 동시에 훨씬 큰 짜릿함을 맛볼 수 있기 때문이다. 이제부터 살펴볼 이야기가 바로 그런 경우다.

2년 전, 제 인생은 갈기갈기 찢어졌습니다. 그렇게 만든 사람은 바로 제 상사였습니다. 그는 아주 매력적인 사람이었어요. 게다가 제 직업적 인맥을 활용해서 아주 큰 성공을 할 수 있는 방법을 알려 주겠다는 약속까지 했었기 때문에 저는 상사를 완전히 믿었지요. 상사는 제가 얼마나

그저 양심이 없을 뿐입니다

대단해지고 큰 부자가 될 수 있는지에 대해 아주 열정적으로 말했습니다. 그런 그의 모습에 흔들렸다는 사실을 말씀드리자니 부끄럽기 짝이 없네요. 상사가 들려준 얘기는 정말 합리적이고 완벽했어요. 저의 믿음과 돈을 얻으려고 속임수와 거짓말을 썼던 거지만요. 제가 그의 정체를 알아채기 시작하자 그는 저를 사기로 고소해서 아주 박살을 냈지요. 대화도 시도하고 피해 보상을 요구하기도 했지만 아무소용이 없었어요. 저는 쓰레기처럼 내팽개쳐지는 신세가되었죠. 소송을 하기까지도 많은 용기가 필요했습니다. 잃어버린 돈은 되찾지도 못한 채 합의를 마무리해야 했지요. 어떻게 그렇게 어처구니없이 속아 넘어갔던 걸까요?

그 사람과 저는 같은 업계에서 일하기 때문에 지금도 행사나 회의에서 마주칠 수밖에 없습니다. 한번은 제가 사람들 앞에서 연설을 하고 있었는데 객석에 앉아서 저를 노려보고 있더군요. 그 사람과 여전히 직업적으로 얽혀 있다는 현실이 제 앞길을 방해한다는 생각이 듭니다. 무기력하고 부끄러울 뿐이에요. 제가 당했던 일이 머릿속을 떠나지 않아요.

도대체 소시오패스는 어떤 인간이기에 취약한 사람들은 물론 상대적으로 힘이 있는 사람들까지도 그렇게 쉽게 비극에 빠트릴 수 있는 걸까? 또 고용주들은 무슨 까닭으로 그처럼 복잡한 문제를 일으키고 사업에 큰 불이익을 주며 대인 관계 망치기를 즐기는 사람을 계속 데리고 있는 걸까? 아니 애초에 정서적으로 아무런 문제가 없는 멀쩡한 고용주가 그런 사람을 고용한 이유는 과연 무엇일까? 이 질문들에 답을 찾고자 한다면 먼저 소시오패스의 근본적인 특성부터 이해해야 한다. 정상적인 사람이라면 자신뿐 아니라 타인 또한 감정을 주고받을 수 있는 따뜻한 존재라고 생각한다. 그 감정이 부정적이든 긍정적이든 마음에서 우러난 납득할 만한 감정임에는 틀림없다. 그러나 소시오패스는 타인을 그렇게 보지 않는다. 그들은 다른 사람을 그저 체스의 말이나 마음대로 조종할 수 있는 꼭두각시 인형 정도로 여긴다. 타인에 대한 이 기괴하고 이해 불가능한 관점에 죄책감과 수치심을 전혀 느끼지 못하는 성향이 더해지면 소시오패스는 직장에서 오직 권력만을 갈구하면서 그들만의 특징적인 행동을 보이게 된다.

1. 거짓된 친절과 관대한 모습

직장에서 권력을 얻기 위한 첫걸음으로 소시오패스는 늘 친절하고 관대한 모습을 보이려 애쓴다. 바텐더가 경리 직원에게, 안젤라가 카일에게 했던 행동처럼 말이다. 소시오패스는 이런 식으로 시작해서 나중에는 피해자들이 자기 자신을 믿지 못하도록 준비해 나가는 경우가 많다.

그저 양심이 없을 뿐입니다

2. 동정 연극 활용

관대한 모습으로 자리매김한 이후에 그 무자비한 자들은 동정 연극을 펼친다. 누군가로부터 괴롭힘당했다며 사람들의 마음을 조종하려 든다. 사장이 일은 많이 시키고 돈은 쥐꼬리만큼 준다고 불평했던 바텐더나 전남편인 스티브를 계속 괴롭히는 와중에도 그를 비난하기 바빴던 광고 회사 임원 폴라가 바로 그 좋은 예이다.

3. 감정적인 약점 파고들기

소시오패스는 겉보기엔 우리와 전혀 다르지 않으며 우리처럼 행동하려고 애쓰기 때문에 그들의 정체를 눈치 채는 사람은 거의 없다. 반대로 그들은 우리가 정상적인 사람이라는 사실을 바로 알아본다. 그들은 평생 동안 다른 사람들의 감정과 성격을 읽고 파악하는 능력을 갈고닦은 전문가들이다. 직장 생활을 하며 그들은 누가 동정 연극에 가장 쉽게 넘어올지, 인간관계에서 파고들 만한 부분이 어디인지 따지고 계산한다. 즉 동료와 상사가 가진 감정적인 약점을 찾으려고 애쓴다. 그 부분을 건드리기만 하면 그들에게 도움이 되는, 때론 없어서는 안 될 사람이라고 믿게 하는 그런 약점을 말이다. 경리 직원은 사랑과 자기 자신의 타당성을 확인하기 위해 바텐더를 필요로 했다. 아니, 오직 그 사람만을 갈구했다. 실제로 자신의 타당성을 확인하고 싶어 하는 열망은 소시오패스가 가장 좋아하는 약점 중 하나이다. 그 열망이 사람들로 하여금 그들의 기만적인 위안과 믿기 어려운 감언이설을 '구원의 손길'이라 믿게 한다. 감정적인 약점을 활용하는 전술은 성적인 관계를 매개로 할 때가 많다. 몸담고 있는 조직에서 위로 올라가기 위해 윗사람과 관계를 가지는 것처럼 말이다. 특히 성적인 관계를 미끼로 관리자, 상사, 동료와 협상할 수 있을 거라 판단될 경우에 이 방법을 즐겨 사용한다. 그래서 소시오패스는 마치 다른 사람들의 명줄을 쥐고 있는 것같이 보일 때가 굉장히 많다.

4. 부채감 지우기

소시오패스는 동료나 고용주에게 친절하고 관대한 사람인 양 행세하면서 자신이 그들의 감정적인 공허함을 채워 줄 것처럼 유혹하며 부채감을 심어 준다. 때로는 고의로 문제를 일으켜서 곤경에 처하도록 한 다음 마치 자신이 해결사인 것처럼 존재를 드러내기도 한다. 소시오패스는 자신이 동료를 지켜 주려 했다고 말하기도 하고 필요 이상으로 애를 쓰면서까지 고용주를 위해 희생했다고 주장하기도 한다. 부채감을 지워 주면 어떻게든 은혜를 갚으려 한다는 점을 이용해 소시오패스는 희생자들이 자신에게 호의를 베풀게 한다. 그러나 그들이 요구하는 호의는 상사의 장부를 보여 달라는 것처럼 위험하고 비윤리적이며 해 주기에는 뭔가 께름칙한 일인 경우가 많다.

그저 양심이 없을 뿐입니다

5. 예스맨yes-men 고용

소시오패스인 고용주는 부채감을 쉽게 느끼는 사람을 우선적으로 승진시키거나 고용하려고 한다. 즉 직업에 걸맞은 자격을 갖춘 사람보다는 실제든 상상이든 관계없이 부채감을 쉽게 가지는 사람을 선호한다는 말이다. 그런 직원들은 신세를 지고 있다는 생각에 비이성적일 정도로 충성을 바치며 소시오패스 사장이 조직의 외부 및 내부의 다른 이들에게 정체를 들키지 않도록 도우려 한다. 아직 사장이 소시오패스인 사실을 모르는 직원들은 사장의 이런 전술에 당황하고 의문을 품는다. 그들로서는 왜 똑똑해 보이는 사장이 그렇게 무능하거나 혐오스러운 사람을 승진시키거나 고용하는지 이해할 수 없기 때문이다. 물론 그렇게 지나칠 정도로 헌신적인 직원이라도 언젠가는 사장이 소시오패스라는 본질을 알아챌 수 있다. 그러나 문제될 것은 없다. 비록 그런 사실을 알았다고 하더라도, 이미 그 직원 자신이 비윤리적이며 사실상 불법적인 일들에 깊게 연루된 상태라 사장의 비밀을 폭로할 가능성은 없기 때문이다.

직장 내 소시오패스 대처법

직장에서 소시오패스의 목표물이 되었을 때 느끼는 스트레스는 당신의 육체적 건강은 물론 정신적 건강까지도 위협한다. 당신의 목표는 소시오패스에게 '승리'하는 것이며 이는 그 고문과도 같은 괴로움이 더 이상 계속되지 않는다는 말이다. 또한 그 승리를 통해 직장을 잃지 않는 동시에 불안하지도 않은, 건강하고 정상적인 삶으로 되돌아감을 의미한다.

만약 소시오패스인 상사나 동료가 당신을 노리고 있다면 다음의 단계를 그대로 실천해 보라. 당신의 손으로 그 고통을 끝내라.

1. 당신의 감정을 보호하라

직장에서 당신을 노리고 있는 소시오패스에게 당신의 분노, 두려움, 당황을 드러내는 것은 도둑에게 열쇠를 맡기는 것이나 다름없다. 소시오패스는 당신의 절망을 통해 달콤함을 느끼며 뻔뻔한 조작질에 더욱 열을 올릴 것이다. 그는 당신을 조종할 수 있는 '힘'을 갖고 싶어 한다. 당신을 당황하게 해서 감정을 드러내는 모습을 보길 원한다. 그러니 그 앞에서 당신의 감정을 감추고 절대 드러내지 마라. 그들이 원하는 보상을 해서는 안 된다.

언제나 침착함을 유지하라. 만약 그럴 수 없다면 침착해 보일 수 있도록 연습하라. 소시오패스가 당신에게 대놓고 접근하는데도 아무것도 모르는 척 행동하라는 말이 아니다. 필요하다면 당신이 이미 그의 행동을 알고 있음을 사실대로 인정해도 괜찮다. 당신이 그의 잘못을 알고 있다는 사실을 알려 주고

그저 양심이 없을 뿐입니다

싶다면 "나는 당신이 무슨 짓을 저질렀는지 알고 있고 그런 행동이 회사에 피해를 주지 않을지 걱정이다."라고 짧고 무덤덤하게 말하라. 이런 식으로 당신이 그에게 휘둘리지 않는 사람이며 그의 행동을 회사의 목표에 반하는 장애물로 보고 있음을 분명히 알게 하라.

이 상황을 당신이 어떻게 대처하고 싶은지에 대해 말하고 싶은 유혹이 생기더라도 꾹 참아야 한다. 당신을 조종하고 싶은 사람과 대화할 때는 당신의 의도를 조용히 감추는 편이 훨씬 더 유리하다. 만약 그 소시오패스가 당신에게 어떻게 할 거냐고 물으면 "아직은 결정하지 못했다."고 차분하게 말하면 된다. 그렇게 말했는데도 그가 물러서지 않고 몇 번이나 똑같이 물으면서 대답을 강요한다면 무감정하게 똑같이 "아직 결정하지 않았다."고 대답하라. 어쨌든 거짓말은 아니지 않는가.

소시오패스와 대화할 때는 이야기를 끝내는 사람이 항상 당신이 되도록 하라. 가야 한다고 말한 다음 조용히 떠나면 된다. 만약 그가 당신을 막아서거나 화를 내며 따라온다면 오히려 더 잘된 일이다. 그 모습을 다른 누군가가 본다면 훨씬 더 좋다.

침착한 태도를 지키는 것은 2단계와 3단계를 실행하는 데 도움이 될 뿐만 아니라 다른 직장 동료들에게 당신은 스트레스를 받아도 '히스테리를 일으키지 않는' 차분하고 이성적인 사람임을 보여 줄 수 있다는 이점이 있다.

3장_ 직장에 존재하는 악마

2. 결정하라

당신이 진정으로 원하는 건 무엇인가? 직장에서 버티면서 소시오패스와 싸우는 것인가? 아니면 당신의 삶을 망치고 있는 이 회사를 그만두고 싶은가? 이건 아주 중요한 질문이다. 가슴에 손을 얹고 솔직하게 대답해 보라. 당신이 아무리 열정적으로 회사를 설득한다 해도 회사가 나서서 소시오패스인 상사나 동료에 맞서 줄 가능성은 거의 없다. 모름지기 직장이란 변화를 강하게 거부하는 속성을 가지고 있기 때문이다. 특히 갈등이 뒤따르는 변화라면 더욱 그럴 것이다. 심지어 정상이며 본질적으로 선한 사람들까지도 당신을 비난할 수 있다. 왜냐하면 실제로 그 소시오패스의 실체를 밖으로 꺼낸 사람은 오직 당신뿐이기 때문이다. 나는 당신이 앞으로 어떻게 할지를 결정하기 전에 현실이 이렇게 험난하다는 점을 꼭 심사숙고했으면 한다. 다행스러운 일은 당신을 노리고 있는 소시오패스를 어떻게 처리할지 당신 스스로 선택할 수 있다는 점이다. 소시오패스를 회사에서 쫓아내고 혼자서 전체 조직을 바로잡는 방법은 그중 하나의 선택지일 뿐이다. 다른 합리적인 선택지로는 조만간 이 직장을 떠나 당신의 방식에 맞게 당신 자신과 당신을 사랑하는 사람들을 책임질 수 있는 타당한 목표를 추구하는 방법도 있다.

3. 행동하라

회사를 설득해 소시오패스를 처리하도록 하고 싶다면

그저 양심이 없을 뿐입니다

다음의 단계를 따라서 진행하라.

기록을 잘 보존하라. 소시오패스가 업무를 하면서 저지르는 이중성과 배신을 문서화하는 일부터 시작하라. 그들이 업무와 관련해 당신을 포함한 누군가에게 심각한 거짓말을 했다는 사실을 발견한 즉시 기록으로 남기고 목록을 작성하라. 다음 날이나 주말까지 미루지 마라. 기억이 희미해지기 전에 직접 경험했거나 들었던 사실을 반드시 기록으로 남겨야 한다. 항목마다 날짜를 적고 무슨 일이 있었는지 간단하게 설명을 덧붙여라. 그 거짓말이 어떤 결과를 낳았는지 알고 있다면 그 내용까지 적어야 한다. 뿐만 아니라 그들이 **누군가를 기만하고 피해를 준 행동들** 하나하나도 목록으로 작성해야 한다. 소시오패스가 당신 또는 다른 사람의 공을 가로챈 일이 있었다면 그 역시 기록으로 남겨야 한다. 그들이 악의적으로 누군가를 모욕하거나 창피를 준 경우에도 그 내용을 날짜별로 정리해서 기록해야 한다. 당신의 이메일 중 일부를 삭제했다거나 메모를 훔쳐 간 일, 또는 새로운 회사 정책이나 중요한 회의를 당신에게만 알려 주지 않았던 일도 기록으로 남겨야 한다. 당신이 팀 프로젝트에 기여하지 못하도록 고의로 방해했던 일 역시 목록에서 빠트리면 안 된다.

기록을 남길 때는 최대한 감정을 배제하고 간결하게 적어야 한다. 알고 있는 정보를 날짜, 사건 개요, 결과의 세 항목으로 구분된 깔끔한 표로 정리하는 방식이 아주 효과적이다. 결과를 모른다면 그 칸은 비워도 괜찮다. 각 항목에는 번호를 매

3장_ 직장에 존재하는 악마

기고 각각의 사건에 관계된 사람들의 이름을 별도의 파일에 기록하라. 훗날 당신의 불만이 소송으로 이어질 경우 그 사람들의 도움이 필요할 수도 있기 때문이다. 물론 아직 그 사람들이 증인이 되어 주겠다고 한 건 아니기에 사내 회의에서 그 사람들의 이름을 거론하고 싶지는 않을 것이다. 나중에 든든한 동지가 되어 줄지도 모를 사람들인데 괜히 싸움에 끌어들였다가는 거꾸로 그 사람들을 심각하게 고립시킬 수 있을 테니까 말이다.

당신을 노리는 소시오패스는 틈만 나면 당신 물건들을 뒤적거릴 게 틀림없다. 그러니 퇴근할 때 기록한 문서들 챙기는 걸 잊지 마라. 컴퓨터의 암호를 어렵고 복잡한 것으로 변경하고 개인적인 편지나 은행 명세서, 청구서처럼 일과 관계없는 문서들은 직장에 두지 않도록 주의하라. 소시오패스는 누군가의 사소한 개인 정보를 이용해 그 사람을 공격하는 데 도사이다.

지금 당장 법정에 증거로 낼 자료를 준비할 필요는 없다. 문서를 만드는 목적은 소시오패스가 벌이는 짓이 회사의 이익을 위협한다는 사실을 당신이 명확하게 이해하기 위한 것이다. 자료를 정리하다 보면 당신은 그들의 부정직하고 비협조적인 행동이 프로젝트의 기일을 지키지 못하게 하거나 또는 아예 일을 망쳐서 회사 업무의 전반적인 수준을 떨어트린다는 점을 잘 설명할 수 있게 된다. 당신의 목적은 기만적이고 교활한 그들의 고용을 유지하는 데 회사가 너무 많은 돈을 쓰고 있다는 사실을 고위 경영진이 이해할 수 있게 돕는 것이다.

그저 양심이 없을 뿐입니다

당신이 알고 있는 정보를 인사부서에 넘기면 안 된다. 인사부서는 직원 개개인을 돕기보다는 경영진이 직원을 고용하고 관리하며 조직을 안정적으로 운용할 수 있도록 돕는 걸 목표로 하기 때문이다. 인사 담당자가 당신의 반대편에 서지는 않겠지만 그렇다고 당신 편에 서지도 않을 것이다. 당신이 조직을 변화시키는 데 인사 담당자가 도움을 줄 가능성은 굉장히 낮다. 아주 건설적인 변화라고 하더라도 말이다. 오히려 그는 갈등과 잠재적인 법적 문제로부터 회사와 경영진이 휘말리지 않도록 할 요량으로 당신이 불러일으킨 파문을 무마하려 들 것이다.

소시오패스의 직속 상사 역시 피해야 한다. 그 사람은 애초에 소시오패스를 채용하는 데 관여했을 가능성이 높으며 만약 그렇다면 자신의 결정에 문제가 있었다고 비난받지는 않을까 하는 걱정부터 할 테니까. 뿐만 아니라 조직 구조에서 소시오패스와 가까운 사람은 그들을 좋아하거나 그들의 유혹에 빠져 있을 가능성이 있으며 심지어 협박당했을 수도 있다.

4. 높은 곳을 노려라

가급적 조직의 최상부에 가까운 사람과 약속을 잡아라. 보통은 인사부서를 건너뛰고 최고 관리자나 직속 상사보다 더 높은 상사에게 직접 보고를 하는 것은 부적절한 행동으로 여겨진다. 하지만 지금은 그런 일반적인 상황이 아니다. 지금 당신이 상대하고 있는 사람은 그와 대립하지 않거나 대립할 수 없는

3장_ 직장에 존재하는 악마

사람들로 둘러싸인 소시오패스이다. 조직의 업무 체계에서 보고받을 위치에 있는 인사부서의 사람이나 당신의 직속 상사는 그 소시오패스를 아주 좋게 보고 있는 사람이거나 그에게 속아서 같이 위험한 짓을 저질렀거나 성적으로 부적절한 관계에 있는 사람일 가능성이 높다. 어쩌면 당황한 나머지 자기가 쫓겨나지 않을까 전전긍긍하기만 할 뿐 그 일을 공정하게 처리하지 못하는 사람일 수도 있다.

고위층에 있는 사람과 약속을 했다면 그 사실을 직장에 있는 어느 누구에게도 알려서는 안 된다. 소문은 삽시간에 퍼질 게 틀림없으니까 말이다. 소시오패스에게 당신의 계획을 알리고 싶지 않다면 반드시 그 사실을 비밀로 해야 한다.

만나기로 한 상사에게 **당신의 자료를 15~30분 안에 간결하게 보여 주면서 설명할 수 있도록** 프레젠테이션을 준비하고 미리 연습하라. 그리고 미팅을 끝내기 전에 상사에게 회사의 재정적인 이익을 위해 회사가 추적·관찰이나 강등, 해고처럼 적절한 방식으로 그 소시오패스의 거취에 개입할 것을 분명하게 제안해야 한다. 그가 벌이는 문제의 심각성을 고려한다면 해고가 가장 적절하다는 점을 상사에게 설명함과 동시에 그런 사람을 고용하는 데 회사가 너무 많은 비용을 낭비하고 있다는 사실을 꼭 말하라. 보고하는 내내 절대 주저하거나 위축되는 모습을 보이지 말고 목소리를 높여야 한다. 그렇게 하지 않으면 상사는 소시오패스를 내쫓는 대신 분란을 만들지 않는 쪽을 선택

그저 양심이 없을 뿐입니다

할 것이다.

침착함을 잃지 말고 업무적으로 이야기를 진행하라. 당신의 입장을 호소해서는 곤란하다. 지금 당신은 조직에서 낭비되고 있는 비용에 대한 중대한 정보를 전달하고 그 문제를 해결할 수 있는 방법을 말하기 위해 그 자리에 서 있음을 잊지 마라. 피해를 당했을 때의 감정이나 느낌을 말해서도 안 된다. 안타깝지만 사람들은 자칭 희생자들을 약자로 보는 경향이 많기에 그런 약자들이 하는 조언에 귀 기울이지 않을 가능성이 크다. 상처를 호소하기보다는 차분하고 객관적으로 말하라.

소시오패스와 같은 진단명이나 심리학적인 용어를 사용하지 마라. 그 대신 **거짓말, 침해, 모욕, 속임수, 조작, 도둑질** 같은 직접적이고 상식적인 단어를 쓰는 게 좋다. 그 소시오패스의 파괴적인 부정직함을 말하는 데 집중해야지 그에게 인격 장애가 있다고 상사를 설득하려 들지 마라. 그건 별로 중요하지 않다. 괜히 그런 얘기로 대화가 옆길로 새면 당신의 진정한 목표가 좌절될 수도 있다. 지금 가장 중요한 것은 이 용납할 수 없는 상황에 대해 회사가 적절한 조치를 취하도록 하는 것임을 잊지 마라.

5. 조직의 대응을 평가하라

납득할 만한 기간 내에 회사가 당신에게 더 많은 정보를 요청하고 당신이 보고한 내용을 조사하거나 그 소시오패스에게 추적·관찰, 강등, 해고와 같은 보다 적극적인 조치를 취한다면 그 성과를 자축하라. 어렵게 얻은 결과인 만큼 당신에겐 그럴 자격이 있다. 회사가 적절한 조치를 했으니 원한다면 당신은 직장을 그만두지 않고 계속 다닐 수 있을 것이다. 하지만 반대로 회사가 아무런 조치도 취하지 않고 당신 혼자서 그를 상대하도록 둔다면 과연 이 조직에서 주당 40시간 이상을 투자하는 게 맞을지 심사숙고할 필요가 있다.

소시오패스가 그 회사에 아주 탄탄하게 자리 잡고 있다면 그의 계획을 물거품으로 만들기 위해서라도 차라리 회사를 그만두는 쪽이 맞을 수 있다. 그때는 변호사의 도움이 필요하다. 변호사를 통해 회사가 회사의 건전성을 해칠 만한 심각한 문제를 보고받고도 아무런 조치를 취하지 않은 데 대해 소송을 준비할 수 있다. 고액의 법률 상담 비용이 문제가 될 때는 소송 대신 추천서를 두고 회사와 협상을 할 수도 있다. 변호사에게 새로운 직장을 구하는 데 도움이 될 긍정적인 추천서를 회사에 요구하는 편지를 써 달라고 하라. 직업에 따라 퇴직금을 요구할 수도 있다. 그리고 구직 기간 동안 필요한 비용까지도 꼼꼼하게 따져 보라.

어쩌면 변호사가 소시오패스의 전문적인 정의를 모를 수도 있다. 하지만 당신의 요청을 처리하는 데 꼭 그런 정의를 알아야 하는 건 아니다. 소시오패스의 행위나 당신 및 다른 사람들이 입은 피해를 설명할 때는 상식적이고 보편적인 용어를

그저 양심이 없을 뿐입니다

사용해도 된다. 변호사는 소시오패스의 심리학적인 분석보다는 회사가 문제 상황을 바로잡는 데 무책임했다는 실책에 더욱 집중할 것이다. 이 점을 분명히 이해해야 한다.

회사가 아무런 조치를 취하지 않으면 소시오패스는 자신이 당신을 궁지에 몰아넣었다고 생각할 것이다. 당신의 고통을 떠올리며 즐거워하고 자신에게 당신을 멋대로 할 수 있는 능력이 있다며 의기양양할 것이다. 그러나 진실은 그렇지 않다. 당신은 그에게 통제받지 않을 뿐더러 갇혀 있지도 않다. 대응 방식만 바꾼다면 당신은 자신의 감정을 보호하고 통제력을 유지하며 다시 평화로운 삶으로 돌아갈 수 있는 능동적인 조치를 취할 수 있다.

당신이 다니고 있는 회사가 협력 회사이거나 회사의 규모가 아주 작아서 일반적으로 말하는 고위 경영진이 없는 경우라면 소시오패스에게 소송을 거는 편이 더 나을 수 있다. 손실을 불러온 기만행위에는 법적인 조치가 가능하다. 공개적으로 중상모략을 당했을 경우도 마찬가지다. 직장의 규모나 업무 성격에 관계없이 적절한 법적 조치를 취할 수 있다. 중상모략을 당한 경우, 당신의 명성과 그동안 쌓은 경력의 가치에 대해서도 손실에 포함시킬 수 있다. 당신의 명성과 경력이 일자리 그 자체보다 훨씬 더 중요한 만큼 당연한 일이다. 소송을 진행하려면 시간적으로나 금전적으로나 상당한 비용을 감수해야 한다. 그러나 회사에 조치를 취해 줄 고위 경영진이 없거나 당신의 업적

3장_ 직장에 존재하는 악마

이나 명성이 공개적으로 비방을 받는 상황이라면 그 양심 없는 인간에게 직접 법적인 조치를 취하는 일은 그럴 만한 가치가 있다. 능숙한 변호사의 도움을 받는다면 당신은 소시오패스에게서 벗어날 수 있을 뿐만 아니라 나중에 입을지도 모르는 피해를 미연에 방지할 수도 있다.

소시오패스인 전문가들

어떤 소시오패스는 정체를 감추는 능력이 훨씬 더 탁월하다. 그에게는 다른 소시오패스가 가지지 못한 특급 투명 망토가 있기 때문이다. 그 투명 망토란 바로 인정받는 전문가라는 직함이나 공동체에서 아주 존경받는 사회적 역할을 말한다. 일반적으로 우리는 특정 직업을 가진 사람들을 더 따뜻하고 책임감이 있으며 명예로운 사람이라고 여기는 경향이 있다. 그 직업이 사람을 그렇게 보이도록 만들기 때문이다. 이를테면 교사, 의사, 성직자, 치료사 등이 그런 직업에 속한다. 감사하게도 우리의 기대는 대체로 잘 맞는 편이다. 의사, 교사를 비롯한 우리가 만나는 전문가들은 대개 진실하고 따뜻한 마음씨를 가지고 있다. 만약 이런 전문가들이 약한 사람들을 이용했다는 사실이 드러난다면 그 소식을 들은 대부분의 사람들은 비할 데 없는 충격과 함께 분노를 느낄 것이다. 그동안 믿어 왔던 전문가가 우

그저 양심이 없을 뿐입니다

리의 기대와는 반대로 심각하게 부정직했음이 밝혀지는 순간, 동요를 넘어 비극이 되고 만다.

지금 우리는 이 모든 일이 충분히 가능한 세상에 살고 있기에 다음의 두 가지 중요한 진실을 반드시 기억해야 한다. 첫째, 우리는 어떤 사람의 사회적 역할과 직함으로 그 사람에게 존경과 신뢰를 보내는 경향이 굉장히 강하다. 다시 말하면, 그 사람 자체와 그의 사회적 역할을 혼동할 때가 많다. 예를 들어 메리 스미스 박사라고 하면 메리 스미스라는 이름 뒤에 박사라는 직함이 붙어 있을 뿐인데 그 사실은 까맣게 잊은 채 메리 스미스가 '박사'라는 직함에 어울리는 긍정적인 성향을 가지고 있을 거라 생각한다. 실제 메리 스미스에겐 그런 성향이 없을 수 있는데도 말이다. 직함은 약칭의 한 형태로, 많은 정보를 의식할 틈도 없이 신속하게 전달한다. 그런 성향이 사람을 대할 때 적절한 방식으로 대응할 수 있어서 도움이 되기도 하지만 때로는 우리의 경계심을 무력화시키는 역할을 하기도 한다. 이러한 경향은 교수, 신부, 랍비, 목사 같은 직함뿐 아니라 부모 같은 명예로운 사회적 역할에서도 공통적으로 나타난다. 이처럼 직함과 사회적 역할은 사실상 거의 같은 말이다. 어떤 직함 또는 사회적 역할을 가진 사람을 평가할 때는 그런 직함 또는 사회적 역할에 걸맞은 사람일 거라고 무턱대고 믿을 게 아니라 그 사람 자체를 놓고 판단해야 한다. 악취가 나는 녹색 액체에 '우유'라는 이름표가 붙어 있다고 해서 마실 사람이 누가 있겠는가.

3장_ 직장에 존재하는 악마

두 번째로 기억해야 할 중요한 사실은 몇몇 직업들은 소시오패스가 아주 좋아할 두 가지 특성을 가지고 있다는 점이다. 교사, 의사, 성직자, 심리 치료사가 된다는 것은 수많은 사람들과의 대인 관계에서 권위를 가질 수 있을 뿐만 아니라 직업적인 활동으로서의 비밀 보장까지 챙길 수 있음을 의미한다. 당신이 이런 직업에 종사한다면 대인 관계에서 권위를 가졌기에 누구도 당신에게 의문을 품지 않을 것이며, 마치 '닫힌 세계'처럼 당신이 한 일은 외부인에게 드러나지 않은 채 비밀에 부쳐질 것이다. 학교, 병원, 예배당, 회의실 같은 직업에 관계된 장소를 닫혀 있다고 보는 관점이 암울하다고 생각할 수도 있겠지만 꼭 한번 짚고 넘어가야 할 문제이다. 심리학자들은 불평등한 힘과 외부로부터의 단절이 합쳐진 상황은 학대로 이어지는 지름길이며 이 두 가지 요소를 가진 직업에서 소시오패스가 차지하는 비율이 비정상적으로 크다는 사실을 오래전부터 알고 있었다.

지금까지 내가 접한 소시오패스인 전문가의 사례에서 그들의 직업은 대부분 교육자 아니면 의사였다. 두 직업군 모두 정해진 범위 안에서는 넉넉할 정도의 비밀 보장과 권위를 가지고 있다. 만약 당신이 그런 전문가에게 당한 적이 있다면 다음의 편지를 한번 읽어 봤으면 한다. 당신만 당한 게 아니라는 사실이 약간이나마 위로가 될 것이다.

아버지에게 일어났던 일을 생각하면 지금도 뼛속까지 떨

리면서 울음이 터져 나옵니다. 저는 아버지가 살해당했다고 확신해요. 당시 70살이었던 아버지는 몇 년째 만성 폐질환으로 고생하고 계셨어요. 그러던 중에 폐 색전증에 걸리고 말았습니다. 중환자실에 입원해서 며칠 지났을 때만 해도 아버지를 담당하던 호흡기내과 전문의는 상태가 좋다고 했습니다. 그런데 갑자기 돌아가시다니요. 저희 모두 큰 충격에 빠질 수밖에 없었어요. 의사는 아버지가 색전증으로 약해진 상태여서 갑자기 폐가 기능을 멈췄다고 했습니다. 하지만 그다지 자세히 설명해 주진 않았어요. 며칠 전까지도 아버지는 괜찮아 보였기 때문에 저희는 부검을 요청했습니다. 그런데 의사가 부검을 요청하지도 않았다는 사실을 알게 됐죠. 저희는 의사가 스스로 켕기는 게 있어서 책임을 회피하려는 게 아닐까 하는 의심이 들었습니다. 사실 저희는 처음부터 그 의사가 탐탁지 않았거든요. 그래서 그 의사에게 담당의를 바꾸고 싶다고 요청하기까지 했죠. 그런 지 얼마 안 돼서 아버지가 돌아가시고 나니까 저희는 그 의사를 의심하지 않을 수 없었어요. 그 인간에겐 환자를 잘 돌보는 것보다 자존심이 더 중요했던 건 아닐까요?

저희는 의료 면허 위원회에 고발장을 접수할 생각입니다. 그 의사의 면허가 취소됐으면 좋겠어요. 아버지를 구하기에는 이미 늦었지만 그래도 다른 사람의 목숨을 구할 수는

3장_ 직장에 존재하는 악마

있을 겁니다.

또 다른 사례는 2004년에 애리조나주 투손시를 발칵 뒤집어놓은 사건이다. 당시 브래들리 슈워츠Bradley Schwartz34라는 내과 의사는 누군가를 사주해 인기 많은 소아안과 의사인 브라이언 스티드햄Brian Stidham을 살해했다.

스티드햄은 2001년부터 슈워츠의 병원에서 근무를 시작했는데, 그때는 동업자인 슈워츠가 마약 단속국Drug Enforcement Administration, DEA의 조사를 받고 있다는 사실을 알지 못했다. 결국 대배심(영미 국가에서 형사 사건의 피의자를 기소하기 위해 일반 시민 가운데 무작위로 약 20여 명을 선발해 구성하는 배심원단)은 자신의 연인과 사무실 관리자에게 바이코딘Vicodin, 마약성 진통제과 리탈린Ritalin, 각성제을 처방한 후 그 약을 전달받아 사용했다는 혐의에 대해 슈워츠에게 77건의 기소 의견을 내놓았다. 2002년에 슈워츠는 의사 면허를 취소당한 후 중독 재활 센터에 입소하라는 명령을 받았다. 이후로 스티드햄은 혼자서 병원을 운영했고 그 병원의 기존 환자들은 계속해서 스티드햄에게 진료받았다.

재활 치료를 받은 슈워츠는 다시 의사 면허를 발부받았지만 독립을 선택한 스티드햄에게 원한을 품었다. 슈워츠는 스티드햄의 컴퓨터에 아동 포르노를 몰래 복사해 넣는다거나 스티드햄에게 염산을 부을 계획을 세우기도 했다. 슈워츠는 빈번하게 외도를 하며 여러 여자들과 만났는데 그중 몇몇이 나중에 슈워츠가 그런 모의를 했음을 폭로했다. 결국 슈워츠는 예전에 자신의 환자였던 사람에게 돈을 쥐여 주고 스티드햄을 죽이라고 사주했다. 그 살인자는 스티드햄을 칼로 찔러 죽인 뒤 강도로 위장하려 했지만 결국 두 사람 모두 체포되어 유죄 판결을 받았다.

아이러니하게도 이 전직 내과 의사는 교도소에서 다른 수감자에게 폭행을 당하면서 양쪽 안와가 주저앉았다. 의사 면허가 영구적으로 취소되었음에도 불구하고 슈워츠는 교도관들이 자신을 '슈워츠 선생님Dr. Schwartz'이라고 부르지 않으면 분노를 터트렸다. 슈워츠는 자신이 저지른 일에 대해 전혀 후회하는 기색이 없었으며, 심지어 애리조나주가 자신을 다른 수감자들로부터 보호하지 못했다며 주 정부를 고소하려 하기까지 했다. 실제로 슈워츠는 수차례의 폭행을 당했다.

이 소식은 「법원TVCourt TV」, 「48시간48 Hours」 같은 TV 프로그램을 통해 미국 전역으로 보도되었다. 의사가 다른 의사를 살해했다는 뉴스가 알려지자 사람들은 큰 충격에 빠졌다. 사건을 직접 취재했던 「투손 시민Tucson Citizen」의 플릭A. J. Flick 기자는 이 사건의 전말을 담은 책을 발간하기도 했다.35 사건이 일어난 지 5년이 지났을 때 살인자 브래들리 슈워츠 박사의 이야기는 애리조나에서 영국에까지 전해졌고 디스커버리 채널에서는 다시 한번 이 사건을 보도했다.

만약 누군가가 '선생님Doctor'이라는 직함보다 슈워츠라는 이름의 사람에 주목했더라면 어땠을까? 아마 그의 개인 이력을 슬쩍 보는 것만으로도 슈워츠가 소시오패스가 아닐까 강하게 의심했을 것이다. 슈워츠의 인생은 냉정하고 계산적인 성적 접촉과 사기, 마약 중독, 가정 폭력으로 점철되어 있다. 슈워츠는 한 환자의 양어머니와 성관계를 가지기도 했으며 그녀의 이름을 빌려 하이드로코돈**Hydrocodone, 마약성 진통제**을 처방받기도 했다. 슈워츠와 그의 연인 사이에서 벌어진 폭력은 너무나 극심하고 상습적이었다. 그래서 스티드햄이 살해되기 1년 전인 2003년에는 '의료인의 품위를 손상한 행위'로 애리조나 의료위원회로부터 5년간 근신 처분을 당하기도 했다. 그의 인생 내내 이런 반사회적인 행위가 자행되었음에도 그것을 알아채는 사람은 아무도 없었다. 슈워츠의 그런 행위가 우리 모두가 존경해 마지않는 의사라는 이름 뒤에 숨겨져 있었기 때문이다.

다음의 이야기처럼 교육자와 관련된 사례를 들으면 나는 특히 더 괴롭다.

최근 저희 아들이 겪은 일 때문에 선생님 책이 생각났어요. 마크는 어렸을 때부터 심한 우울증과 불안증으로 고생했어요. 지금은 대학생인데 지난 학기에는 자살하고 싶다는 얘기를 참 많이 했어요. 저희는 마크에게 1년간 휴학하는 게 좋겠다고 했지만 마크는 학교에 다닐 수 있다고 하더군요.

그저 양심이 없을 뿐입니다

마크의 전공은 러시아 문학이었고 그해 가을에 자신을 지도해 줄 교수님을 만날 기대에 부풀어 있었어요. 그리고 명망 높은 한 교수가 마크의 지도 교수가 되었지요. 당시 마크는 정기적으로 교내 심리 치료사에게 상담을 받고 있었는데 어떻게 알았는지 교수가 그 사실을 알게 되었더라고요. 그때부터 교수와 제 아들의 대화는 좋지 않은 방향으로 흘러가기 시작했어요. 교수는 자주 마크를 조롱했고 마크의 자존심은 산산조각 났어요. 심각한 불안 증세까지 보였죠. 마크는 교수를 제대로 쳐다보지도 못했어요. 그리고 그 교수에게 받던 수업의 성적도 곤두박질쳤죠.

결국 저는 교수에게 만나기를 청했어요. 근데 교수와 만나는 내내 불편한 순간의 연속이었어요. 처음에 교수는 아들의 문제에 대해서는 아무것도 모른다며 딱 잡아떼더라고요. 오히려 저희가 자신을 무례하게 비난하려 든다며 꾸짖었어요. 그러더니 곧 다시 원래의 태도로 돌아가더군요. 만남이 끝날 무렵엔 아들의 문제에 대해 거의 사과하는 것처럼 보였어요.

마크는 간신히 그 수업을 통과했고 다른 수업에서는 좋은 성적을 받았어요. 마크가 그 교수에게 수업을 받지 않더라도 전공 공부를 마칠 수 있을 것 같다고 했어요. 그리고 새로운 지도 교수님을 요청했죠. 하지만 지금도 그 교수가 학교에서 자리를 지키고 있다는 생각을 하면 끓어오르는 화를 참을 수 없어요. 그 사람이 지금까지 얼마나 많은 학생들을 위협했는지, 그리고 계속 그러고 있을지 누가 알겠어요?

전문가인 소시오패스 대처법

일말의 동정심도 없이 당신을 조종하려고 드는 무자비한 전문가들의 목표물이 된다는 건 정말 힘든 일이다. 도움을 줄 거라 기대했던 사람들이 거꾸로 우리에게 피해를 주는 상황이기 때문이다. 어찌어찌해서 자신에게 닥친 상황을 해결할 방법을 찾았다 하더라도 또 다른 누군가에게 이런 일이 일어날 걸 알기에 우리는 얼마간의 부담감과 죄책감을 느낄 가능성이 많다. 자신의 시련은 한참 전에 끝났을지 몰라도 그런 전문가들이 지금도 남몰래 누군가에게 큰 피해를 주고 있다고 생각할 때마다 우리는 깊은 좌절감과 함께 분노를 느낀다.

사람들의 믿음과는 달리 배임 사건 즉, 전문가의 위법행위와 관련된 사건의 소송에서 승소하기는 굉장히 어렵다. 고소인은 그 피해가 영구적이거나 생명을 위협(또는 두 가지 모두에 해당)한다는 사실을 입증해야 하며 요구하는 증거의 기준도 굉장히 높다. 신체적인 상해조차 전문가의 과실로 인정받기 어려울 때가 많으며 심리적인 손상밖에 없는 경우라면 거의 인정받지 못한다. 소송보다 훨씬 효과적인 조치는 그 전문가가 가진 자격을 관리하는 위원회에 고발장을 제출하는 것이다. 아무리 소시오패스라 하더라도 전문가 자격을 상실하거나 그런 자격이 없다고 밝혀지는 것을 아주 큰 제약으로 받아들인다. 자격관리 위원회는 그 직업의 정직성과 명성을 보존하는 자신의 임무를 아주 중요하게 생각하며 전문가의 자격을 일시적으로 중지하거나 취소하는 데 소송처럼 높은 기준의 증거를 요구하지 않는다. 또 소송보다 비용이 훨씬 덜 든다는 장점도 있다.

고발장을 제기하는 방법을 알고 싶다면 당신이 살고 있는 주의 자격관리위원회에 문의하라. 대부분의 경우, 당신의 편지와 수집한 관련 증거를 보내는 것에서부터 시작된다. 편지는 이 책의 독자가 보낸 것처럼 써도 충분하다. 고발인들이 변호사를 고용해서 편지를 작성하고 생생한 증언을 확보하고 가해자를 심문하는 경우도 많다. 다시 한번 말하지만 위원회의 전문가들과도 소시오패스 진단 여부 같은 비생산적인 일은 피하는 것이 좋다. 그리고 자격관리위원회에 고발을 제기하는 업무에 관해서는 전반적 또는 세부적인 전문성을 갖춘 변호사와 함께 일을 처리해 나가길 권한다.

위원회가 소시오패스의 전문가 자격을 정지하거나 취소할 만한 충분한 이유가 있다는 결정을 내린다면 당신은 '승리'한다. 그러나 그렇다고 해도 돈을 받을 수는 없으며 그 가해자가 재판과 비슷한 수준의 처벌을 받는 것도 아니다. 하지만

3장_ 직장에 존재하는 악마

당신은 소시오패스가 당신에게 저질렀던 비정한 게임을 또 다른 사람들에게 반복하지 못하도록 막을 수 있을 뿐만 아니라 인류와 소시오패스 간의 중대한 투쟁 중에 벌어진 당신 자신의 전투에서도 승리할 것이다.

　소시오패스는 우리들 개인과 가족, 직장인, 공동체에 강력하고 파괴적인 영향을 미친다. 그리고 이제부터 살펴볼 테지만 소시오패스는 유서 깊은 우리의 법률 제도까지도 제멋대로 이용하고 있다.

　그저 양심이 없을 뿐입니다

법정에서
대면하는

소시오패스

자녀 양육권 분쟁

"당신은 아주 많은 사람들을 속일 수 있어요.
그것도 아주 오랫동안 말이죠."

― 제임스 서버James Thurber

한 젊은 여성이 법원에 딸린 새 사무실의 책상 앞에 앉아 마음을 가다듬고 있었다. 법원에서 지정한 심리 상담사인 그녀는 7살 된 딸을 신체적으로 학대한 혐의를 받고 있는 남자와의 면담을 앞두고 있었다. 그녀는 예전에 들었던 임상 강사의 수업에서 이런 학대자들은 심하게 화를 내거나 이상하리 만큼 침착한 경향을 보인다는 얘기를 들었던 기억을 떠올렸다. 그런데 지금 면담을 하는 사람은 그 두 가지에 해당하지 않는 듯했다. 그는 슬픔에 차 있었고 한편으론 우울해 보이기까지 했다. 상담실에 들어올 때도 자신에게 눈길조차 주지 않았다.

"페리씨, 오늘 여기에 왜 왔는지 알고 계시죠?" 그녀가 물었다.

"네, 압니다." 그는 말했다. "제 아내…… 그러니까 전처는 제게서 공동 양육권을 빼앗고 싶어 해요. 그래서 저에 대해 온갖 말을 다 해 대고 있죠. 저는 단지 우리 애슐리를 만나서 함께 시간을 보내고 싶을 뿐이에요. 그래서 제가 미치지 않았다는 걸 증명할 생각입니다. 제가 정상인지 검사하러 오신 거죠?"

"당신이 미쳤다고 말한 사람은 아무도 없었어요. 하지만 당신이 딸에게 했던 행동들 중 몇 가지는 상당히 심각한 문제가 있다는 진술이 있었어요. 그래서 판사님은 당신을 좀 더 자세히 알고 싶어 하십니다. 분명히 말씀 드리지만 검사를 하려는 건 아니에요. 그저 당신과 몇 가지 얘기를 나눌 겁니다."

"제가 귀여운 우리 딸 애슐리를 얼마나 사랑하는지 아

4장_ 법정에서 대면하는 소시오패스

세요? 정말 제 마음을 보여 줄 방법이 있었으면 좋겠어요. 저는 그 애를 때릴까 봐 제 손을 직접 잘랐다고요! 린이 얘기했던 끔찍한 짓은 절대로, 절대로 하지 않았어요. 하지만 어떻게 그걸 증명하겠어요? 사람들이 제 말을 믿게 해야 해요. 꼭 그렇게 할 거예요. 왜냐하면 애슐리에게는…… 우리 애슐리에게는 제가 꼭 필요하거든요."

페리는 의자의 팔걸이를 꽉 움켜쥔 채 바닥을 내려다보았다.

"그래요? 왜 애슐리에게 당신이 필요한 거죠?"

그는 마지못해 고개를 들고는 "저를 믿지 않으시는군요. 다 그래요. 저를 믿는 사람은 없죠. 린이 엄마잖아요. 누가 믿겠어요? 아이 엄마가 그렇게……." 그는 말을 멈췄다.

"판사님이 아셔야 할 내용이 있으면 꼭 말씀해 주셔야 해요."

"이 이야기를 꺼내면 아마 틀림없이 저를 미쳤다고 생각하실 겁니다. 친구들조차 저보고 미쳤다고 했으니까요."

"어쨌든 제게 그 얘기를 해 주시는 게 맞을 것 같아요. 딸이 걱정된다고 하셨죠, 페리씨? 만약 그 얘기가 애슐리의 행복에 중요한 내용이라면 저에게 말해 주셔야 해요. 판사님도 알고 싶어 하실 겁니다."

"아무래도 말씀 드리는 게 맞을 것 같네요. 미친 소리처럼 들리겠지만요. 상담사님도 절 믿지 않을걸요?"

그저 양심이 없을 뿐입니다.

"한번 말씀해 보세요."

"린은 거짓말을 하고 있어요. 제가 애슐리에게 욕하고 때린다고. 그런 끔찍한 짓들을 했다는 건 다 린이 꾸며낸 얘기예요. 오히려 린이…… 린이 애슐리에게 손을 대요. 그러니까…… 제 말은…… 린이 애슐리를 부적절한 방식으로 손을 댄다는 거예요. 린은 거짓말쟁이예요! 린이 얼마나 거짓말을 많이 하는지 아세요? 사람들은 린이 하는 말을 믿겠죠. 린이 엄마니까요. 저는 그저 아빠일 뿐이고요. 만약 애슐리의 삶에서 제가 사라진다면……."

그는 말을 멈추고 바닥을 내려다보았다. 잠시 후 다시 말을 이어 갔다.

"애슐리에게 남은 보호막은 저밖에 없어요. 만약 당신이 그 아이의 인생에서 저를 없앤다면 애슐리는 완전히 무방비 상태가 되는 거예요. 그렇게 하시면 안 돼요. 제발요."

"페리씨, 제가 이미 애슐리와 면담했다는 걸 알고 있죠?"

"네, 네, 알고 있어요. 애슐리가 뭐라고 하던가요?"

"음, 이 말은 해 주는 게 맞겠네요. 애슐리는 당신이 무섭다고 했어요."

"무섭다고 했다고요? 저를요? 맙소사, 말도 안 돼요! 이런 상황을 보고도 모르겠어요? 애슐리는 린이 말한 대로 말하고 있는 거예요. 린이 너무 무서워서 다른 말은 못 하는 거라고요. 린이 애슐리와 제 사이를 갈라놓은 거예요! 보이지 않으

4장_ 법정에서 대면하는 소시오패스

세요? 불쌍한 애슐리, 이제 겨우 7살인데. 어린애가 어떻게 이런 거짓말과 조작을 당해 내겠어요? 엄마가 자기에게 손을 댔다는 것도 절대 말하지 않을 겁니다. 그랬다간 엄마가 자기를 죽일 거란 걸 알고 있거든요. 애슐리가 엄마 얘기는 안 했죠? 그렇죠? 그래요. 걔가 어떻게 말할 수 있겠어요?"

심리 상담사는 겉으로 드러내진 않았지만 놀라움을 금할 수 없었다. 아빠가 엄마에 대해 털어놓은 얘기들은 법원에서 이 사건을 심리하는 데 적잖은 변수가 될 게 틀림없었다. 그의 말이 진실일까? 정말 아이 엄마는 자신이 딸아이에게 저지른 학대를 감추기 위해 아빠에게 거짓 혐의를 뒤집어씌운 걸까? 만약 그렇다면 비정함이 얼마나 놀랍도록 다채로울 수 있는지 보여 주는 일이겠지만 그럴 가능성은 없어 보였다.

"정말 심각한 주장이군요, 페리." 상담사는 말했다.

"믿지 못할 거라고 생각했어요. 왜 아니겠어요? 아무도 믿지 않는데 말이에요. 뭐, 사람들이 어떻게 생각하든 상관없어요. 저는 애슐리를 포기하지 않을 겁니다. 눈을 감으면 아이의 작고 예쁜 얼굴이 떠올라요. 그런…… 구역질 나는 여자한테 애슐리를 던져 줄 순 없어요. 그 여자는 눈 하나 깜짝하지 않고 거짓말을 해 대요. 그쪽으로는 아주 타고났어요. 정말 섬뜩할 정도예요. 하지만 저는 딸아이를 위해 싸울 겁니다. 저는 애슐리가…… 우리 딸이 혼자가 아니라는 걸 알았으면 좋겠어요."

상담사를 똑바로 쳐다보던 그의 눈에는 눈물이 가득했

그저 양심이 없을 뿐입니다

다. 대화는 이런 식으로 45분 동안 이어졌다. 페리는 자신이 딸에 대해 더 많이 얘기하고 눈물을 흘릴수록 심리 상담사가 그의 전처야말로 진짜 학대자일지 모른다고 의심하는 모습을 지켜보았다. 그는 상담사가 자신에게 심리 테스트를 할 거라 생각했지만 그녀는 그렇게 하지 않았다. 사무실을 나오면서 페리는 오늘의 성과를 자축했다. 우울한 모습으로 계속 바닥을 내려다보는 연기가 제대로 먹힌 것이다.

실제로 린은 아주 좋은 엄마였다. 그녀에게 애슐리는 자기 인생 전부였고, 자신이 가진 모든 재산과 힘을 다해 애슐리를 지킬 작정을 하고 있었다. 그런데 그런 린이 페리가 자신을 애슐리의 성적 학대 혐의로 고소했다는 소식을 듣게 된다면 얼마나 놀라겠는가. 페리는 경악과 공포로 질려 있는 린의 얼굴을 그려 보는 것만으로도 그렇게 재미있을 수가 없었다. 사람들이 자신이 한 말만 믿고 린을 그런 여자라고 생각한다면 린은 상상할 수 있는 최악의 상황을 마주할 수밖에 없다. 그 말에 속아 넘어간 상담사는 법정에서 린이 애슐리와 보내는 시간마저 감독할 필요가 있다고 할 수도 있다. 린처럼 헌신적인 엄마에게 그런 일은 정말 감내하기 어려울 것이다. 물론 페리에겐 애슐리를 자기 집으로 데려와서 양육 시간의 절반을 떠맡고 싶은 마음이 추호도 없었지만 어쩔 줄 몰라 하는 린의 꼬락서니를 볼 수 있다면 그 정도의 수고를 할 만한 가치는 있었다. 얼마 못 가서 애슐리를 돌보는 일이 귀찮아진 페리는 애슐리를 다시 린에

4장_ 법정에서 대면하는 소시오패스

게 돌려주려 할 것이다. 그리고 그 시기는 페리의 계획대로 린의 남자친구가 그녀의 소아성애를 심각하게 걱정하면서 고민하는 모습을 보일 즈음일 것이다.

페리는 어렸을 적의 그 사건 이후로 이렇게 재미있는 일은 없었다는 생각이 들었다. 그 사건은 페리가 11살 때 일어난 일이었다. 그는 엄마가 기르던 바셋 하운드(다리가 짧은 사냥개)를 끌고 와서 짤막한 네 다리를 하나로 묶어 놓고 꿈틀거리는 걸 지켜보았다. 개는 마치 내일이 없는 것처럼 울부짖으며 발버둥을 쳐 댔다. 너무 심하게 발버둥을 치다 보니 결국 개의 다리에는 밧줄 모양으로 찢어진 상처가 생기고 말았다. 그 멍청한 개가 하는 짓이 얼마나 우스꽝스러운지 페리는 정말 가관이라고 생각했다. 그런데도 페리의 어머니는 단 한 번도 그 일이 페리의 짓이라고 의심하지 않았다. 페리가 개를 사랑한다고 믿었기 때문이다. 린은 이 게임에서 자신이 페리를 이길 수 있을 거라 여겼지만 그건 어리석은 일이었다.

소시오패스와 양육권 결정

소시오패스는 나쁜 부모가 되는가?

이런 질문을 던진다는 것 자체가 말이 안 되는 일인 듯 싶다. 페리 같은 소시오패스의 무책임함, 무자비함, 잔인함을

　　　　　　　그저 양심이 없을 뿐입니다

조금이라도 아는 사람이라면 두 번 생각할 필요도 없이 이 질문에 답할 수 있다. 하지만 이상하게도 우리 사회는 양심 없는 사람들이 아주 훌륭하게 부모 역할을 할 수 있다고 보는 듯하다. 사람들은 '소시오패스'라는 말을 '멍청이'나 '싸가지'처럼 원수 같은 전남편 또는 전처가 내지르는 욕설쯤으로 생각한다. 그래서 우리 사회와 법률 제도는 이런 부분에 문제를 제기하는 사람들을 오히려 성가신 내지는 미친 사람으로 간주할 때가 많다.

나는 소시오패스인 부모의 슬하에서 자란 아이들로부터 이런 주제의 편지를 굉장히 많이 받았다. 다들 짐작하겠지만, 이 편지들은 내가 이 장을 시작할 때 제기했던 질문 즉, 소시오패스는 **나쁜 부모**가 되는가라는 질문에 대한 답을 말해 준다. 그 편지들은 분명히 말한다. **그렇다**고. 그들은 **나쁜 부모**가 된다고. 소시오패스는 자신이 직접 통제하고 있는 아이들의 삶을 산산조각 내는 경우가 많으며, 그 피해는 어른이 될 때까지 쭉 계속될 수 있다.

제 아버지는 양심이 없는 사람이었어요. 이 사실을 이해하는 데 아주 오래 걸렸죠. 지금 29살인 저는 이미 오래전에 아버지의 손아귀에서 벗어났지만 아직도 고통에 시달리고 있어요. 부모님은 제가 어릴 때 이혼하셨어요. 하지만 공동 양육권은 제가 격주로 주말마다 아버지 집에 가야 한다는 걸 의미했죠. 5년 동안 아버지는 저를 성적으로 학대했어요. 저는 고등학교에 들어가자마자 바로 가출을 했고 다시는 돌아가지 않았어요.

지금도 저는 다른 사람을 믿지 못해요. 우울증과 불안 발작 증세도 있고요. 저는 하루도 빠짐없이 이런 질문들을 떠올려요. 만약 아버지가 저에게 그렇게 하지 못하도록 막아 줄 사람이 있었다면 지금 나는 어떤 사람이 되어 있을까? 도대체 왜 사람들은 아버지 같은 사람이 아이들 주변에 있도록 그대로 놔두는 걸까?

정말 우리는 왜 그들을 그냥 놔두는 걸까? 이유는 간단하다. 앞에서도 말했듯이 그 무자비한 사람들은 자신의 존재를 감추고 보통 사람들처럼 멀쩡해 보이게 하는 데 아주 능숙할 뿐만 아니라 그렇게 끔찍한 짓을 저지르고도 법과 사회의 감시망을 피하는 능력을 가지고 있기 때문이다. 또한 그들이 스스로를 지킬 능력이 없고 목소리를 내지 못하는 '손쉬운 목표물'을 노리는 데 집중하기 때문이기도 하다. 이런 관점에서 보자면 자신의 어린 자녀처럼 손쉬운 목표물이 또 어디에 있겠는가?

하지만 더 심각한 문제가 있다. 소시오패스의 타고난 능력에서 나오는 힘은 어느 정도 한계가 있다. 그런 한계를 넘어선 힘을 발휘하도록 만드는 것이 바로 우리들 즉, 우리 사회이다. 페리를 면담했던 심리 상담사처럼 우리는 진심으로 무고한 사람을 지키길 원한다. 어린아이들이라면 더욱 그렇다. 하지

그저 양심이 없을 뿐입니다

만 우리는 자신도 모르게 아이들을 괴롭히는 자들을 보호하는 데 많은 시간을 보낸다. 우리 사회는 옳은 일을 하려고 하지만 양심 없는 사람들이 빚어 낸 오해와 우리 사회의 낡은 절차 탓에 결과적으로 잘못된 일을 할 때가 많다.

다음 사례에 등장하는 행위들은 우리들 대부분이 부도덕하고 범죄라고 여기는 것들이다. 이야기를 읽는 동안 이런 행위들에 대해 곰곰이 생각해 봤으면 한다. 누구나 법률 제도가 그런 행위들로부터 아이들을 보호하는 데 각별한 관심을 기울여야 한다고 생각하겠지만 현실의 상황은 그렇지 못하다. 아니, 그러기는커녕 너무나 많은 사례에서 법률 제도는 정상적인 부모와 아이들, 양쪽 모두 지켜 주지 못했다.

사람들은 이혼을 하면 아이들이 가장 큰 고통을 받는다고 하죠. 제 전남편 같은 사람하고 이혼한다면 고통은 더 클 거예요. 이혼한 지 3년이 지났지만 저와 아이들은 여전히 전남편의 괴롭힘에 시달리고 있어요.

데이비드를 만난 건 그가 법대 1학년일 때였어요. 저는 학교 근처의 술집에서 시간제 웨이트리스로 일하고 있었죠. 데이비드는 밤늦은 시간까지 그곳에서 저와 장난치며 농담을 주고받곤 했어요. 짧은 데이트 기간을 보낸 뒤, 데이비드는 부자인 자기 가족보다 우리 가족이 훨씬 더 좋다고 했어요. 부모님이 늘 자기를 무시하고 어린애 취급한다면서요.

데이비드는 저에게 집착했어요. 항상 저에게 전화를 하고 매일 밤 같이 있고 싶어 했죠. 데이비드가 학교를 졸업하기도 전에 우린 결혼을 했고, 저는 학비를 버느라 두 가지 일을 해야 했답니다. 데이비드는 부모님이 한 푼도 도와주지 않는다고 했어요. 학교를 졸업할 무렵에는 딸과 아들까지 해서 네 식구가 되었어요.

근처의 법률 회사에서 일하고 있던 중 데이비드는 3시간 거리에 있는 한 회사로부터 함께 일해 보자는 제안을 받았어요. 저는 부모님과 너무 떨어진 곳으로 이사 가고 싶지는 않았어요. 부모님이 아이들 양육을 많이 도와주셨거든요. 그 일로 관계가 소원해지자 저는 데이비드에게 앞으로도 저와 결혼 생활을 계속할 건지 물어봤어요. 데이비드는 저를 꼭 안으며 자기한테는 언제나 저밖에 없다고 했어요. 나중에야 그때 그가 아이들을 언급하지 않았다는 걸 깨달았죠. 저는 그의 감정이 모두 연기라는 생각이 들기 시작했어요. 진심은 하나도 없었던 거예요.

사이가 점점 나빠지자 저는 걱정이 되기 시작했어요. 데이비드는 늘 일에만 빠져 밖으로 나돌았고 서로 얘기할 기회도 별로 없었죠. 그러던 중에도 셋째 아이를 갖게 되었어요. 어린 세 아이를 책임진다는 게 저한테는 부담이었어요. 그러던 어느 날 어떤 여자가 찾아와 다짜고짜 내일 새

그저 양심이 없을 뿐입니다

카펫을 설치할 거라고 말하더군요. 저는 카펫을 주문한 적이 없다고 했더니 그 여자는 데이비드 이름을 대며 그가 그렇게 해 달라고 했다는 거예요. 그러면서 집을 한번 둘러보고 싶다고 하더라고요. 그런데 집을 둘러보면서도 치수는 하나도 재지 않고 아무것도 물어보지 않는 거예요. 고개만 끄덕이더니 아무 말도 없이 떠났어요. 저는 데이비드에게 전화해서 어떻게 된 일인지 물어봤어요. 데이비드는 틀림없이 사기일 거라며 신경 쓰지 말라고 하더군요.

1년이 지났을 때 그 여자가 다시 나타났어요. 그녀는 커다란 여행 가방 두 개를 가져오더니 뭐라고 하기도 전에 거실 바닥으로 던졌어요. 그 소리에 친구들과 놀고 있던 우리 애들이 살짝 겁을 먹었죠. 그런 다음 그녀는 우리를 향해 말하자면 폭탄 같은 것을 던졌어요. 웬 아기를 안고 들어오더니 데이비드의 아이라고 하는 거예요! 데이비드는 회사 사람 중 누군가가 장난을 친 거라고 했어요. 처음엔 저도 그 말을 믿으려고 애를 썼어요. 남편이 그런 짓을 했다는 걸 도저히 받아들이기 어려웠으니까요. 몇 주 후에 저는 최근 그만둔 데이비드의 비서에게서 전화를 받았어요. 비서는 데이비드가 어떤 여성과 아주 다정하게 통화하는 걸 들었다고 했지요. 더 이상은 참을 수 없었어요. 이혼 서류를 써야겠다고 했더니 데이비드는 화를 잔뜩 내고는 짐을 싸서 집을 나갔어요.

4장_ 법정에서 대면하는 소시오패스

변호사를 구한 후에 저는 데이비드가 출장을 간다 하고 사실은 그 여자와 시간을 보냈다는 걸 알게 됐어요. 그 여자한테 돈도 수천 달러나 썼더라고요. 하루는 저희가 공동으로 사용하는 계좌에서 현금을 인출하려고 했더니 잔액이 하나도 없더군요.

아이들에게 아빠와 엄마가 이혼할 거란 얘기를 하는 건 너무나 힘든 일이었어요. 아이들에게 이혼 얘기를 했다는 소리를 들은 데이비드는 아기처럼 엉엉 울더군요. 그러더니 아이들에게 가서 뭐라고 얘기를 했어요. 애들은 굉장히 혼란스러워하는 것 같았어요. 무슨 거짓말을 했을지 뻔해요. 아마 다 제 잘못이라고 했을 테죠.

데이비드는 일전의 그 여자와 함께 살게 되었어요. 그러나 이혼이 마무리되기 전부터 동네를 돌아다니며 우리를 스토킹했어요. 이웃들에게는 제가 바람을 피웠다며 제 욕을 하고 다녔고요.

저는 이혼만 하고 나면 모든 일이 다 해결될 거라 생각했어요. 하지만 데이비드는 계속해서 아이들과 저를 갈라놓으려고 애를 썼어요. 그 일 때문에 아이들은 엄청 스트레스를 받았고요. 당연히 전남편은 아이들을 만날 수 있는 권리가 있었어요. 저는 그걸 막을 수가 없었죠. 제가 사는 지역에서는 심리적 학대만으로는 면접을 금지할 만한 충분한 사유라고 인정해 주지 않았거든요. 물리적이거나 성적인 학대일 경우에만 인정받을 수 있었어요. 데이비드와의 만남은 아이들 정서에 해로운 영향을 주었어요. 당시 15살이었던 올리비아는 이혼한 지 1년쯤 후부터 아빠를 만나지 않았어요. 데이비드가 면접권을 들먹이며 억지를 부렸지만 사회복지사는 올리비아의 편을 들어주었어요. 그러자 데이비드가 어떻게 나왔는지 아세요? 그때부터 올리비아를 저의 동맹이자 자신의 적으로 대하더군요. 한참을 데이비드에게 전화로 시달림당한 다음 날, 올리비아는 와락 울음을 터트렸어요.

이혼은 끝났을지 몰라도 아이들의 감정적인 스트레스는 계속됐어요. 불행 중 다행으로 이제 올리비아는 데이비드와의 접촉을 피할 수 있었지요. 하지만 9살 클레어와 12살 제이슨에게는 그런 행운이 따르지 않았어요. 법원에서는 아이들이 면접권을 선택하기에는 너무 어리다고 판단했거든요. 그래서 전남편은 여전히 두 아이와는 만날 수 있어요. 한번은 전남편이 아이들을 데리고 해변으로 여행을 간 적도 있어요. 저는 어떻게든 그걸 막으려고 했어요. 클레어의 치료사도 그렇게 하지 않는 게 좋겠다고 했지만 데이비드는 그 말을 무시했죠. 대신 그의 여자친구와 그녀의 아들을 만나게 하지는 않겠다고 약속했고요. 하지만 당연히 그 둘도 함께 여행을 갔어요. 전남편과 그 여자는 해변에서 서로 애무를 했어요. 바로 아이들 눈앞에서 말이에요. 심지어 빌린 오두막집의 데크에서 칵테일을 들이키며 반쯤 알몸으로 춤을 추는 동안 아이들에게 저녁 준비를 시키기까지 했어요.

아이들은 아빠를 만나고 돌아오면 경기를 일으킬 때가 많았어요. 거기에서 무슨 일이 있었는지 거의 얘기해 주지 않았어요. 아이들의 스트레스가 점점 더 심해지면서 문제가 나타나기 시작했어요. 클레어는 거식증으로 입원했고 제이슨은 하루 종일 틀어박혀 비디오 게임만 했어요.

그렇게 아이들을 괴롭히면서 저를 압박하면 엄마인 저로서는 굴복할 수밖에 없다는 걸 데이비드는 알고 있어요. 하지만 저는 최선을 다했답니다. 이제 이혼한 지 3년이 지났네요. 올리비아는 그럭저럭 괜찮은 편이에요. 지금은 대학교를 다니고 있고요, 일주일에 한 번씩 학교의 상담 선생님께 상담을 받아요. 클레어의 몸무게는 계속 늘었다 줄었다 하고 있어요. 그래서 정기적으로 받던 치료에 추가로 섭식 장애 치료도 받는 중이에요. 가장 걱정되는 건 제이슨이에요. 제이슨은 컴퓨터 게임을 하느라 밤을 새우고 성적도 계속 떨어지고 있어요. 저와 얘기도 하지 않으려고 해요. 클레어와 제이슨은 지금도 가끔씩 왜 아빠에 관한 문제를 해결하려고 하지 않는지 제게 물어본답니다. 데이비드가 아이들에게 계속 저에 대한 거짓말을 한다는 것도 잘 알고 있어요. 너네 엄마가 가족을 헤어지게 했고, 아이

　그저 양심이 없을 뿐입니다

들에게 아빠란 존재는 필요 없다고 말했다면서요. 이웃들과는 같이 회개 의식을 치르면서 자신이 잘못했으며 그걸 바로잡고 싶지만 제가 부당하게 그를 거부했다고 말하고 다니죠.

이 이야기가 이상해 보일 수도 있겠지만 굉장히 많은 사람들이 비슷한 상황에 처해 있다. 『이토록 친밀한 배신자』를 출판한 후에 독자들로부터 받은 편지를 분류해 보면 법정 투쟁에 대한 이야기를 담은 편지들이 가장 많고 그중에서도 양육권과 관련된 편지가 대부분이었다. 그 편지의 내용을 읽어 보면 소시오패스는 법률 제도를 마치 사람들을 통제하고 조작할 때 쓰는 편리한 공구 세트처럼 이용한다. 그래서 나는 이 분쟁을 '소시오패스의 양육권 게임'이라 부른다.

소시오패스의 양육권 게임은 대개 이런 식으로 진행된다. 처음에 소시오패스인 배우자는 양육권을 갖기 위해 다투는 과정이 너무나 큰 희열을 주는 일임을 깨닫는다. 아이를 돌볼 능력도 없을 뿐더러 아이를 양육하고 싶은 생각이 전혀 없으면서도 말이다. 소시오패스에게는 게임에 참가할 합법적인 권리가 있다. 게임을 좋아하고 잘하는 그들로서는 이 게임 역시 그저 재밋거리일 뿐이다. 상대편인 배우자가 아이를 구하기 위해 필사적으로 안간힘을 쓸수록 소시오패스는 더욱 큰 만족감에 전율을 느낀다. 배우자가 어쩔 줄 몰라 헤매게 하면서 자신이 이 상황을 통제하고 있다는 느낌을 더욱 실감한다. 그들은 통제권을 가지는 데 몰두한다.

다음 단계는 법률 제도의 실패로 이어진다. 다들 법률 제도가 아이들을 보호해 줄 거라 기대하겠지만 우리의 법률 제도는 그렇지 못하다. 게임을 쥐락펴락하는 능력을 가진 소시오패스는 법률 제도를 기만하고 제 기능을 하지 못하게 한다. 뻔뻔스런 거짓말과 거침없는 조작질은 기본이고 오히려 자신이 피해자인 양 행세한다. 게다가 더욱 비극적인 사실은 법률 제도가 아이들이 당할 위험이 얼마나 심각한지 전혀 이해하지 못한다는 것이다.

아이들이 감당할 수 없는 운명이 점차 현실로 다가오는 모습을 바라보며 정상인 배우자는 결국 큰 공포에 빠져든다. 진정으로 아이를 사랑하는 그들로서는 미친 듯이 발버둥을 쳐 보지만 변호사와 법원의 눈에 비친 그들의 행동은 그저 '히스테리'로 보일 뿐이다. 심지어 친구와 가족들조차 그렇게 여길 때도 있다. 마침내 법원은 그들의 '히스테리'가 부적합한 부모임을 보여 주는 증거라고 판단한다. 전혀 미치지 않았고 아이를 진정으로 사랑하는 마음밖에 없는 부모임에도 말이다. 재산은 물론 주변의 사람들까지 모두 잃어버린 그들은 바보 같은 자신을 욕하며 미칠 것 같은 기분과 함께 지독한 외로움을 느낀다. 그럼에도 불구하고 아이들에 대한 사랑 때문에 그들은 결코 포기하지 않으며 아이들을 구하고자 하는 노력을 멈추지 않는다.

몇 년이 지나도 그들의 노력은 계속될 때가 많다.

만약 진정으로 아이를 사랑하는 부모가 소시오패스인 부모보다 가난하다면 이런 법률적 조작은 훨씬 더 치명적인 결과를 낳는다. 양육권 게임의 사례를 통해 살펴보도록 하자.

돌이켜 보면 처음 마이클과 사귀었을 때부터 저는 제정신이 아니었던 것 같아요. 마이클을 처음 만났을 때 저는 겨우 19살이었고 그는 30대 중반이었죠. 대학교 1학년 여름에 어린이 캠프에서 일을 했는데 마이클이 아이 둘을 데리고 거기에 왔었어요. 마이클은 아이들을 데리러 오곤 했는데 그때마다 늘 저와 농담을 주고받았죠. 몇 주 동안 서로 가볍게 호감을 나누었을 때 마이클이 저에게 데이트 신청을 했어요. 그는 자신이 이혼을 했기 때문에 아무런 문제가 없다고 저를 안심시켰죠. 전 나이 차가 너무 나서 안 되겠다고 거절했지만 상황은 다르게 흘러갔어요. 마이클이 저한테 집착하기 시작했거든요. 그해 가을에 생물학 수업을 들으러 교정을 걷고 있었는데 갑자기 제 앞에 마이클이 나타났어요. 그때 저는 그걸 낭만적이라고 여겼죠. 마이클은 시내에 작은 원룸을 가지고 있었고, 얼마 지나지 않아 저는 거의 매일 밤을 그 원룸에서 보냈어요. 하지만 달콤한 행복은 그리 오래가지 않았답니다. 마이클은 제 일거수일투족을 알고 싶어 했고 수업을 마치는 대로 원룸으로 가지 않으면 불같이 화를 냈어요. 원룸에 가 보면 마이클은 술에 취해 있을 때가 많았어요. 빈 술병들이 여기저기 쌓여 있었고 방 안에는 대마초 연기가 자욱했죠(참고: 미국 의학 협회American Medical Association의 추정에 따르면 소시오패스의 75%가 알코올 의존에 빠져 있으며 다른 약물을 남용하는 비율도 50%나 된다고 한다).

마이클이 요구하는 대로 따라 주기에는 시간적으로 불가능했어요. 그렇게 하면 공부를 거의 할 수가 없었으니까요. 결국 저는 낙제했어요. 부모님은 너무 화가 난 나머지 학교를 계속 다니고 싶으면 대출부터 받으라고 하셨죠. 그때 마이클과 헤어졌어야 했어요. 하지만 저는 제가 마이클을 사랑한다고 생각했고 제가 제대로 하지 못해서 그런 문제들이 생겼다고 자책했어요. 가진 돈도 거의 없었고요.

학년을 마치고 부모님 집으로 돌아가서 예전처럼 살겠다고 했더니 마이클은 엄청 화를 냈어요. 그러더니 제 고향 동네에 있는 가게 윗집으로 이사를 왔어요. 저는 약국에 취직했는데 마이클은 저를 금방 찾아내고는 항상 제가 일하는 직장으로 찾아왔어요. 마이클이 계속 복도에서 서성거리니까 참다못한 관리인이 결국 더 이상 가게에 오지 말라고 했을 정도였죠.

그러던 중 걱정하던 일이 터지고 말았어요. 제가 임신을 한 거예요. 마이클에게 임신 사실을 알렸더니 그는 다시

그저 양심이 없을 뿐입니다

화를 냈어요. 독실한 천주교 신자인 저는 도저히 낙태할 수 없었어요. 꿈에도 그럴 생각은 못 했지요. 부모님 얼굴을 대할 자신이 없었던 저는 다시 마이클의 집으로 들어갔어요. 마이클은 계속 아이를 지우라고 압박했지만 저는 그렇게 하지 않았어요. 저는 마이클이 일전에 아이들을 데리러 왔던 것처럼 좋은 아빠가 될 거고 우리는 결혼할 거라며 스스로를 다독였어요. 하지만 마이클의 알코올 중독은 점점 더 심해졌어요. 안경을 벽에 던지는가 하면 가끔씩 저를 때리기까지 했어요. 그것도 아주 심하게요. 한번은 저를 넘어뜨려 놓고는 저를 다치게 했다며 아기처럼 울기도 했어요. 그런 일이 있으면 얼마 동안은 저에게 좀 더잘하는 것 같았어요. 하지만 그건 딱 제가 출산할 때까지였죠. 마이클은 부모님에게 아이를 보여 주지도 못하게 했어요. 제가 집을 나가겠다고 협박을 하자 그는 경찰에 전화를 걸어 제가 딸아이를 학대했다고 신고했어요. 실제로 마이클은 저를 상대로 접근 금지를 신청했지요. 법이 어떻게 움직이는지 잘 알고 저보다 돈이 많아서 그런지 마이클은 법원에서 허가를 받아 냈어요. 그래서 잠시 동안 마이클은 제 딸의 유일한 양육자가 될 수 있었어요. 법원에서는 제가 아이를 기를 만한 능력이 없다고 판단했던 거죠. 저는 사회 복지사와 정신과 의사의 평가를 받아야 했고 그 과정에서 말로 다 표현하지 못할 스트레스를 겪었어요. 결국 딸아이를 찾을 수 있었지만, 저에겐 법률 제도가 오히려 걸림돌이었어요.

지금 딸아이는 5살이 되었어요. 마이클은 여전히 피해를 주고 있어요. 그는 지금도 제게서 아이를 강제로 떼어 놓으려 하거든요. 제가 원하는 건 그저 마이클에게서 완전히 벗어나는 것뿐이에요. 부모님께 큰 도움을 바랄 수도 없어요. 아버지에게 장애가 생겨 더 이상 일을 하실 수 없게 되신 데다 혼외 자식을 낳았다는 죄를 아직도 용서하지 않고 계시니까요. 저는 가끔 마이클이 예전의 가족들에게도 지금처럼 대한 건 아니었을까 하는 의문이 들어요. 어쩌면 그 아이들의 양육권도 훔쳤을지 모르겠네요. 마이클이 저에게 했던 일을 잊고 제가 다시 일어설 수 있을지 자신이 없어요. 저는 외상 후 스트레스 장애 진단을 받았어요.

이 이야기처럼 폭력적인 학대자에게 미성년인 아이의 단독 양육권이 승인되는 경우는 아주 드문 예외여야 한다. 하지만 실제 우리 법률 체계에서는 보편적으로 일어나는 일이다. 미국 심리학회에 따르면 비폭력적인 부모보다 학대하는 부모가 단독 양육권을 획득할 가능성이 더 높다고 한다. 또 미국 법관 협회American Judges Foundation가 발표한 자료에서는 아동 학대자의 약 70%가 단독 양육권을 획득하는 데 성공한 것으로 나타났다. 대부분의 사람들 즉, 소시오패스와 법정 다툼을 해 보지 않은 사람들은 이런 통계 수치에 경악한다.

어떻게 이런 일이 일어날 수 있을까? 아이들의 이익에 전적으로 반하는 건 물론이고 우리가 원하는 방향과도 반대인데 이런 식으로 처리되는 이유는 도대체 무엇일까? 그 이유 중 하나는 뜻하지 않게도 '양육권 게임'이 소시오패스에 유리하게 만들어졌기 때문이다. 미국의 법원은 공동 양육권이 아이들의 이익을 가장 잘 보장해 준다는 가정 하에 운영되고 있다. 그래서 상식적으로 볼 때 양육권을 부여받을 수 없을 정도로 심리적으로나 육체적으로 문제가 있는 부모라고 하더라도 법원은 공동 양육권이 훨씬 이롭다는 전제를 지키려는 게 보통이다. 물론 부모 두 사람이 모두 양심이 있고 아이들을 사랑해 줄 사람들이라면 한 사람보다는 두 사람이 아이들을 돌보는 편이 더 합당할 것이다.[36] 하지만 부모가 학대나 가정 폭력을 저지르지는 않았는지 또는 과거에 다른 반사회적인 행위를 한 적은 없었는지 제대로 검토하지 않고 그저 원칙만 고수하려 든다면 그런 원칙이 현실에서 잘 들어맞을 리 없다.

소시오패스가 이용할 수 있는 또 하나의 손쉬운 허점은 '우호적인 부모 원칙'이다. 이 원칙의 내용은 부모인 두 사람 중에서 상대방과 아이의 관계를 돈독하게 해 줄 가능성이 높은 사람이 양육권을 가져야 한다는 것이다. 이혼 절차를 진행하다 보면 분노와 복수가 난무하는 분위기가 되는 게 당연하다. 아이를 '차지하려고' 다투면서 부모의 한쪽 또는 양쪽 모두 분노에 찬

말을 해 대고 복수하려 들기도 할 것이다. 원래 이 우호적인 부모 원칙은 이혼하는 부모의 자녀들이 이런 가정 내 분쟁의 전리품이 되는 일을 방지할 목적으로 만들어졌다. 그러나 애석하게도 이 원칙은 소시오패스가 '게임'에서 이기기 위해 사용하는 또 하나의 전술이 되고 말았다. 그들은 아이들의 미래를 들먹이며 상대방을 화나게 함으로써 상대방이 법정에서 그들을 비난하는 말을 쏟아 내게 하고, '히스테리'가 있는 사람처럼 보이게 한다. 반면에 그들 자신은 침착함을 유지하면서 판사에게 자신의 '호의'를 보여 주는, 그야말로 소시오패스에게나 어울릴 법한 연기를 구사한다. 소시오패스는 이런 식으로 법률 제도를 조작한다.

　　법원은 한쪽 부모가 다른 부모와 아이의 관계를 심리적으로 해치는 행위 즉, '부모 따돌림'을 우려해 우호적인 부모 원칙을 만들었다. 그러나 유감스럽게도 부모 따돌림이란 개념으로 인해 법원은 자녀가 부모에게 가지는 부정적인 감정을 현실적인 근거로 인정하지 않게 된다. 앞에 나왔던 사례에서 소시오패스인 아버지 페리가 딸 애슐리의 현실이라며 했던 말을 심리 상담사가 그대로 받아들였던 것도 이와 같은 맥락이다. 이런 가정 때문에 학대 성향이 있는 부모가 과거에 저질렀던 행위가 별거 아닌 일처럼 치부된다. 뿐만 아니라 그들이 배우자와 아이에게 가했던 협박과 모욕, 폭행이 아이의 감정에 심각한 피해를 주었다는 명백한 사실마저 모호하게 만든다.

지금까지 법원은 양육권 분쟁에서 현명한 판결이 이루어지도록 솔로몬 왕의 검과 같은 지침을 마련하고자 노력했건만 소시오패스는 번번이 그 칼을 빼앗아 아이를 사랑하는 부모를 괴롭히고 통제하는 데 사용했다. 다행스럽게도 공동 양육권 대책, 부모 따돌림 개념, 우호적인 부모 원칙은 비교적 새로운 개념이며 앞으로 수정되거나 폐기될 가능성이 있다.

현대의 양육권 법률은 이미 많은 변화와 수정을 거쳐 왔다. 20세기 중반까지의 판례법에서는 양육권 분쟁 재판에서 어머니의 손을 들어 주는 경향이 확립되어 있었고 여러 주의 입법부에서 이를 성문법으로 제정하였다. 그러다 1970년대에 들어오면서 어머니와 아버지에게 동등한 양육권을 부여하고 공동 양육권을 우선하는 등 큰 변화가 일어나 현재까지 유지되고 있으며, 대부분의 주에서 서로 다른 법률을 채택하게 되었다. 동시에 법원은 부모의 행동을 관찰하는 데 적극적인 행보를 보이기 시작했다. 20세기 말에 이르면서 양육권 분쟁 소송에 도움이 될 만한 지식 기반의 판결 원칙이 없는 상태에서 꾸준히 증가하는 이혼 소송 건수에 압도당하는 판사들이 행동 과학자와 정신 건강 전문가에게 조언을 구하게 되었다. 그러나 21세기인 지금까지도 양육권 소송에 과학자와 임상의가 참여하는 절차는 여전히 생소한 편이며 법률 전문가가 아닌 사람들이 법정에 미칠 영향력을 어느 정도까지 허용할 것인지에 대해서는 아직도 뜨거운 논쟁거리로 남아 있다. 또한 정신 건강 전문가들이 소시

4장_ 법정에서 대면하는 소시오패스

오패스에게 교묘하게 이용당했던 기존의 양육권 판결 지침과는
다른 새로운 도구와 지침을 내놓을 수 있을지는 아직 지켜봐야
한다.

변호사를 가르쳐라

우리의 법률 제도는 정의의 개념을 밝히고 법률과 법률
위반 문제를 해결하기 위해 발전해 왔다. 하지만 소시오패스에
대처할 수 있도록 고안된 것은 아니다. 소시오패스는 공명정대
함을 인정하지 않으며 규칙을 어기기보다는 변칙적으로 사용하
거나 약점을 파고들면서 규칙을 무력화시킨다. 한마디로 그들
은 교묘하게 법률 제도를 남용할 수 있는 '보너스 점수'를 가진
셈이다. 법률 제도는 옳고 그름의 문제를 다루는 데 급급할 뿐
이며, 소시오패스는 승리와 패배에만 관심을 둔다.

우리 법률 제도가 가진 다음 7가지의 속성 때문에 양육
권 판결을 비롯한 대부분의 법적 영역에서 소시오패스가 혜택
을 볼 때가 많다.

1. 우리의 법률 제도는 기본적으로 선서를 마친 사람들
이라면 심리가 진행되는 동안 거짓을 말하지 않을 거라고 생각
한다. 아주 심각하게 불안을 느끼는 상황이 아닌 이상 당연히

그저 양심이 없을 뿐입니다

그럴 거라 믿는다. 하지만 얼음처럼 냉정한 태도로 눈 한번 깜짝 않고 거짓말을 하는 것이야말로 소시오패스의 특징이다.

2. 우리의 법률 제도는 국법에 따라 유죄와 무죄를 구분한다. 그러나 지금까지 살펴봤듯이 영리한 소시오패스는 상황을 조작하고 법을 어기지 않으면서 사람들을 괴롭히는 방법을 알고 있는 경우가 많다. 최소한 그들은 문제가 될 만한 증거를 남기지 않는다. 그들은 법의 감시망을 피해 활동한다. 결과적으로 법률 제도가 가진 이러한 한계는 법을 지키지 않는 범법자의 기소와 단지 도덕 명령과 인간의 품위를 침해하는 '도덕적 범죄자'의 기소에 어떤 차이가 있는지를 아주 잘 보여 준다.

3. 소시오패스는 오직 게임에서 승리하는 것만이 인생의 목표이며 그들에게 다른 사람들은 그저 도구일 뿐이다. 그런 그들에게는 법률 제도 역시 게임으로 보일 수 있으며 게임하듯 대응한다. 그러나 그런 행동을 감시할 수 있는 규정은 고사하고 개념을 정의한 부분조차 없는 게 현실이다.

4. 법률과 정신 질환의 관계를 고찰해 보면 결국 소시오패스라는 진단이 우리 사회보다는 범죄자에게 더 유리하게 작용할 위험이 있다. 투옥을 피하기 위해 피고의 정신 이상을 참작해 달라며 탄원을 제출하는 행위가 이런 위험을 보여 주는 대표적인 예이다. 그렇다면 소시오패스의 '정신 질환' 즉, 양심의 결핍이 결국 투옥을 피하기 위한 탄원의 근거가 된다는 말인가? 간단히 말해 그 진단이 법정에서 형량을 줄여 주는 근거로

4장_ 법정에서 대면하는 소시오패스

사용될 수 있다는 말인가? 최근 소시오패스와 정상인의 뇌가 어떻게 다른지에 대한 지식이 발전하면서 법률 전문가와 심리학자들은 진즉에 의문을 품었다. 심리학자인 펜실베이니아 대학교의 아드리안 레인Adrian Raine 교수[37]는 그 의문을 이렇게 적고 있다. "관찰 결과, 사이코패스는 도덕적 의사 결정에서 중요한 '뇌'의 영역이 정상인에 비해 활성화되지 않는 것으로 나타났으며, 이는 사이코패스에게 핵심적인 도덕의식의 결핍이 있음을 뜻한다. 그렇다면 사이코패스에게 그들이 저지른 짓에 대한 책임을 물을 수 있을까?" 신경 과학이 발전하면서 신경 과학과 윤리학 및 법률과의 접점이 나타났으며 이를 바탕으로 '신경 윤리학'이라는 새로운 학문 영역이 만들어졌다. 그러나 여러 학문이 뒤섞인 이 분야는 아직 초기 단계에 불과하여 레인 박사의 중요한 질문에 대한 명확한 법률적 답변을 내놓지는 못하고 있다.

5. 우리의 사법 제도는 주로 뉘우침과 갱생이라는 개념에 바탕을 두고 있다. 하지만 소시오패스는 뉘우치지 않는 존재이며 따라서 진정으로 갱생시킬 방법도 없다. 그렇기 때문에 형벌을 결정하는 근거인 지금의 법적 추론과 소시오패스의 기본적인 본성 사이에서 일치점을 찾기란 아마 불가능할 것이다.

6. 법률 제도는 객관성을 유지한다는 점을 자랑으로 삼는다. 따라서 이론적으로 법률 제도에서 유효하다고 판단하는 내용은 오직 사실뿐이다. 그러나 법정이 인간성의 선악에 대해 어떤 견해를 표명한다고 해서 그 인간이 저질러 온 선악의 '진

그저 양심이 없을 뿐입니다

실'을 바꿀 수는 없다. 법률 제도가 형태를 갖춘 것은 지금처럼 인구가 많지 않을 때였다. 당시에는 변호사와 판사를 포함한 모든 사람들이 서로 알고 지내며 개인적인 이력도 훤히 알고 있는 소규모의 공동체였기에 '완벽한 객관성'이라는 요구 역시 지금보다는 상당히 완화된 수준이었다. 소시오패스의 반사회적인 특성 역시 훨씬 감추기 어려웠다. 그러나 오늘날처럼 사람들로 북적대는 세상에서는 인성에 관한 정보가 거의 노출되지 않을 뿐만 아니라 어렵지 않게 감출 수 있다. 그런 반면 객관성은 그다지 향상되지 않았으며 결과적으로는 형편없는 정보를 바탕으로 판결을 내리는 꼴이 되었다. 양육권 분쟁에서 이처럼 빈약한 정보를 근거로 판결이 내려진다면 그 판결이 도리어 아이들을 실제적인 위험에 빠트리는 결과를 초래할 수 있다.

7. 발달 심리학자들의 표현을 빌리자면 위와 같은 현대 법률 제도의 상태는 '도덕 발달의 관습적인 수준'에 머물러 있다. 이 수준에서는 규칙과 관습을 엄격하게 고수하면서 규칙의 적정성이나 공정성에는 의문을 제기하지 않는다. 이처럼 진화하지 못한 심리적 수준에서는 도덕적 행동과 부도덕한 행동이라고 하는 복잡한 질문이 그저 정해진 규칙을 따르느냐 위반하느냐의 문제로 여겨질 뿐이다. 어쩌면 이런 제도 자체가 반사회적이라고 해야 할지도 모르겠다. 왜냐하면 그 제도가 사람보다는 규칙 즉, '게임'을 더 우위에 두고 있으며, 규칙(게임)이 존중되고 보호되는 것에만 관심을 둘 뿐 보다 인간적인 결과물에 대

해서는 등한시하기 때문이다. 정도 차이는 있겠지만 결과적으로 우리의 법률 제도는 소시오패스의 게임 기술에 안성맞춤인 기울어진 운동장을 만들어 주었다.

많은 사람들이 나에게 지금 다투고 있는 상대방이 소시오패스라는 사실을 법정에서 그리고 변호사에게 증명할 방법이 없는지를 물어본다. 소시오패스를 상대하는 데 '특화된' 변호사들 역시 나에게 자문을 구할 때가 많다. 내가 해 줄 수 있는 가장 효과적인 조언은 바로 이것이다. **당신의 배우자가 소시오패스라는 걸 증명하려고 애쓰지 마라.** 그렇게 하고 싶은 마음은 충분히 이해하지만 아마 쉽지 않을 것이다. 지금의 법원은 그런 진단에 별로 신경 쓰지 않는다. 게다가 그런 증거를 찾으려 애쓰다가 도리어 당신이 소시오패스의 술수에 넘어가 혼란을 겪고 결국 소송에서도 패배할 것이다. 외부의 전문가들이 배우자가 소시오패스라는 의견을 준다고 하더라도 대부분 법정에서는 그런 진단을 그다지 주의 깊게 받아들이지 않는다. 법원은 그런 진단보다는 부모의 구체적인 행동과 그 행동이 아이들에게 어떤 영향을 미쳤는지를 보여 주는 증거들을 위주로 판단하기 때문이다. 법정에서 정신과 진단을 왜곡하고 모호하게 만들며 반박하는 건 너무나 쉬운 일이다. 정신과 진단이 뭐든 간에 **상황은 달라지지 않는다.** 그렇기 때문에 소시오패스를 '전문'으로 하는 변호사는 거의 없는 실정이다.

그저 양심이 없을 뿐입니다

그러므로 소시오패스를 증명하려 하기보다는 직접 목격하거나 전해 들은 학대와 폭력에 관련된 행위와 사건을 기록으로 남기는 데 당신의 모든 에너지를 집중하라. 가장 유용한 자료는 가정 폭력에 대한 경찰 기록이다. 문서의 형태로 보존되어 있는 이런 기록들은 소송에서 승리하는 데 굉장히 중요하기 때문에 안전하게 보관해야 한다. 집에서 보관할 거라면 작은 금고나 잠금 장치가 있는 상자를 사용하고, 당신의 변호사 이외에는 누구에게도 그 위치를 알려 줘서는 안 된다. 당신이 진실을 알릴 증거를 모았다는 사실을 소시오패스가 알게 된다면 분노를 터트릴 게 틀림없고 어쩌면 그 증거들을 훔치려 할 수도 있기 때문이다.

법정에서 증언을 하거나 변호사와 대화를 나눌 때는 소시오패스 같은 단어보다는 학대, 기만, 조작, 폭력, 잔인처럼 모두가 보편적으로 이해할 수 있는 단어를 사용하라. 아이들은 물론 당신에게 저질렀던 괴롭힘, 강압, 폭력에 관한 자료도 함께 제출하라.

변호사들이 당신과 아이들에게 닥칠 실질적인 위험을 알 수 있도록 다음에 소개하는 연구 결과의 요약본을 반드시 알려 줘라. 이 요약본에는 소시오패스라는 말이 나오지 않는다. 아이들에게 해로운 영향을 준다는 사실이 과학적으로 증명된 행동이라 하더라도 변호사와 법정은 그 행동을 쉬운 말로 풀어서 설명한 자료를 더욱 잘 받아들인다. 아이들을 대상으로 자행된 폭력이 아동 학대를 의미하며 심리학적으로 처참한 환경이라는 정도는 정신 건강 전문가, 법률 전문가는 물론 많은 비전문가들도 쉽게 이해한다. 하지만 그런 공격적인 부모와 함께 있다는 것만으로도 아이에게는 심리적인 손상을 초래할 수 있다는 사실을 아는 사람은 별로 없다. 법적 투쟁에서 변호사가 당신을 도울 수 있도록 하려면 당신은 변호사에게 관련 연구를 반드시 알려 주어야 한다. 변호사라면 이런 내용을 이미 알고 있을 거란 기대는 버려라.

배우자 폭력이 아이에게 미치는 영향에 대한 연구 결과 요약

2002년에 출판된 『자녀 양육권과 가정 폭력Child Custody & Domestic Violence』은 이 분야를 개척한 책이라 할 수 있다. 이 책의 저자인 피터 재피Peter G. Jaffe[38], 낸시 레몬Nancy K. D. Lemon, 사만다 푸아송Samantha E. Poisson은 "역사적으로 아이들은 그들 자신이 직접 학대를 당하지 않는다면 상처가 없다고 여겨졌다. 그러나 이 분야의 연구가 진척될수록 진실은 그와 정반대라는 사실이 밝혀졌다. 연구원들은…… 가정 폭력에 노출될 경우에 나타나는 행동적, 감정적, 심리적 장애를 확인했다. 전반적으로 이 연구에서는 부모 사이의 폭력을 지켜보는 것 역시 심리적 학대의 한 형태이며 아이들에게 단기적인 상처뿐만 아니라 평생에

그저 양심이 없을 뿐입니다

걸친 상처를 남길 수 있다고 말한다."

저명한 발달 심리학자인 페넬로페 트리켓Penelope Trick-ett과 신시아 셀런바흐Cynthia Schellenbach는 배우자 간의 폭력이 아이들에게 미치는 영향에 대한 24건의 개별 연구를 검토한 보고서[39]를 내놓았는데, 24건의 연구 모두에서 배우자 간 폭력을 목격한 아이들은 그렇지 않은 아이들에게는 없는 심각한 심리적 장애를 가지고 있는 것으로 나타났다. 이 분야에서 인정받는 전문가인 게일라 마골린Gayla Margolin은 이 많은 연구가 비정상적일 정도로 일관된 결과를 보인다는 점에서 "부모 간의 폭력을 목격하는 경험은 그 피해가 특히나 더 은밀하게 진행되는 잠행성을 보인다고 결론 지을 수 있다."[40]고 말했다.

연구에 따르면 배우자를 구타하는 사람은 평균적으로 1년에 3번 폭행을 하며 단순히 최근에 폭력을 행사하는 일이 뜸해진 것만으로 그 사람 자체가 개선될 거라 기대하기는 어렵다고 한다. 더욱이 가정에서 폭력을 행사하는 사람들은 관계에 따라 폭행을 반복하는 경향이 있다. 재피, 레몬, 푸아송은 자신의 저서 『자녀 양육권과 가정 폭력』에서 배우자를 폭행한 사람의 58%가 이혼 후 새로 만난 배우자에게도 폭력을 행사했다는 연구 결과를 공개했다. 또한 폭력적인 배우자들은 "의미 있는 개입이나 책임을 지우지 않는 한 새로운 배우자에게도 폭행과 학대 행위를 멈추지 않는다……. 이처럼 폭력은 계속될 가능성이 굉장히 높으며, 그 결과 이혼 가정의 아이들은 지속적으로 학대에 노출될 수밖에 없다."고 덧붙였다. 그리고 "일부 판사와 정신 건강 전문가들은 새로운 관계 형성에 있어서 안정성이나 성숙도의 지표를…… 새 배우자를 만나는 것이라고 생각하는 경향이 있다."는 말도 남겼다. 하지만 애석하게도 새 배우자와의 만남은 전혀 그런 의미를 가지지 않는다. 대부분의 경우 개입이 없다면 폭력은 계속 반복될 뿐이다.

더욱 큰 문제는 배우자를 학대하는 사람에게 아이의 양육을 맡길 경우 그 아이마저 폭력의 대상이 되는 경우가 많다는 사실이다. 재피, 레몬, 푸아송은 배우자 폭행과 아동의 신체적 학대 사이의 연관성에 대한 36개의 개별 연구를 검토한 후 부모 간의 폭력을 경험한 아이들 중 30~60%가 '직접적인 학대를 당했으며' 36개의 연구 모두에서 유사한 경험적인 결과를 얻었다는 점을 강조했다. 심지어 다른 검토 결과에서는 통계 수치가 더욱 높은 것으로 나타났다. 1998년에 「가족 심리학 저널Journal of Family Psychology」은 이 분야의 또 다른 저명한 전문가인 앤 아펠Anne Appel과 조지 홀덴George Holden이 지난 20년간의 모든 관련 연구를 검토한 보고서[41]를 게재했다. 그들은 배우자 폭행과 가정 내 아동의 신체적 학대가 동시에 발생하는 비율이 굉장히 높으며, 일부 연구에서는 그 비율이 100%에 이른다는 사실을 발견했다. 다시 말하면 배우자를 폭행하는 사람들 중 다수, 아니 어쩌면 대부분이 지금 아이들을 폭행하고 있거나 언젠가는 폭행할 거라는 말이다.

그저 양심이 없을 뿐입니다

아이들이 처한 현실을 개선하지 않은 채 별거와 이혼을 선택한다면 아이들은 신체적으로 더욱 위험해질 수 있다. 저명한 아동 보호 문제 전문가인 바바라 하트Barbara J. Hart가 "배우자를 폭행하는 부모가 이혼을 하면 아이들이 더 심한 학대를 당할 수 있다."[42]고 보고한 것처럼 말이다. 하트는 배우자를 폭행하는 부모가 별거와 이혼을 한 후에는 "배우자 대신 아이들을 학대하고 통제하려 들 수 있다."는 점을 강조했다. 재피, 레몬, 푸아송 역시 하트의 이런 주장에 동의했다. 그들은 "다수의 정신 건강 전문가와 법률 전문가들은 별거하기만 하면 폭력은 종식되고 아이들의 문제는 옛일이 될 거라는 순진한 믿음을 가지고 있다. 우리의 생각은 그렇지 않다. 사법 제도에서 우리가 직접 경험한 내용과 과학적인 문헌들로부터 얻은 지식을 근거로 말하자면 이런 순진한 견해는 아이들의 안전을 위협하는 요소이다. 별거 후의 아이들에게 무엇이 최선인지를 결정하는 데 있어서는 가정 폭력과의 관련성을 인정하는 것은 물론 가정 폭력이 기본적인 고려 사항이 되어야 한다."고 적고 있다.

광범위한 연구를 통해 다수의 조직에서 가정 폭력을 행사하는 자들이 미성년 자녀의 단독 또는 공동 양육권을 획득해서는 안 된다는 권고 사항을 명확히 밝혔다. 이 권고는 전국 청소년 및 가정 법원 판사 협의회National Council of Juvenile and Family Court Judges[43]에 의해 채택되었으며, 협의회는 "안정성과 지속성을 보장하기 위해 아이들이 가능한 한 공격성이 없는 부모의 보

4장_ 법정에서 대면하는 소시오패스

호 아래 있어야 한다."고 주장했다. 미국 심리학회와 미국 변호사 협회American Bar Association 역시 이 정책에 지지 의사를 표명했으며, 가정 폭력을 행사하는 자들이 단독 또는 공동 양육권을 획득해서는 안 된다고 주장했다. 미국 변호사 협회는 '그들은 배우자를 폭행함으로써 아이의 이익을 돌보지 않으며 헤어진 배우자를 조종하기 위한 수단으로 양육권을 가지려 하거나 양육 중인 아이를 이용할 가능성이 높다'는 점을 이유로 들며 이 정책을 지지했다.

그리고 1990년에 미국 의회는 "아이의 양육권을 결정함에 있어서 배우자를 신체적으로 학대했다는 사실을 증명하는 신뢰할 만한 증거가 있을 경우, 가해자에게 양육권을 주는 것은 아이의 이익에 반한다고 하는 법정 추정法定推定, statutory presumption을 적용해야 한다."는 것이 의회의 뜻임을 밝히고 이를 선언하는 결의(국회 결의안 172)를 통과시켰다.

법원에 의존하지 않고 스스로 할 수 있는 일

놀랍도록 일관된 연구 결과와 미국 심리학회 및 미국 변호사 협회의 명확한 정책 권고 사항, 거기에 의회의 결의까지 있었음에도 불구하고 가정 법원에서는 자녀의 양육권 판결을 위한 합리적인 제도를 완전하게 정비하지 못했다. 이에 관련된

그저 양심이 없을 뿐입니다

일화에 우리는 놀랄 수밖에 없다. 2009년 매사추세츠주의 데덤 시에서는 제이미 멜렌데즈Jaime Melendez라는 20살의 남성이 방과 후 집에 혼자 있는 14살 소녀를 성폭행하는 사건이 일어났다. 그 사건으로 인해 소녀는 임신을 했다. 멜렌데즈는 자신의 범죄를 인정했고 판사는 16년의 보호 관찰을 선고했다. 형사 법원은 사건을 가정 법원으로 송치했고, 가정 법원은 멜렌데즈에게 딸이 어른이 될 때까지 양육비로 주당 110달러를 지불하라고 명령했다. 그런데 이전에는 아이에게 전혀 관심을 보이지 않던 멜렌데즈가 사건이 가정 법원으로 송치된 이후에 '아버지의 권리'를 침해당했다고 주장하며 면접권에 대한 소송을 제기했다. 멜렌데즈는 아이의 엄마 즉, 성폭행을 당한 피해자에게 양육비를 지불하지 않아도 된다고 한다면 면접권 소송을 취하하겠다는 뜻을 분명히 전달했다. 만약 멜렌데즈의 요구를 거절한다면 아이의 엄마는 앞으로 몇 년 동안이나 자신과 딸아이의 삶에 그 성폭행범을 받아들여야 하는 상황에 처할 게 뻔했다. 그녀에게는 정말 상상조차 하기 싫은 끔찍한 위협이었다. 실제로 부권父權을 요구하는 멜렌데즈의 소송은 지금까지도 가정 법원에 계류 중이다.

피해 여성의 변호사인 웬디 머피Wendy Murphy는 "어떤 범죄로 고통받는 사람에게 '미안해요, 그 범죄자가 앞으로도 당신의 인생을 망치게 할 수밖에 없어요.'라고 말하고 싶은 사람은 없을 것이다."라고 말했다. 그러나 성폭행범에게 부모의 권리를 차단하는 법률을 명시하지 않은 주가 15개나 되며, 그런 법률이 없기에 성폭행을 해서 아버지가 된 남성이라도 보통의 아버지와 동일한 법적 권리를 갖는다. 이는 성폭행범이 가정 법원에 면접권이나 양육권을 청원할 수 있다는 걸 의미한다. 다시 말하면 아이 엄마는 성폭행범과 아이의 만남을 받아들여야 할 뿐만 아니라 아이의 진학, 여름 캠프, 종교의 선택과 같은 문제를 성폭행범과 상의해야만 한다는 말이다.

　　성폭행 피해자들과 그 자녀들의 변호를 맡고 있으며 본인 역시 성폭행 피해 여성의 딸이기도 한 변호사 레베카 키슬링 **Rebecca Kiessling44**은 성폭행범들이 면접권과 공동 양육권 소송을 제기할 수 있도록 허용한다면 피해자들은 법정에서 그 성폭행범을 다시 마주해야 하는 고통은 물론이고 향후의 대응을 방해하는 성폭행범의 협박까지 감수해야 한다며 냉철하게 지적했다. 또한 그녀는 "면접권과 공동 양육권의 허용은 힘과 통제에 관련되는 문제로 성폭행과 전혀 다를 바가 없다."고 노골적으로 말했다.

　　이런 방식으로 통제를 당할 가능성이 있는 여성과 어린이의 수는 적지 않다. 미국에서 매년 발생하는 성폭행 관련 임신은 약 32,000건에 이르며, 임신한 피해자의 1/3 정도가 아이를 출산해서 양육하는 쪽을 선택한다. 이 수치는 미국에서 매년 약 10,000명의 여성이 그들을 성폭행했던 범죄자에게 또 다시 압박을 당하는 취약한 상태에 있음을 의미한다. 2015년에 이런 통계 수치로 무장한 활동가들은 수년간의 정치적인 줄다리기 끝에 미국 의회를 설득하여 성폭행 생존 아동 양육권법Rape Survivor Child Custody Act을 통과시켰다. 상원에서 인신매매 법안의 개정안으로 통과된 이 법안은 성폭행으로 임신을 한 어머니가 법원의 명령으로 성폭행범의 친권을 종료시킬 수 있도록 하는 법률을 제정한 주에게 인센티브를 제공하도록 하고 있다. 그래서 이를 충족시킨 주는 여성 폭력 방지법Violence Against Women Act, VAWA에 의해 승인된 프로그램에 대해 더 많은 연방 보조금을 받을 수 있다. 그러나 이렇게 인센티브까지 내걸었음에도 불구하고 15개의 주에서는 '양육을 공동으로 맡는 부모'의 지위를 주장하며 성폭행범으로부터 성폭행 피해자가 스스로를 방어할 수 있는 법이 마련되지 않고 있다. 더욱 심각한 것은 그 피해자의 아이들이 어린 시절 내내 성폭행범과의 만남을 받아들여야만 한다는 사실이다.

성폭행범이라는 사실이 밝혀지더라도 대부분의 나라에서는 아이들에게 접근을 허용하는 법정의 승인을 얻는 데 아무런 문제가 없다. 이런 현실을 감안한다면 유죄 판결을 받은 범죄자도 아닌데 그저 '소시오패스'라는 꼬리표가 붙었다고 해서 가정 법원이 부모인 그들의 양육권을 인정하지 않을 거라 기대하기는 어렵다. 사실 소시오패스의 의미를 아는 사람도 별로 없지 않은가. 뿐만 아니라 법원은 유죄 판결을 받은 성폭행범에게 면접권과 양육권을 허용하면 그들이 그 '권리'를 이용해 피해자

4장_ 법정에서 대면하는 소시오패스

들을 조작하고 다시 상처를 줄 수 있다는 점을 여전히 고려하지 않고 있다. 한데 어떻게 그런 법원에게 '정체를 감추고 있는' 무자비한 전 배우자가 교묘하게 조작한 사안들을 현명하게 살펴 주길 기대할 수 있겠는가.

가정 법원 제도의 가장 우선적인 목표는 분명 아이들이 최선의 이익을 얻을 수 있도록 지켜 주는 것이다. 이를 더욱 잘 수행할 수 있도록 하려면 우리는 변호사와 판사에게 아이들을 위협하는 소시오패스의 행동이 어떠한지 알려 주어야 한다. 그리고 심리학의 조언에 더욱 귀를 기울여야 하며 과학 연구의 일관된 결과를 반영해 가족법을 개정해야 한다. 하지만 이미 오랫동안 자리를 잡은 확고한 제도를 근본적으로 바꾸는 데는 긴 시간이 필요하다. 반면 아이를 사랑하는 부모들은 지금도 그 무자비한 사람들을 상대로 고군분투하는 중이다. 그런 그들에게는 심리학 관련 단체들이 주도적으로 가정 법원 제도를 개혁해 주기를 기다릴 만한 여유가 없다. 그들은 당장 자신과 아이들을 지킬 방법이 필요하다.

만약 당신이 그런 입장에 있다면 어떻게 하겠는가? 양심 없는 전 배우자가 '권리'를 소유하고 그 권리를 이용하기 위해 일으킨 분쟁을 끝낼 수 있는 방법은 무엇인가? 제 기능을 다하지 못하고 있는 법원을 대신할 수 있는 효과적인 법적 수단이 있을까?

대답은 "그렇다."이다. 아주 간단하면서도 효과 만점인

그저 양심이 없을 뿐입니다

묘책이 있다. 바로 당신이 지루해지는 것이다.

마법의 탄환

소시오패스가 양육권 분쟁을 벌이는 이유는 크게 두 가지다. 그중 하나는 당신과 법정이 자신의 **소유물**을 빼앗으려 한다는 데 대한 분노이다. 그들은 당신과 아이를 소유물로 여길 뿐이며, 안타깝게도 이에 대해 당신이 할 수 있는 것은 아무것도 없다. 아이들과 당신의 미래를 지켜 내고 싶다면 먼저 그의 뇌에 사랑할 수 있는 능력이 없다는 서글픈 진실을 받아들여야만 한다.

소시오패스가 양육권 분쟁을 벌이는 또 하나의 이유는 늘 참을 수 없을 만큼 지루하기 때문이다. 지루함이야말로 그들이 분쟁을 일으키는 가장 절실한 이유이다. 그들은 지루함에서 벗어나기 위해 끊임없이 자극적이고 재미있는 일이 필요하다. **그리고 지금의 상황에서는 바로 당신이 재밋거리인 것이다.** 소시오패스는 연약한 아이들을 이용해 당신을 당황시키고, 그에 반응해 당신이 화를 내거나 공포에 빠질 때마다 짜릿한 자극과 재미를 느낀다. 그리고 더욱 나쁜 일은 당신 덕분에 소시오패스는 자신의 힘과 통제력을 느끼면서 즐거워한다는 사실이다.

당신이 이 싸움에서 승리할 수 있는 열쇠는 소시오패스

가 진정으로 노리고 있는 목표가 누구인지를 이해하는 데 있다. 양육권을 얻기 위해 그가 벌이는 짓들은 아이들이 아니라 **당신**을 목표로 한다. 당신의 직관과는 반대라고 느껴지는가? 하지만 이 사실만 제대로 이해한다면 당신이 이 싸움에서 꼭 승리할 수 있을 거라 약속한다. 소시오패스가 당신에게 집중한다는 말은 거꾸로 이 싸움을 하는 동안 그가 느낄 재미와 짜릿한 통제력을 날릴 수 있는 사람 역시 당신이라는 뜻이다. 이 양심 없는 인간은 당신이 분노하고 두려워하는 모습을 보며 즐거움을 느낀다. 만약 당신이 그런 반응을 보이지 않는다면 그의 즐거움도 사라진다. 그렇기에 당신은 한마디로 철저하게 지루한 사람이 되어야 한다.

지루한 사람이 되는 것이야말로 소시오패스를 상대하는 최고의 무기이다. 그를 멀리 내쫓고 당신과 아이의 삶에 평화가 깃들기를 원한다면, 다시 말해 '승리'하기를 원한다면 당신은 반드시 이 무기를 잘 이해하고 그 사용법을 익혀야 한다. 감정적으로 아무런 문제가 없는 당신에게는 이런 대응 방식이 그렇게 대단치 않아 보일 수 있겠지만, 이 무기를 소시오패스에게 겨눈다면 마법의 탄환이 되어 그를 날려 버릴 거라 자신한다.

소시오패스가 당신에게 겁을 주거나 분노하게 하는 말이나 행동을 하더라도 아무렇지도 않은 듯 대하라.

물론 엄청나게 신경이 쓰이는 게 당연하다. 그래서 소시오패스가 없을 때를 틈타서 아이들을 대신해 피해를 수습하

그저 양심이 없을 뿐입니다

거나 소시오패스가 야기한 긴급한 문제들에 대응할 준비를 하고 있어도 괜찮다. 하지만 그가 당신의 행동을 보고 듣는 바로 그 순간에는 아무런 감정적인 동요도 없는 것처럼 행동해야 한다. 그의 앞에서 당신이 느끼는 불안감, 두려움, 분노를 절대 드러내지 말고 전혀 신경 쓰지 않는 듯 행동하라.

부모로서 아이를 돌보고 싶은 생각이라곤 전혀 없는 소시오패스가 양육권을 얻기 위해 그렇게 많은 시간과 노력을 쏟아붓는 가장 중요한 이유는 당신이 어쩔 줄 몰라 헤매는 모습을 보고 싶기 때문이다. 당신의 불안감, 두려움, 분노가 그에게는 심리적인 마약이라고 생각하라. 소시오패스는 그 마약을 간절하게 원한다. 당신이 할 일은 그가 희열을 맛보지 못하게 하는 것이다. 그와 통화를 하거나 함께 마주하고 있는 동안에는 철저하게 그에게 무관심해야 한다. 태연하고 쌀쌀하며 사무적인 반응으로 일관하라. 예를 들어, 그가 당신의 집 앞까지 와서 안에 들어가서 얘기하고 싶다고 말하는 경우를 한번 상상해 보자. 그 말을 들은 당신은 "음, 정 원하면 그렇게 해도 되기는 한데⋯⋯. 혹시 설거지를 하면서 얘기해도 괜찮을까?"라고 말한 다음 무심하게 부엌으로 가서 설거지를 시작한다.

그러면 그는 따라 들어와서 아이들과 관련해서 뭔가 엄청나게 화날 만한 일을 할 거라고 말한다. 당신은 "요점이 뭐야?" 또는 "알았어."라고 하거나 무심하게 "어, 그래."라고 대답한다.

기대했던 감정적인 반응이 없자 실망한 그는 자기가 한 말을 제대로 들었는지 묻는다. 당신은 "그래, 뭐라고 하는지 다 들었어. 또 할 말이 남았어?"라고 하거나 "겨우 그 얘기 하려고 온 거야?"라고 말한다.

그는 더 강하게 위협하면서 상황을 더 험악하게 만들려고 애쓴다. 하지만 그가 새로운 협박 전술을 펼친 지 얼마 안 되어 당신은 "나 지금 나가 봐야 하거든. 다음에 얘기하자."라고 일방적으로 말한다.

손을 닦은 당신은 침착하게 문으로 가서 그가 나갈 수 있도록 문을 열어 준다. 이제 가 보라는 뜻임을 알게 된 그는 기분 나빠하면서 얘기를 계속하려 할 것이다. 어쩌면 화를 낼 수도 있다. 그러나 당신은 무심하게 그저 열려 있는 문 옆에 그대로 서 있기만 하면 된다. 그의 말에 적절한 대답 즉, 아주 무관심한 대답이 떠오르지 않을 때마다 당신은 지루해 죽겠다는 듯 한숨을 쉬거나 말없이 눈을 굴려 댄다. 그런 상황에서 굳이 현명할 필요는 없다. 그저 무관심해 보이기만 하면 된다.

어쩌면 당신은 이 전략이 소시오패스가 사용하는 기술과 비슷하다며 불만을 느낄지도 모르겠다. 물론 그런 오해를 살 만한 행동이기는 하다. 하지만 그렇다고 하더라도 당신은 소시오패스처럼 누군가를 지배하고 괴롭히기 위해 그렇게 행동하고 있는 게 아니다. 당신은 게임을 하는 것도 아니며 중독성 있는 마약을 찾고 있는 것도 아니다. 당신은 그저 아이들의 행복을

그저 양심이 없을 뿐입니다

지키기 위해 싸우고 있을 뿐이다. 모욕과 허울뿐인 법적 위협에 잠깐 동안 평소보다 침착한 척 연기를 해서라도 아이들의 미래를 지켜 내야 한다. 결국 이런 속임수를 쓸 것인가라는 고민은 심리적인 문제라기보다는 도덕적인 문제이며 나는 당신이 가족을 위험에서 보호한다는 측면을 고려한 후에 이 질문에 답했으면 한다.

어쩌면 당신은 자신이 너무 감정적이라 오랫동안 알고 지냈던 사람 앞에서 이런 전략을 쓰기는 어렵다고 여길 수도 있다. 불안해하지 마라. 이 방법을 효과적으로 사용했던 사람 중에는 극도로 감정적인 사람도 많았다. 당황하지 않은 것처럼 보이는 데 익숙해지기까지 약간의 노력이 필요하겠지만 잘 준비한다면 당신도 충분히 할 수 있다. 더욱이 감정을 잘 숨기는 사람보다는 감정적인 사람들이 이 방법으로 훨씬 더 극적인 성공을 거두기도 한다. 왜냐하면 당신의 강렬한 반응에 대한 기대와 그가 지금 당신에게서 느끼는 무감정한 반응이 불안한 부조화를 만들어 내기 때문이다. 심리학자들은 이런 강력한 현상을 '대비 효과contrast effect'라고 부른다.

이 '무관심 작전'을 쓰기로 결정했다면 미리 연습을 해 보라. 어떤 대화가 오갈지 미리 상상한 다음 심드렁한 답을 생각해 큰 소리로 반복해서 말해 보라. 거울 앞에 서서 연습을 해도 좋고 믿을 만한 친구에게 역할극을 부탁해도 된다. 소시오패스에게 당신의 감정을 노출하지 않고 대화를 마무리한다면 얼마나 기분이 좋을지 상상해 보라. 자신이 당신의 세상을 뒤흔들 수 있다는 명확한 증거가 그에게는 마약이나 마찬가지다. 그리고 방금 당신은 그에게서 그 마약을 빼앗은 거다.

당신을 놀래려는 그들의 욕구를 충족시키지 않도록 노력하라. 그가 당신이 감정을 숨기고 있다거나 거짓을 말한다며 비난하더라도 당신은 굳이 부인하거나 시비를 가릴 필요가 없다. 원한다면 그 순간을 즐겨도 괜찮다. 차분한 태도를 유지하며 진심으로 이렇게 답할 수도 있다. "그래 거짓말이었어. 근데 너도 그런 거 아니야?"

꼭 뛰어난 연기력을 보여 주거나 믿음을 주는 배우가 되어야 하는 건 아니다. 전처럼 그에게 감정적인 '보상'을 주는 일만 하지 않으면 된다. 당신이 해야 할 일은 단조로운 반응을 보이며 그가 지루해지도록 하는 것이며, 그렇게 하는 가장 쉬운 방법은 그 때문에 당신이 지루해진 것처럼 행동하는 것이다. 그리고 당신이 충분한 기간 동안 이런 식으로 행동한다면 아마 당신은 실제로 그가 지루하다는 생각이 들 수도 있다. 사실 그가 하고 있는 게임은 반복적이며 지루하다.

성인 소시오패스의 협박과 계획에 의도적으로 지루한 반응을 보이는 방법은 품행 장애 아이에게 유관 관리 프로그램(2장 참조)을 도입하는 것과 동일한 심리적인 모델을 바탕으로 하고 있다. 그 방법 역시 당신이 선생님의 역할을 하면서 파괴적인 '학생'에게 특정한 행동과 그에 따른 보상 사이의 관계 또

그저 양심이 없을 뿐입니다

는 무관함을 가르치도록 한다. 이런 과정을 통해 품행 장애 아이는 어떤 행동을 했을 때 사탕이나 액션 피규어처럼 자기가 좋아하는 물건을 보상으로 받을 수 있는지 분명하게 배운다. 다시 말하면, 아이는 자신의 긍정적인 행동과 의미 있는 보상 사이에 어떤 관계가 있음을 알게 된다. 심리학자들은 이런 의미 있는 보상을 반응 강화라고 부른다. 반대로 성인 소시오패스는 부정적인 행동과 언어적 표현으로는 더 이상 이전에 맛보았던 보상을 얻을 수 없다는 사실을 배운다. 그가 얻고자 하는 보상은 당신의 뚜렷한 분노, 두려움, 그의 사고방식에 대한 '히스테리'이다. 지루한 반응을 보여 주는 방법을 통해 그는 자신의 위협적인 행동과 얻기를 갈망하는 반응 사이에 아무런 관계가 없다는 사실을 깨닫게 된다.

특정 행동이 더 이상 보상과 관계되지 않도록 하면 그 행동은 '소거extinction'된다. 실험실용 쥐에게 작은 손잡이를 눌러 먹이를 얻는 방법을 가르치는 전통적인 동물 실험으로 소거의 개념을 이해해 보자. 만약 쥐가 손잡이를 누를 때마다 실험자가 먹이를 주는 기계 장치를 끈다면 얼마 지나지 않아 쥐는 누르는 행동을 그만둔다. 실험자는 손잡이를 누르는 행동과 먹이 사이의 관계를 제거함으로써 손잡이를 누르는 행위를 소거할 수 있다.

소시오패스가 당신을 괴롭히거나 위협할 때마다 침착함을 유지할 수 있다면 당신은 괴롭히거나 위협하는 그의 행동을 소거할 수 있다. 실제로는 동요를 느끼고 있더라도 그가 보기에 침착해 보이기만 한다면 충분히 같은 결과를 얻을 수 있다. 그가 그런 행동을 포기한 듯 보여도 아마 몇 번은 더 그런 시도를 하며 당신을 시험할 것이다. 당신은 이런 상황에 대비해야 하며 그런 상황이 오더라도 잘 이겨 내야 한다. 어쩌면 그는 더 강하게 위협하거나 방법을 바꿔 가며 위협하려 들 수도 있다. 그런 때는 대응을 약간 바꿔 주면 다시 이전의 상태로 돌아갈 것이다. 소거 후에 이런 식의 분출이 나타나는 현상을 '소거 폭발extinction bursts'이라고 부른다. 일반적으로 이런 상황에서 소시오패스가 폭력을 행사하는 경우는 드물지만 만약 폭력적인 행동을 보인다면 바로 경찰에 신고하라. 그동안 온갖 노력을 다 했던 당신으로서는 그의 '폭발'에 큰 실망과 좌절을 느낄 수 있다. 그러나 당신이 고통스런 모습을 보여 주지 않는다면 보상을 얻지 못한 그는 마지막 발악을 그만둘 것이고 마침내 당신은 그의 행동을 완전히 소거하는 데 성공할 수 있다.

그들의 행동이 소거되었다고 해도 아직 당신의 최종 목표는 이루어지지 않았다. 당신이 진정으로 원하는 최종 목표는 그가 당신에게 완전히 흥미를 잃고 더 큰 만족감을 주는 새로운 심리적 '마약'을 찾아 당신을 떠나는 것이다. 너무나 지루한 당신에게 어떤 재미도 느낄 수 없게 된 그는 당신과의 짜증 나는 관계를 떠나, 보다 쉽게 조종할 수 있는 상황을 찾아야겠다고 생각한다. 어차피 처음부터 아이를 떠맡고 싶은 생각은 추호도 없

그저 양심이 없을 뿐입니다

었기에 그런 성가신 일에서도 손을 뗀다.

'감정 포식자'이자 중독자인 그는 희열을 맛보게 해 줄 마약을 찾기 위해 살아간다. 누군가를 괴롭혀서 그 사람이 절망과 '히스테리'를 쏟아 내면 그는 희열을 맛본다. 당신 자신과 아이들의 미래를 지켜 내기 위해 당신이 해야 할 일은 그가 당신의 감정을 조종하지 못하게 하고 더 이상 '그에게 재미와 짜릿함을 주는 대상'으로 살아가지 않는 것이다. 그의 조작질과 교묘한 계략에 법원이 속아 넘어가 보상을 주는 것까지는 당신이 어떻게 할 수 없겠지만 당신 자신이 그에게 보상을 주지 않는 건 얼마든지 할 수 있는 일이다. 연습했던 대로 무심하고 침착하게 대응한다면 소송 결과와 관계없이 당신은 소시오패스의 게임에서 자유로워질 수 있다.

소시오패스들이 게임을 하는 방식을 이해하고 과학 연구 결과를 잘 습득하면 지금까지 계속 패배했던 당신이라도 승리를 거둘 수 있다. 전에 쓴 책의 독자가 나에게 보낸 성공 스토리를 같이 읽어 보도록 하자.

성공 스토리

저는 변호사이자 저명한 대학교의 겸임 교수예요. 절대 바보 멍청이는 아니죠. 그런데도 소시오패스의 마수에 빠지는 바람에 말도 못하게 고생했답니다.

부모님은 아주 일찍 돌아가셨어요. 그때 저는 겨우 7살이 었지요. 저는 오남매 중 맏딸이었는데 부모님이 돌아가시고 나서 저희 오남매는 친척 집이나 친구네로 뿔뿔이 헤어지게 되었어요. 어른이 될 때까지 저도 거처를 세 번이나 옮겨 다녔죠. 그중에서 제가 제일 오래 살았던 집은 제일 가까운 사촌의 집이었어요. 그런데 사촌의 남편은 학대를 일삼는 사람이었어요. 토요일만 되면 거의 어김없이 부인을 때렸어요. 저와 제 사촌은 그걸 '토요대첩'이라고 부르곤 했죠. 저는 집안싸움에 점점 익숙해져 갔어요. 그 남자는 저를 때리기도 하고 성적으로 부적절한 행동을 하기도 했지요. 성적 학대까지는 아니었지만요. 남자와의 이런 관계가 저에겐 더 이상 이상하지 않게 되었어요. 제가 가장 좋아했던 곳은 학교였어요. 학교에선 늘 행복했죠. 저는 매년 모든 과목에서 일등을 놓치지 않았어요. 하지만 저는 애정에 굶주려 있었기 때문에 여러 남자를 만나고 다녔어요. 술도 엄청나게 많이 마셨고요. 아마 저처럼 마셔 댄 여자는 없었을 거예요. 저는 늘 사랑을 확인받고 싶었어요.

여러 남자와 연애를 하던 저는 29살에 드디어 결혼을 했어요. 첫 남편은 로스쿨에서 만난 사람이었어요. 저는 그 사람에게 완전히 빠졌어요. 제가 아름답고 사랑스럽고 똑똑하다고 얘기해 줬거든요. 그러고는 저에게 자기 과제물을

그저 양심이 없을 뿐입니다

대신 해 달라고 했어요. 제가 열심히 도와준 덕분에 그는 학교를 무사히 마치고 변호사 시험도 통과할 수 있었지요. 아마 그 사람의 과제 중 절반 이상은 제가 했을 거예요. 제 것뿐 아니라 그 사람의 공부까지 떠맡아야 했죠. 덕분에 그에게 엄청나게 많은 선물을 받았어요. 그는 늘 '짜릿한 전율'을 느끼며 살고 싶다고 했지요. 그 말이 제겐 너무 멋 있게 다가왔어요. 로스쿨에 들어오기 전에 그는 아주 유명한 뮤지션이었고 저도 음악을 좋아했어요. 그래서 함께 음악과 공연에 대한 얘기를 자주 나눴고요. 저는 그런 면에서 우리 둘이 잘 통한다고 생각했죠. 공연이야말로 늘 그런 전율을 느끼게 해 주는 거잖아요?

만난 지 6개월 만에 우리는 결혼했어요. 그때는 아무 말씀도 안 하셨지만 교수님들 모두 깜짝 놀랐다고 하더군요. 몇 년이 지난 후에야 이제 같이 일하는 사이니까 솔직하게 말한다며 말씀해 주시더라고요. 교수님들은 그가 너무 소름 끼치는 사람이라고 했어요. 제가 왜 그와 결혼을 했는지 도저히 이해할 수 없다고도 하셨죠.

사실 결혼식 전날 밤부터 학대가 시작되었어요. 그는 저에게 직접 제 체모를 깎으라고 했지요. 꼭 해야 한다며 고집을 꺾지 않았어요. 그렇게 할 때까지 욕실에서 나가지 않았고요. 결국 몇 시간이나 눈물을 흘리며 그렇게 할 수밖에 없었어요. 그랬더니 저에게 이런 '선물'을 줘서 고맙다

4장_ 법정에서 대면하는 소시오패스

며 선물을 한가득 안겨 줬지요. 그 뒤로도 이런 일이 반복됐어요.

저는 대도시에 있는 아주 큰 로펌에서 일할 수 있는 엄청난 기회를 얻었지만 결국 포기할 수밖에 없었어요. 전남편이 그런 제안을 받지 못했기 때문이죠. 결국 저는 작은 사무소에서 그와 함께 일하게 되었어요.

그 사람 때문에 저는 계속해서 제 몸을 훼손하는 시술을 받아야만 했어요. 그는 저를 '이상적인 여성'으로 만들고 싶다고 했어요. 정말 말도 안 되는 생각이었지요. 어쨌든 저는 염색을 하고 문신을 하고 피어싱에 성형 수술까지 받아야 했어요. 너무 수치스러웠지만 그렇게 하면 예쁠 거라는 그의 말에 그렇게 할 수밖에 없었어요. 그렇게 하고 나면 그는 또 저에게 선물을 한가득 안겨 줬고요. 그런데 제가 받은 그 비싼 선물들은 사실 전부 제 돈으로 산 거였어요. 몇 번이나 제 돈으로 선물 값을 내면서도 당시에는 그의 재정 상태가 얼마나 심각한지 알지 못했죠. 그는 돈을 버는 게 제 일이고, 그걸 관리하는 게 그의 일이라고 했어요. 자존감이 없던 저는 그의 말을 그대로 따랐어요. 제가 그렇게 약한 사람이란 걸 알고 저를 이용했던 것 같아요. 스스로를 지켜 낼 방법을 제가 알지 못했던 거죠.

이윽고 아이들이 생기기 시작했고 모두 4명의 아이가 태어났어요. 아이를 낳고 그가 저를 퇴원시켜서 집에 데려다

그저 양심이 없을 뿐입니다

주면 3~4일 정도는 쉴 수 있었어요. 그러고는 다시 출근을 해야 했죠. 그가 더 이상 사무소에서 돈을 벌지 않았기 때문이에요. 그는 자신이 '관리자'고 저는 '일벌'이라고 했어요. 그는 제가 임신하는 걸 너무 좋아했어요. 정말 소름 끼치는 일이었죠. 저도 아이들을 좋아했기 때문에 어느 정도 의견이 맞았다고 할 수는 있겠지만 사실 저를 임신시키려는 그의 욕망은 성관계에 대한 집착일 뿐이었고 민망할 정도였어요. 그렇게 해서 결국 아이가 태어나면 거들떠보지도 않았어요. 아이들 기저귀 한 장 갈아 준 적 없었죠. 단 한 번도요. 제가 외출해야 할 일이 생기면 그가 집에 있더라도 보모를 불러야 했어요. 그가 아이를 돌볼 줄 모르기도 했지만 돌보고 싶어 하지도 않았거든요. 돈도 제가 다 벌면서 아이도 혼자 키워야 했던 거죠.

그는 아무 말 없이 며칠씩 집을 비우기도 했어요. 그러다 결국 성매매업소에 다닌다는 걸 인정했죠. 처음 그 말을 들었을 때는 엄청난 충격에 빠졌지만 결국 마음을 다잡았어요. 그렇지만 아무리 생각해도 그의 성적 요구는 정상이 아니었어요. 일정표에 성관계를 가질 날짜도 정해 두어야 했죠. 그는 평범한 섹스는 지루하다며 갈수록 더 변태적인 걸 요구했어요. 결혼 중반이 되었을 즈음, 저희가 사는 곳에 성인용품점이 문을 연다는 소식이 신문에 대문짝만하게 나왔어요. 그 기사를 보자마자 저는 머리가 아파

4장_ 법정에서 대면하는 소시오패스

왔어요. 그가 그 가게에서 이것저것 사 와서 해 보자고 할 게 뻔했으니까요. 아닌 게 아니라 가면, 딜도, 회초리, 코르셋…… 뭐가 됐건 정말 저하고는 너무 안 맞는 것들을 가져와서 해 보자고 했어요. 또 저는 그걸 다 해 줬어요. 그가 그렇게 하지 않을 수 없게 만들었거든요. 우는 소리를 했다가 졸라 대기도 하고 어떤 때는 강압적으로 하게도 했어요. 그러고는 "봐? 그렇게 나쁘지 않았잖아!"라고 했고요. 저는 펑펑 울거나 좌절감에 말을 잊기도 했어요. 그 사람 눈에는 저의 그런 모습이 하나도 들어오지 않았나 봐요. 제가 뭐라고 하면 그냥 선물만 사다 안기고는 다시 그렇게 하길 반복했죠.

재정적으로도 문제가 생기기 시작했어요. 그 때문에 이미 우리는 한 번 파산했었는데 그 이후로도 거의 파산 지경에 이르게 했죠. 은행 계좌에서 돈을 계속 빼 가더니 자신이 받을 수 있는 한도까지 신용 대출을 받아다 썼어요. 그러고는 제 명의로도 최대한 대출을 냈죠. 저는 너무 우울하고 지친 나머지 아이들을 돌보는 것도 잊었어요. 일을 하나씩 처리하다 보면 밤 늦게야 겨우 아이들이 눈에 들어왔어요. 그나마 그게 최선이었죠. 저는 심각한 우울증에 걸려 아무 일도 할 수가 없었어요. 남들이 보기엔 멀쩡했겠지요. 저는 아주 날씬하고 아름다웠어요. 목소리도 크고 자신감에 차 있었거든요. 그는 다른 사람에게 결혼 생활에

그저 양심이 없을 뿐입니다

대해서 말하거나 자기가 저에게 했던 짓을 털어놓으면 가만두지 않겠다며 협박했어요. 친구는 사귀지도 못하게 하고 제가 통화하는 내용까지 모두 감시했어요.

그러다 마침내 저는 훌륭한 치료사를 만났어요. 치료사에게 제 결혼 생활에 대해 얘기하기까지 2년이나 걸렸지요. 그 사람이 제가 '말했다는' 걸 알아챌까 봐 두려웠거든요. 그는 제가 치료를 받으러 가는 데까지 태워 줬다가 마칠 때면 데리러 왔어요. 그러고는 치료사에게 뭐라고 했는지 다 말하라고 했어요. 저는 거짓말을 떠들어 댔죠. 그러던 어느 날, 치료사에게 제 상황을 얘기했다고 했더니 그는 제가 비밀을 누설했다며 저를 비난하고 학대했어요. 그 치료사가 저의 변호사 경력을 망칠 거라고 위협하기도 했죠. 사실은 자기가 그렇게 했으면서 말이에요.

선생님 책에 나오듯이 전부 '동정 연극'이었어요. 제가 문제였겠죠. 제가 너무 예쁘고 능력이 있어서 그 사람이 스스로를 하찮다고 느끼게 했나 봐요. 남자답다고 느낄 뭔가가 필요했던 거 같아요. 그 사람 말로는 늘 아버지에게 학대당했고 어머니는 정신이 나갔다고 하더라고요. 자기는 그렇게 불쌍한 사람이니까 자기가 부모에게 받지 못했던 걸 제가 다 해 줘야 한다고 그러더군요.

결혼 초기에 그 사람 꿈을 꾼 적이 있어요. 꿈속에서 저는 숲속에 있었고, 그 사람은 그 숲에 살고 있는 동물이었어

4장_ 법정에서 대면하는 소시오패스

요. 너무 불쌍하고 애처로워 보였어요. 그는 저보고 같이 있어 주거나 데려가 달라고 애원했죠. 그런데 제가 망설이자 저에게 달려들었어요. 그는 아주 날카로운 이빨을 가지고 있었어요. 너무 무서웠어요. 꿈을 허투루 넘기지 말고 그 사람과 좀 더 일찍 헤어져야 했어요. 그렇게 하지 않는 바람에 애들만 넷이나 생겼고 저는 계속 고통 속에 살게 된 거죠.

그와 헤어진 뒤 엄청난 재정적인 문제가 하나둘씩 드러났어요. 그는 계좌에서 몇 천 달러나 몰래 빼 썼고 정부에 납부해야 할 직원 공제액도 내지 않았어요. 부가가치세도 내지 않았고요. 그는 자기는 한 푼도 내지 않을 거라며 그냥 떠났어요. 결국 저는 담보 대출을 빼고도 십만 달러 가까운 빚을 갚아야 했어요. 십만 달러씩 벌고 있으면서도 저와 아이들은 헌 옷을 사 입어야 했어요. 올해 말까지도 저희는 아주 가난한 동네에서 살았어요. 그와 헤어진 지 10년이 지난 지금에야 저는 퇴직 연금을 넣기 시작했을 정도예요. 지금 제 나이 52살에 이제 겨우 빚은 다 갚았어요.

저와 헤어지고 나서 그는 순식간에 저를 잊고 딸뻘밖에 안 되는 저의 고객과 사귀었어요. 일 년 정도는 아이들을 아예 까맣게 잊은 것 같았어요. 그러다 아이들 문제를 건드리는 게 제 화를 돋울 수 있는 멋진 방법이란 걸 깨닫고는 태도가 완전히 달라졌어요. 그게 너무 재미있었던 거죠.

그는 실제로 양육권 소송을 제기했어요. 그것도 제가 주로 드나드는 관할 법원에다가 말이에요. 제게 수치심을 주고 싶었던 거죠. 저는 늘 얼굴을 마주하던 배심원들 앞에서 제 속사정을 다 까발릴 수밖에 없었어요. 그동안 그가 저를 학대하고 폭행했던 모든 기록들을 다 보여 줬어요. 소송에 질 걸 알자마자 그는 소송을 취하했어요. 아주 깔끔하게 말이에요.

그는 다른 여자와 결혼해서 새 살림을 차렸어요. 그리고 또 네 명의 아이를 낳았죠. 그러면서도 계속 아이들 문제로 저를 괴롭혔어요. 다행히 치료사의 조언 덕분에 저는 반응하지 않는 방법을 배울 수 있었어요. 그는 제게 엄청난 선물을 주면서 그 대가로 저의 자유를 제한하는 게임을 해 왔던 거예요.

저는 그냥 그가 마음대로 하도록 놔뒀어요. 대신 말려들지 않았죠. 그는 어떻게든 저와 접촉하려고 했지만 그를 외면할수록 상황은 더 좋아졌어요. 저는 모든 법적 분쟁을 불사하면서 양육권을 굳게 지켜 냈어요. 아이들도 끝까지 잘 이겨 낼 거라 믿어 의심치 않았고요. 저는 아이들을 싸움에 끌어들이거나 아이들 앞에서 싸우지 않았어요. 아이들 모두 그 상황을 잘 견뎌 주었고, 양육권을 지킬 수 있었어요. 그는 아이들 앞에서 저를 계속 나무랐지만 저는 절대 맞서지 않았죠. 그게 효과적이었던 것 같아요.

이제 저는 제 가치관을 이해해 주는 사랑스러운 남자와 재혼해 행복하게 살고 있어요. 그 사람은 아이들을 예뻐하고, 아이들도 그를 좋아한답니다. 저는 모든 생활에서 행복을 느껴요. 이 모든 과정에서 저의 멘토이자 친구였던 분이 계세요. 예전에 저를 가르치셨던 교수님 중 한 분이시죠. 제가 공부는 물론 일까지 제대로 못할 지경이었을 때도 아무런 문제가 생기지 않도록 교수님께서 저를 잘 이끌어 주셨어요. 그분의 도움과 신뢰 덕분에 제가 하는 일에서 진정한 성공을 거둘 수 있었답니다.

이 여성이 이런 시련을 겪고도 삶을 치유하고 마음을 지켜 낼 수 있었던 원동력은 무엇일까? 그녀가 거둔 성공의 토대는 자신이 부딪쳤던 현실에서 중요한 사실 하나를 자각한 데 있다. 바로 양심 없는 사람들이 존재한다는 사실 말이다. 또한 단순히 법률 제도를 이용해 '게임'에서 이기고자 하는 갈망이 그들을 움직이는 동기라는 것도 알게 되었다. 그리고 전남편이 자신에게 저질렀던 짓들이 뭘 얻고자 했던 것인지도 깨달았다. 자신이 덜컥 겁을 집어먹게 만드는 게 그의 목표였다. 자신이 당황해서 허둥지둥하는 모습을 보면서 그는 짜릿한 흥분을 느끼는 동시에 스스로 승자임을 확인할 수 있었기 때문이다. 그녀를 만나기 전부터도 그는 늘 사람들을 이용하고 기만했으며 사람들에게 동정을 얻으려고 애썼다. 전남편의 본모습을 깨달은

그저 양심이 없을 뿐입니다

그녀는 이런 전남편의 행동 방식이 앞으로도 변치 않을 거란 걸 확신했다. 동시에 그녀는 '게임'에서 이기고자 하는 그의 갈망이 오히려 그를 어리석고 뻔해 보이게 한다는 점에서 아이러니를 느꼈다.

그녀는 법원에서 전남편이 어떤 진단을 받았는지 증명하려고 하지 않았다. 하지만 주 법원이 자신이 받은 심리적 학대마저 지금의 상황과 관련이 없다고 생각하는 데 큰 충격을 받았다. 마음을 다잡은 그녀는 전남편이 아이들을 심리적으로 학대했다는 사실을 증명하려던 것도 그만두었다. 그 대신 실질적으로 효과가 있는 일들을 했다. 그녀는 전남편이 자신에게 저질렀던 학대와 폭력을 입증하는 구체적인 정보들을 법원에 제출했다. 그 법원은 업무상 자신이 자주 드나드는 곳이었기에 스스로 이런 내용들을 밝히기가 쉽지는 않았다. 그러나 그녀는 그런 수치스러운 상황을 용감하게 이겨 냈다. 전남편이 어떻게 나올지 충분히 예상했기에 전남편이 아이들을 이용해 자신에게 겁을 주려 할 때마다 어떤 반응도 보이지 않기 위해 이를 악물어야 했다. 그녀는 전남편에게 냉담-무정서한 아이의 부모가 유관 관리 기법을 사용할 때와 똑같은 방식으로 대응했다. 다시 말하면, 그녀는 그가 벌이는 끔찍한 행동에 허둥지둥하는 모습을 보이는 것과 같은 보상을 절대 주지 않았다. 뿐만 아니라 법원이 '우호적이지 않은' 부모라고 여기게 할 만한 행동도 하지 않았다. 그녀는 주변 사람들에게 도움을 요청했고 그 결과 자신을

4장_ 법정에서 대면하는 소시오패스

아껴 주고 소중하게 대해 준 사람들을 신뢰하는 법을 배울 수 있었다. 마침내 그녀는 자신을 되찾고 생애 처음으로 진정한 자유를 느꼈다.

이 사례에서처럼 양심을 가진 사람은 법률 게임에서 끔찍한 상황을 마주할 수 있다. 그러나 필요하다면 그 게임을 합리적으로 주도해 충분히 승리할 수 있다. 실제로 판결이 어떻게 나든 간에 소시오패스와 법정 다툼을 하는 일은 끔찍한 악몽이다. 특히 아이들이 위험에 처하는 상황이라면 더욱 그렇다. 그러나 인내심을 가지고 대처하는 방법을 잘 익혀 나간다면 악몽에서 벗어나 더 이상 끔찍한 상황을 겪지 않을 날이 올 것이다. 그리고 얼마간은 힘들고 괴롭겠지만 아이들에게도 당신이 그들에게 굳건히 대처하는 모습을 지켜보는 것이 큰 도움이 된다.

소시오패스와의 양육권 분쟁 대처법

소시오패스와의 양육권 분쟁이라는 힘들고 아주 비현실적인 상황을 마주한다면 다음과 같이 해 보기를 권한다.

• 소송에서 이기려면 소시오패스가 게임하는 방식은 물론이고 법률 체계 안에서 당신을 위태롭게 만들 수 있는 잠재적인 위험 요소를 잘 알아야 한다. 우호적인 부모 원칙이나 소시

그저 양심이 없을 뿐입니다

오패스의 거짓 증언에 속아 넘어가는 법원의 취약성은 대표적인 잠재 위험 요소라 할 수 있다. 소시오패스는 떡하니 선서를 하고도 태연하게 거짓말할 수 있는 인간이다.

• 변호사를 열심히 가르쳐라. 배우자를 폭행하는 부모와 함께 지내는 것만으로도 아이들에게 치유되지 않는 상처를 줄 수 있다는 방대한 연구 자료를 변호사에게 알려 줘라.

• 자신이 겪은 암시, 위협 및 명백한 학대를 기록으로 보관해 두라. 그러면 추상적인 심리학적 개념이 아니라 그 기록으로 당신의 말을 명백히 입증할 수 있을 것이다. 소시오패스라는 진단을 확인받고 싶은 당신의 마음은 충분히 이해한다. 하지만 그런 바람은 잠시 접어 둬라. 우리의 법률 체계는 심리학이 아니라 구체적인 사실을 바탕으로 한다는 것을 잊어서는 안 된다. 뿐만 아니라 법정에서 아이들이 그에게 '심리적인 학대'를 당했다는 사실을 주장하고 싶은 마음까지도 억제해야 한다.

• 지금은 분명 당신의 인생에 감정적으로 굉장히 어려운 상황임에 틀림없다. 그러나 힘들수록 용기를 가지고 언제나 침착함을 잃지 않도록 노력해야 하며 이런 불안정한 상황이 길어지더라도 기꺼이 감수하겠다는 마음을 가져야 한다. 실제로 상황이 정리되는 데까지 상당한 시간이 필요할 때가 많다. 장담하건대 이런 침착함과 기다릴 줄 아는 능력은 그들을 상대하는 데 있어서 굉장한 이점으로 작용한다. 왜냐하면 소시오패스는 본질적으로 쉽게 지루해하고 장기적인 결과보다는 당장의 만족

감을 추구하기 때문이다. 엄청난 부를 가진 소시오패스라도 이런 점에서는 차이가 없다.

• 가장 중요한 점은 소시오패스의 행동 방식이 어떠한 지를 기억하는 것이다. 소시오패스는 온갖 수를 써 가며 누군가를 겁주고 당황하게 하는 일에 평생을 쏟아붓는다. 사람들이 교묘한 술책에 속아 넘어가서 감정적인 반응을 보이는 즉시 소시오패스는 아주 큰 보상을 받는다. 감정적인 반응을 보일수록 그들에게 계속 그렇게 하라고 부추기는 꼴밖에 되지 않는다. **절대 당황하지 마라. 그건 소시오패스를 돕는 일일 뿐이다.** 최소한 그들에게 당신의 그런 모습을 들키지는 말아야 한다. 집 안, 훤히 보이는 곳에 먹잇감을 놔두는 건 도둑에게 또 오세요라고 써 붙이는 것이나 마찬가지 아니겠는가.

그저 양심이 없을 뿐입니다

5장

피도 눈물도 없는

냉혈한

**살인을 일삼는
소시오패스**

"저는 사람들이 친구를 사귀고 싶어 하는 이유를 몰랐어요.
서로에게 끌리는 마음도 이해할 수 없었죠.
사회적인 관계를 만드는 힘이 무엇인지 도무지 알 수 없었어요."

— 테드 번디|Ted Bundy

타인에 대한 애착은 사람들의 삶을 서로 연결하고 진정 살아갈 가치가 있는 삶으로 만든다. 아이를 얻은 부모의 가슴에는 사랑이 샘솟고 아이들은 자라면서 부모를 사랑하는 마음을 느낀다. 예부터 전해진 전통과 지금 세상을 살아가는 여러 이야기들, 가족과 친구들에 대한 변함없는 사랑이 우리가 살아가는 세상을 가득 채우고 있다. 사춘기 아이들은 다른 아이들과 '한데 어울려 다닐' 생각에 몰두하고 언젠가는 사랑에 빠져 폭풍 같은 감정의 물결을 느끼며 평생토록 그 사람과 함께 보듬고 살아가는 삶을 꿈꾼다. 우리의 뇌는 이런 애착들을 느낄 수 있도록 만들어져 있다. 반려 동물을 귀여워하는 감정에서부터 우리 인류 공동체에서 나타나는 강력한 연대감에 이르기까지 다양한 애착을 느끼도록 말이다.

지금까지 살펴봤듯이 사랑이라는 애착 관계를 알지 못하는 마음에서 탐욕스런 힘을 갖고자 하는 집착이 자라나며 그로 인해 주변 사람들은 분노, 두려움, 절망을 느낀다. 사랑할 수 없는 인간의 마음속에는 경쟁에 대한 충동만 존재한다. 우리의 삶 한가운데에는 다른 사람들과 가까워지길 원하는 소망이 자리 잡고 있는 반면 소시오패스의 삶에는 사람들을 조종하고 겁박하며 굴복시키고자 하는 욕구가 가장 중심을 차지하고 있다. 이런 욕구를 달성하는 방법은 오직 '승리'뿐이기에 사랑이 자취를 감춘 그들의 마음속에는 이기고자 하는 집착만이 가득하다.

목숨을 위협할 만큼 폭력적인 소시오패스는 그렇게 많

지 않다. 대부분의 소시오패스는 파괴적인 거짓말과 조작을 일삼으며 우리의 삶을 가지고 벌이는 잔인한 심리적, 재정적, 정치적 게임을 즐긴다. 또한 그들은 가정 폭력을 저지르는 무리 중에서 압도적으로 큰 비율을 차지한다. 배우자와 아이, 노인을 구타함으로써 자신의 힘과 통제권을 강화하려 들기 때문이다. 그렇다고 해도 그들이 살인을 저지르는 경우는 흔치 않다. 그런데 만약 어떤 소시오패스가 치명적인 폭력을 휘두르고 다닌다면 그 결과는 심각할 정도로 충격적이다.

결박, 고문, 살해

괴물이 우리와 다르지 않은 모습을 하고 있다는 사실에 사람들은 공포를 느낀다. 2005년에 'BTK(결박bind을 의미하는 B, 고문torture을 의미하는 T, 살해kill를 의미하는 K) 교살자'의 정체가 세상에 알려졌을 때도 그랬다. 데니스 레이더Dennis Radar라는 이름의 남자가 지극히 평범한 사람이었기에 사람들은 끔찍한 악몽을 꾸는 듯한 충격에 빠졌다. 레이더는 공무원이자 한 여성의 남편이며 두 아이의 아버지인 보통 사람이었다. 그러나 체포되었을 당시 레이더는 이미 캔자스주의 위치타시 곳곳에서 10건의 끔찍한 살인을 저지른 후였다.

가장 끔찍했던 사건을 꼽을 때 대부분의 사람들은 레이

그저 양심이 없을 뿐입니다

더 사건을 첫 번째로 떠올린다. 사람들의 눈에 비친 레이더의 모습은 교회를 다니고 보이스카우트를 지도하는 평범하고 순박한 사람이었다. 그러나 다른 일이 없을 때면 전화선으로 사람을 결박해서 고문하다 살해하는 끔찍한 인간이었다. 레이더는 늘 평범한 모습 뒤에 자신의 정체를 숨기고 있었기에 31년 동안 그 누구에게도 발각되지 않았다. 그 세월 동안 레이더는 아내와 아이들과 함께 여느 사람처럼 평범한 이웃으로 살아왔으며 직장을 다니고 교회에 나가는 등 평범하고 일상적인 삶을 유지했다. 결국 체포되어 감옥에 수감되었을 때조차도 그 소식을 들은 레이더의 주변 사람들은 이구동성으로 "도저히 믿기지 않는다." 고 말했다.

흔히 사람들은 괴물이라면 괴물처럼 보일 거라 생각한다. 끔찍한 일을 저지른 사람이라면 당연히 그럴 법한 모습을 하고 있을 거라고 여긴다. 이런 우리의 생각과 현실이 그대로 들어맞는다면 평범한 외모를 가진 사람을 만났을 때 위험한 일을 당할 걱정은 없을 것이다. 하지만 악마에게는 얼굴이 없다. 친구들과 함께 자기 남편을 죽이고자 모의한 파멜라 스마트Pamela Smart는 고등학교 때 치어리더였으며, 악명 높은 연쇄 살인범인 테드 번디는 사형수일 때조차 많은 여성들이 결혼하자고 매달릴 정도로 잘생기고 매력적인 남자였다. 플로리다주 파크랜드의 한 고등학교에서 총기 난사 사건을 일으키고 감옥에 간 니콜라스 크루즈Nikolas Cruz에게도 여학생들은 사랑을 속삭이며

5장_ 피도 눈물도 없는 냉혈한

그를 동정하는 쪽지를 보냈다.

우리는 끔찍한 짓을 저지를 것 같은 사람을 피해 스스로를 안전하게 지키길 원한다. 그러나 우리가 그럴 거라 상상하는 모습과 진짜 그런 짓을 저지르는 사람들의 모습은 아주 다를 때가 많다. 물론 폭력적이고 공격 성향을 가진 소시오패스의 숫자가 그렇게 많지는 않다. 하지만 그들은 틀림없이 존재한다. 그렇기에 우리는 소시오패스의 행동 유형을 더욱 잘 알아야만 한다.

대부분의 사람들은 BTK 살인 사건의 용의자가 평범한 삶을 살아왔다고 알고 있다. 정말 그는 사람들이 알고 있는 대로 평범한 삶을 살았을까? 돌이켜 보면 실상은 그렇지 않다. 사실 레이더는 체포되기 훨씬 전부터 소시오패스의 징후를 드러냈다. 물론 레이더가 해 왔던 무시무시한 거짓말이 탄로 난 건 그가 체포된 이후의 일이다. 하지만 그 이전부터도 레이더는 소시오패스임을 알려 주는 여러 특징들을 보이고 있었다. 그런 면에서 데니스 레이더야말로 내가 꼽는 가장 무시무시한 인간이자 말 그대로 '당신 옆의 소시오패스'이다. 지적 능력이나 사회적인 지위가 평범했던 레이더로서는 대형 금융 거래나 국제 정치와 같은 분야에서 지배와 승리를 향한 소시오패스의 야욕을 펼치기는 현실적으로 어려웠기 때문에 그 대신 들개 포획인이자 지역 사회의 '특별 감사 책임자'가 되는 길을 선택했다. 그렇게 해서 약간의 힘과 사람들의 집 사진, 정리된 정보들을 갖게

그저 양심이 없을 뿐입니다

되자 레이더는 이웃들의 습관, 잔디밭, 반려 동물, 퇴근 후에 마시는 맥주, 언어 표현까지 조종하겠다는 목표를 세우고 무자비하고 끈질긴 노력을 계속했다. 한번은 69살 할머니가 자신의 개를 풀어놓은 일이 있었다. 사람들이 할머니에게 왜 그렇게 했는지 이유를 묻자 할머니는 레이더가 준 표를 보여 주면서 '레이더가 풀어놔도 된다고 했기 때문에'[45] 그렇게 했다고 말했다. 경찰에게 살인을 자백하는 자리에서 레이더는 자신이 어렸을 때 종종 동물들을 고문했다는 사실도 털어놓았다.

양심이 있는 대부분의 사람들은 남을 겁박하고 순종하도록 만드는 일 따위로 인생을 보내지 않는다. 당신은 자를 들고 옆집 잔디밭을 돌아다니며 잔디의 높이를 재고 다닌 적이 몇 번이나 있는가? 남의 집에 들어가 개를 풀어서 주인이 욕을 먹게 한 건 몇 번인가? 술집에서 친구들이 남을 욕할 때마다 그들을 노려본 적은 얼마나 되는가? 데니스 레이더는 평생 그런 짓을 하며 살아왔다. 그러면서도 다른 소시오패스가 그러하듯 미리 연습한 매력적인 모습으로 겸손을 떨며 사람들의 불평을 잠재웠다. 사교 행사에서 그를 만났던 이웃들은 그가 늘 "사람들의 눈을 똑바로 쳐다보며 파티가 너무 멋지다는 둥 음식이 잘 나왔다는 둥 분위기에 어울리는 얘기만 잔뜩 했다."고 말했다.

양심은 아주 강력한 감정이며 진화가 만들어 낸 기적이다. 양심은 타인에 대한 애착에서 나오는 의무감으로, 다른 사람에게 상처를 주면 스스로의 **기분이 나빠지게** 해서 우리가 어

5장_ 피도 눈물도 없는 냉혈한

굿난 행동을 하지 않도록 한다. 그렇다고 양심이 어떤 규칙에 얽매이게 한다는 말은 아니다. 사실 때로는 양심이 규칙을 무시하게 하기도 한다. 또한 양심은 어떤 한 개인의 규칙과 사상이 누구에게나 옳다는 확신도 아니다. 의도적으로 남에게 피해를 주거나 남의 물건을 빼앗으면 우리 대부분은 죄책감을 느낀다. 어떤 사람에게 장난을 쳐서 규칙 위반으로 벌금을 받게 해도 마찬가지다. 심지어 부엌에 남아 있는 마지막 한 조각의 파이를 먹을 때조차 죄책감을 느낀다. 데니스 레이더가 했던 짓이라면 두말할 필요도 없다. 아니 훨씬 더 그럴 것이다. 우리 중 누군가가 레이더처럼 모르는 사람을 결박한 뒤 잠깐 풀어 주어 희망을 느끼게 한 다음, 이내 움직임을 멈출 때까지 목을 조르는 짓을 저질렀다면 죄책감이 들지 않을 수 있겠는가.

　　양심의 결핍은 서로를 보살피는 인류의 보편적인 선함으로부터 심리적으로 단절된 상태를 의미한다. 그런 상태를 소시오패시라고 부르든 사이코패시라고 부르든 그건 중요하지 않다. 그렇게 단절된 인간에게 남는 것이라곤 사람들을 망가뜨리고 지배하며 결국에는 죽이고자 하는 욕망밖에 없다. 그깟 잔디의 길이를 가지고 힘없는 이웃을 무자비하게 괴롭히는 인간이라면 피를 갈구하는 욕망에 모든 연락이 차단된 희생자라는 조건이 더해졌을 때 냉혹하게 그 사람을 죽일 수 있을 것이다. 이런 사례는 옛날이야기는 물론 지금의 신문 헤드라인을 장식하는 뉴스에서도 흔하게 찾아볼 수 있으며, 좁게는 우리 동네의 가까운 이웃에서부터 넓게는 닿기 어려울 만큼 높은 고위층에 까지 해당되는 암울한 진실이다. 그렇기 때문에 단 한 톨의 동정심도 없이 남을 조종하고 기만하며 심지어 살인까지도 저지를 수 있는 사람을 본다고 하더라도 그다지 놀라운 일은 아닐 것이다.

소시오패스의 폭력적인 행동은 결코 격정적인 감정으로 일어난 범죄가 아니다. 오히려 그들의 폭력성은 계산적이고 계획적이며 냉혹하다. 데니스 레이더의 신중한 살인이 그러했고 일반적인 소시오패스의 행위 역시 그러하다. 다음에 소개하는 이야기는 비록 결말이 긍정적이기는 하지만 그 내용이 너무 생생하고 충격적이니 읽고 싶지 않은 사람은 넘어가도 좋다.

제가 리처드를 만난 건 고등학교 3학년 때였어요. 리처드가 우리 학교로 전학을 왔죠. 리처드는 자라면서 여러 번 전학을 했고 우리 학교가 다섯 번째 학교였어요. 대기업에서 일하던 아버지가 전근을 자주 했기 때문에 전학을 여러 번 했다고 말했지만 나중에야 진실을 알게 되었어요.
1950년대에는 아주 잘 생기고 매력적인 남자를 드림보트 dreamboat라고 불렀어요. 리처드가 그 말에 딱 맞는 사람이었죠. 당시에 저는 너무 순진했어요. 가난한 집의 외동딸인 저와 달리 리처드는 굉장한 부잣집 아들이었어요. 리처드는 저를 고급 식당에 데려가기도 하고 인기 있는 옷 가

5장_ 피도 눈물도 없는 냉혈한

게에서 옷을 사 주기도 했어요. 그리고 리처드는 옷을 사
듯 저의 순결까지도 '샀죠.' 아주 값비싼 보석 한 조각으로
말이에요. 4개월 후 저는 제가 임신했다는 걸 알게 되었어
요. 그 얘기를 하면 리처드가 절 버릴 거라 생각했는데 오
히려 정말 기뻐하더라고요. 제 부모님은 우리가 급하게 결
혼식을 올리는 걸 못마땅해하셨지만 저는 그때 마냥 행복
하기만 했답니다.

그런데 한집에 살게 되면서 상황은 180도로 달라졌어요.
이전에는 리처드가 술을 마시는 모습을 거의 보지 못했거
든요. 그런데 결혼한 뒤로는 하루도 거르지 않고 폭음을
했어요. 술을 너무 많이 마신다며 부드럽게 리처드를 나무
랐지만 그는 제가 하는 말에 반발하면서 '너무 어린애' 같
다고 비난했어요. 시간이 갈수록 딸아이에 대한 리처드의
관심은 식어 갔고 저에게 불평을 쏟아 내는 데 더 관심을
보이기 시작했어요. 제가 아이의 기저귀 가는 모습을 보며
연신 비웃어 댔죠. 돕기는커녕 손가락 하나 까딱하지도 않
으면서 말이에요. 리처드의 부모님이 돈을 충분히 주셨기
때문에 경제적인 문제는 하나도 없었어요. 하지만 저는 그
것도 마음에 들지 않았어요. 리처드가 취직할 생각을 전혀
하지 않았기 때문이죠. 리처드는 저를 괴롭히는 것 이외에
는 아무것도 하지 않으면서도 자신은 아주 특별한 사람이
라며 그렇게 돈 걱정 없이 사는 걸 당연하다는 듯 행동했

그저 양심이 없을 뿐입니다

어요. 저에게 수치심을 주는 행동도 서슴지 않았어요. 한 번은 같이 술집에 갔었는데, 저를 남자 화장실로 끌고 가서는 입고 있던 블라우스와 브래지어를 찢어 버린 다음 저를 거기에 버려두고 나갔어요. 심지어 낄낄대며 웃기까지 했답니다. 저는 친구에게 도움을 청해야 했어요. 그날 밤 늦게 제가 그 얘기를 하면서 울음을 터트리자 리처드는 저한테는 장난도 못 치겠다며 도리어 화를 냈어요.

리처드는 의도적으로 자기 가족과 만나지 못하게 하려는 것 같았어요. 하지만 결국 저는 리처드의 누나에게 연락해서 점심 약속을 잡았어요. 리처드의 누나는 자기 가족이 그렇게 자주 이사를 다닌 이유가 리처드 때문이라고 했어요. 리처드에 대해 나쁜 소문이 돌면 그곳에서 살 수 없었던 거죠. 가족들은 늘 새롭게 시작해 보려 했지만 그럴 수 없었다는 얘기도 해 줬어요. 저는 제가 깊은 수렁에 빠진 게 아닌가 하는 생각이 들었어요. 제가 아이를 데리고 떠나려 할 때면 리처드는 처음 만났을 때처럼 매력적인 사람으로 돌아와 떠날 수 없도록 했었어요.

딸이 태어난 지 2년이 지났을 즈음 저희에게는 아들이 생겼어요. 리처드는 딸아이에게 거의 관심이 없었는데 아들이 생기고부터는 아주 나쁜 방식으로 아이에게 관여하기 시작했어요. 리처드는 아들이 버릇없게 자라면 안 된다는 소리를 늘 입에 달고 다녔어요. 한번은 아들을 씻긴다며

5장_ 피도 눈물도 없는 냉혈한

안은 채 같이 샤워를 했는데 아이가 물을 뿜으며 가엾게 우는데도 전혀 아랑곳하지 않았어요. 또 아이가 누워 있는 아기 침대를 덜컹거릴 정도로 세차게 흔들어 대기까지 했고요. 리처드는 아이를 강하게 키우려 그러는 거라면서 제가 말리려고 하면 오히려 저를 밀쳐 냈어요. 하지 말라고 하면 할수록 리처드는 저를 더 심하게 학대했어요. 게다가 거의 하루도 빠지지 않고 강제로 관계를 가져야만 했어요. 한번은 저와 관계를 가지려고 젖을 먹고 있는 아이를 강제로 떼어 내기까지 했어요.

마침내 리처드는 자동차 영업 사원으로 취직을 했어요. 그 기회를 틈타 저는 아이들과 함께 집을 나왔어요. 부모님의 도움으로 친정 근처에 작은 아파트를 빌릴 수 있었어요. 리처드는 저에게 전화해서 당장 집으로 돌아오지 않으면 아이들을 데려가겠다고 협박했어요. 얼마 안 가 리처드는 저를 찾아냈어요. 제가 문을 잠그는 걸 깜빡하는 바람에 리처드가 들이닥치는 걸 막을 수 없었죠. 저는 부엌 바닥에서 성폭행을 당했어요. 그런 다음 리처드는 온 사방에 접시를 던져 깨트리며 그의 발밑에 움츠리고 있는 저를 위협했어요. 그러면서도 일절 아이들에 대해 묻지 않았답니다. 떠나면서까지 저에게 외설적인 소리를 퍼부었고 저처럼 못생긴 것과는 차원이 다른 새 여자를 만났다는 말도 했어요.

더 이상 살고 싶지 않다는 생각이 들어 어느 밤에는 아이들을 부모님에게 데려다주고 마을에서 한참 떨어진 곳으로 갔어요. 다리 근처를 지나며 그대로 강물에 뛰어들까 진지하게 고민했죠. 하지만 차마 그렇게 하지는 못했어요. 저는 다시 친정으로 가서 몇 주만 함께 있어도 되는지 물었어요. 리처드가 친정까지 찾아와서 어떻게 하지는 못할 게 뻔했거든요. 너무나 심란한 나머지 제가 과연 엄마 역할을 할 수 있을지 자신이 없었어요. 그때 부모님께서 저를 지켜 주셨죠. 지금도 너무 감사한 마음뿐이에요.

치료사에게 상담을 받으면서 저는 점점 편안해졌어요. 그러나 리처드도 가만있지만은 않았어요. 그는 아이들을 데려가도 된다는 법원의 명령을 얻어 냈답니다. 저는 어떻게 이런 일이 가능한지 도무지 이해할 수 없었어요. 하지만 결국 리처드에게 아이들을 빼앗기고 말았지요. 아이들에게는 전혀 관심도 없으면서 순전히 저를 괴롭히겠다는 생각에 아이들을 데려간 게 틀림없었죠. 저는 리처드가 아이들에게 무슨 짓을 할지 너무 불안했어요. 치료사는 제가 이런 상황을 이겨 낼 수 있도록 열심히 도와주었어요. 저는 취직을 하고 좀 더 안정을 찾았어요. 간절하게 아이들을 되찾고 싶었지만, 법원의 다음 심리 기일을 기다릴 수밖에 없었어요.

제가 다시 딸을 돌려받을 수 있었던 건 순전히 딸아이 덕분이었어요. 딸의 징징대는 소리에 질린 리처드가 저에게 아이를 데려다준 거죠. 하지만 여전히 아들은 돌려주지 않았어요. 한 달이 지났을 즈음, 리처드는 아들을 돌려주며 저 때문에 아들이 너무 버릇없게 자랐고 구제불능이라고 했어요. 그 일이 있고 얼마 안 가 저희는 이혼을 했고, 그 후로는 영원히 그를 볼 일이 없다고 확신했어요.

결국 저는 아주 괜찮은 남자를 만나 재혼했어요. 그 후 1, 2년 동안은 아주 행복했죠. 그런데 난데없이 리처드가 면접권을 요구해 왔어요. 안타깝게도 법원은 리처드의 요구를 승인했고 아이들은 충격적인 경험을 할 수밖에 없었어요. 주말이 되어 리처드가 아이들을 데리러 올 때면 아이들은 숨느라 정신이 없었고, 집으로 돌아온 후에는 침대에서 울기만 했어요. 열세 살이 되자 딸아이는 리처드를 만나러 가지 않겠다고 말했어요. 그때서야 저는 리처드가 딸아이에게 술 취한 친구들 앞에서 옷을 벗고 춤을 추게 했다는 사실을 알게 되었어요. 아들의 반사 신경을 자극한다며 아이의 바로 몇 피트 앞에서 야구공을 아주 빠르게 던지기도 했고요. 아들은 온몸이 멍 든 채 돌아오기 일쑤였고 그 후로 겁을 잔뜩 먹고 어떤 운동도 할 수 없게 되었어요.

결국 리처드가 재혼하면서 아이들은 한숨 돌릴 수 있었어요. 두 아이 다 심리 치료 덕분에 좋아져서 대학 학위를 취득했고, 지금은 결혼해서 자식도 낳았어요. '아버지'라는

그저 양심이 없을 뿐입니다

사람에게 당했던 그 끔찍한 시간들을 아이들이 잘 이겨 낸 데 대해 저는 매일 하나님께 감사 드리며 살고 있어요.

이 이야기를 읽은 사람들은 왜 그 여성이 일찌감치 소시오패스의 곁을 떠나지 않았을까 궁금해한다. 그 이유는 반복적인 외상으로 인한 심각한 심리학적 손상 반응인 매 맞는 아내 증후군battered spouse syndrome으로 설명할 수 있다. 그녀처럼 버틸 수 있을 때까지 버티는 양상이 매 맞는 아내 증후군에서 흔히 나타나는 징후 중 하나이기 때문이다. 매 맞는 아내 증후군에 빠진 배우자는 폭행으로 인한 큰 충격과 함께 두려움에 휩싸이면서 상대를 떠날 수 없게 된다. 더욱 아연실색할 일은 학대를 당했으면서도 지금의 곤경이 오롯이 자신의 책임이기에 지금처럼 난폭한 짓을 당해도 싸다고 생각하고 자신은 도망칠 자격도 없다고 믿게 된다는 점이다. 폭력을 행사한 주제에 그는 자신만이 그녀의 유일한 친구이자 보호자이며, 자기가 없으면 그녀가 완전히 외톨이가 되어 아무것도 하지 못할 거라는 얘기까지 서슴없이 해 댄다. 만약 그런 말도 안 되는 소리를 폭행당한 배우자가 믿고 받아들인다면 거기서 상황은 끝난다. 폭행한 뒤에는 어김없이 어디 가서 이 일을 떠벌리면 죽이겠다며 협박하는 동시에 얘기해 봤자 아무도 믿어 주지 않을 게 뻔하다는 소리까지 하는 것이다. 이 음흉한 증후군은 사람을 무력하게 하는 데 아주 큰 효과를 발휘한다.

241　　　　　　　5장_ 피도 눈물도 없는 냉혈한

소시오패스의 폭력은 단 한 톨의 감정도 찾아볼 수 없을 정도로 지독히 계산적이고 냉혹하기 때문에 좀처럼 드러나지 않는다. 앞서 소개한 괴롭힘을 당하는 아내와 어머니의 사례에서처럼 소시오패스의 신체적 폭력은 가정이나 '한 개인'에 국한되어 있어서 보통은 잘 들키지 않는다. 심지어 BTK 교살자처럼 눈에 띄는 행동이라 하더라도 소시오패스는 들키지 않을 만한 장소에서 폭력을 행사하기 때문에 그런 사실을 알아채는 사람이 별로 없다. 위의 사례처럼 겉으론 아무 문제도 없어 보이는 평범한 집의 내부에서 몇 년 동안이나 끔찍한 상황이 계속되는 경우도 있다. 물론 이웃들은 옆집에서 무슨 일이 벌어지고 있는지 전혀 눈치 채지 못한다.

비밀을 지키고 법을 피하는 방법은 다양하다. 독자들이 보내온 수많은 편지를 읽고 나도 그런 방법들을 알게 되었다. 그중 가장 충격적인 예는 전염병을 무기로 눈에 보이지 않게 사람들을 공격하는 소시오패스였다. 내가 받은 편지들 중에서는 간염이나 에이즈HIV에 감염된 사람과 관계를 가졌다는 얘기가 굉장히 많았다. 그들은 병을 숨긴 채 의도적으로 안전하지 않은 성관계를 주도했다. 여러 명과 성관계를 가지거나 점막이 찢어져 피가 날 정도의 공격적인 성행위를 하면서 병에 감염될 위험을 증가시켰다. 더욱 충격적인 사실은 그런 행위가 다른 사람들에게 심각한 병을 전염시킨다는 걸 틀림없이 알고 있으면서도 자기만 그 사실을 안다는 데서 기쁨을 느낀다는 것이다.

그저 양심이 없을 뿐입니다

'책임 있는 사랑'을 추구하는 사람일수록 그들의 무자비한 조작에 더욱 취약하며, 그중에서도 인간관계를 자신의 진정한 정체성과 동일시하는 사람이 가장 위험하다.

서른이 되어서야 마침내 저는 제 자신을 받아들이기로 했어요. 그동안은 이성애자로 살아왔지만 저에겐 어울리지 않는 삶이었죠. 결국 저는 용기를 내어 게이 바gay bar에 갔고 매트라는 남자와 뜨거운 대화를 나누었어요. 저는 남자와의 성적인 경험은 없다고 솔직하게 말했어요. 매트는 아주 따뜻한 사람인 것 같았어요. 그는 저를 이해할 수 있으며 그런 건 아무런 문제가 되지 않는다고 했어요. 매트는 아주 잘생겼고 재치가 있어 거부할 수 없었어요. 우리는 함께 매트의 집으로 갔고 그렇게 저는 오랫동안 스스로 거부했던 세상에 첫발을 떼어 놓았답니다.

매트를 또 만나고 싶은 마음에 다음 날 문자를 보냈어요. 그다음 날, 또 그다음 날에도요. 그러고 나서야 그 또한 저에게 개인적으로 관심이 있을 거라고 오해했음을 알게 되었어요. 저는 다시 게이 바에 가서 최근에 매트를 본 사람이 있는지 물어봤어요. 바텐더는 매트가 술집에 출입 금지당했다고 말해 줬어요. 매트가 여러 명의 남자들에게 에이즈를 옮겼다고 하더라고요. 매트는 자기가 에이즈에 걸렸다는 걸 분명히 알고 있었으면서도 상대방에게는 숨겨서

5장_ 피도 눈물도 없는 냉혈한

전혀 대비하지 못하게 했어요. 술집에서 다른 사람들 얘기를 들어 보니 매트는 탐욕스러운 성범죄자였고 많은 사람들에게 자신의 건강 상태를 속였더라고요. 어떻게 뻔뻔하게 이런 짓을 저지를 수 있죠? 한두 번도 아니고 말이에요.

이처럼 폭력적이지 않은 소시오패스가 아무런 의미도 없는 짓을 하며 평생을 보내는 것처럼, 폭력적인 소시오패스의 행동에서도 어떤 의미를 찾기는 어렵다. 정상적인 사람이라면 그들이 왜 그런 행동을 하는지 이해할 수 없으며 설마 그렇게 하길 원하는 사람이 있는가에 대해서도 의문을 가진다. 그래서 직접 그런 일을 듣거나 보더라도 도무지 믿을 수 없어 한다. 왜 아무런 잘못도 없는 동료들을 혼란에 빠트릴까? 왜 모르는 사람을 고문하고 살해하는 것일까? 도대체 왜 고의로 에이즈를 옮기는 걸까? 우리로서는 도저히 이해할 수 없다. 소시오패스의 다른 행동들처럼 폭력 또한 승리 그 자체를 목적으로 한다. 여기서 말하는 '승리'는 사람들을 기만하고 조종함을 의미한다. 소시오패스에게 다른 사람을 지배할 수 있는 힘은 감정적인 마약이자 유흥거리이며 유일한 존재 이유이다. 양심이 있는 사람은 그들처럼 오직 승리만을 바라며 지배와 조작을 일삼는 인생을 살아갈 수 없는 건 물론이거니와 그런 현실을 목격하더라도 그 속을 알아채거나 인정하기 어려워한다.

그저 양심이 없을 뿐입니다

냉혹한 피 속의 광기

분명히 말하지만 대부분의 소시오패스는 살인자가 아니다. 그들 대부분은 거짓말과 속임수를 쓰고 감정이나 법률을 조작하는 게임을 벌이며 대인 관계를 이용해 사람들을 괴롭히거나 위협하며 제멋대로 조종하려는 게 보통이다. 하지만 만약 그들이 살인을 저지른다면 너무나도 충격적인 살인 사건이 될 것이다. 얼음처럼 차갑고 단 한 톨의 감정도 없는 소시오패스니까 말이다. 감옥에 수감된 범죄자 중에서 소시오패스가 차지하는 비율은 20%에 불과하지만 가장 타락한 범죄를 저지른 수감자들이 바로 그 20% 안에 속해 있다.

「이상 심리학 저널Journal of Abnormal Psychology」46 2002년판에 실린 살인자 125명에 대한 보고서에 따르면 소시오패스 범죄자들이 저지른 살인은 "도구적이거나 본질적으로 '냉혹한' 경우가 많다."고 한다. 여기에서 도구적이라는 말은 강렬한 정서(감정) 반응 때문에 저지른 행위가 아니라 외부의 목적을 달성하기 위한 행위이면서 계획적으로 저지른 행동임을 의미한다. 일반 범죄자들의 살인은 소시오패스의 살인과는 대조적으로 강한 충동이나 반응 또는 감정과 관련되는 '격정에 의한 범죄'일 때가 많다는 사실을 연구자들이 밝혀냈다.

때때로 사람들은 절망에 빠지고 감정적으로 황폐화되면서 격한 감정의 소용돌이에 휘말려 범죄를 저지르고 만다. 하지만 소시오패스는 그렇지 않다. 그런 감정적인 이유로 범죄를 저지르지 않는다. 아주 가끔은 망상증이 만들어 낸 충동 때문에 어쩔 수 없이 폭력적인 행동을 하는 사람도 있다. 그러나 소시오패스에게는 이런 일도 일어나지 않는다. 그들은 절대 그런 내면의 목소리 때문에 살인을 하지 않는다. 소시오패스가 살인을 저지르는 이유는 그저 자신에게 이로운 무언가를 얻고 싶기 때문이다. 또한 살인이 주는 흥분과 재미를 느끼고 싶기 때문이기도 하다. 왜냐하면 다른 생명을 지배하고 조종하는 궁극적인 형태가 바로 살인이니까 말이다.

피에 굶주린 소시오패스는 모습만 인간일 뿐 실제론 괴물이나 다름없다. 그는 침착하게 가장 만족스러운 살인 방법에 대한 계획을 세우고 차근차근 실행에 옮긴다. 대상이 누구인가는 별로 중요하지 않다. 아예 모르는 사람이든 친구든 가족이든 심지어 자신의 아이든 그의 행동은 달라지지 않는다. 계획대로 일을 저지르고 나서는 냉정하게 들키지 않을 방법을 따져 보기까지 한다. 체포되어 재판을 받을 때도 소시오패스는 아주 태연한 모습으로 일관한다. 자신이 저지른 역겨운 범죄가 여러 사람들이 보는 앞에서 소름 끼칠 정도로 자세하게 모두 까발려지는데도 그의 태도는 변함이 없다. TV에서 비가 온다는 일기예보를 보는 사람도 그보다는 덜 차분할 것이다.

아이러니한 사실은 이런 차갑고 합리적인 행동 때문에 그들이 유죄 판결을 받기도 한다는 것이다. 배심원들이 결정을

그저 양심이 없을 뿐입니다

내리는 방법에 대한 45년간의 연구[47]를 검토한 결과, 형량을 가장 잘 예측할 수 있는 지표는 재판 과정에서 피고가 보이는 태도였다. 피고가 태연하고 무관심하거나 무시 또는 경멸하는 듯한 태도를 보인다면 사형을 받을 가능성이 올라간다. 또한 배심원들은 피고의 표정과 몸짓까지도 살펴본다고 한다. 같은 연구에서 배심원들은 말은 쉽게 지어낼 수 있다고 여기는 듯했으며 피고가 말보다는 비언어적인 표현으로 자신의 행동에 대한 책임감과 후회를 나타냈을 때 더욱 신뢰하는 경향을 보이는 것으로 나타났다.

배심원들의 의사 결정에서 나타나는 이와 같은 현상을 '스콧 피터슨 효과Scott Peterson effect'라 부르는데, 이는 2005년에 배심원들이 유죄 판결을 내린 살인자 스콧 피터슨 사건에서 유래한 말이다. 캘리포니아주의 모데스토시에서 비료 판매원으로 일하던 피터슨은 당시 임신 8개월이었던 자신의 부인 라시 피터슨을 살해한 뒤 그녀의 몸을 10파운드짜리 콘크리트 네 덩어리에 묶어 샌프란시스코만灣에 던졌다. 라시가 실종된 지 4개월이 지났을 무렵, 강아지와 함께 포인트 이사벨 주립 공원을 산책하던 한 부부가 해변으로 떠밀려 온 태아 상태의 사내아이를 발견했다. 그리고 그다음 날 또 다른 산책자가 아이가 발견된 장소 근처에서 한 여성의 시신을 발견했다. 라시의 허벅지에는 배관용 테이프가 붙어 있었고 갈비뼈는 부러졌으며 손과 발, 머리가 사라진 상태였다. 라시의 몸이 조각나는 과정에서 배와 자

5장_ 피도 눈물도 없는 냉혈한

궁이 찢어져 태아가 몸 밖으로 나온 것이었다.

　들기로는 당시 스콧 피터슨은 멕시코로 도망갈 준비를 하고 있었다고 한다. 경찰은 샌디에이고에서 피터슨을 체포했고 그의 차에서는 15,000달러의 현금과 형의 신분증, 생존 장비, 4대의 휴대폰, 12알의 비아그라가 발견되었다. 피터슨은 재판에 회부되었고 부인에 대한 1급 살인죄(계획적 살인)와 태어나지 않은 아들에 대한 2급 살인죄(고의적 살인)에 대해 유죄 판결을 받았으며, 사형 선고를 받고 샌 퀜틴 주립 교도소에 수감되었다. 그 후 피터슨은 캘리포니아 대법원에 항소했으며 이 글을 쓰고 있는 지금도 사형수로 복역 중이다. 그리고 변함없이 자신의 결백을 주장하고 있다.

　재판 과정에서 피터슨과 변호사, 배심원들은 희생자들에게 일어난 일에 대한 자세한 설명을 듣는 것은 물론 아내와 태아인 아이의 끔찍한 사진까지 모두 보았다. 8번 배심원이었던 존 기나소John Guinasso는 당시를 회상하며 "법정에서 부검 사진을 봤을 때[48] 저는 엄청난 혐오감을 느꼈습니다. 아름다운 여인이었던 라시는 산산조각이 난 채 이스트만East bay을 떠다니는 부유물이 되었습니다. 차마 눈 뜨고 볼 수 없을 지경이었죠. 그 모습은 평생 잊지 못할 거예요."라고 말했다. 그러나 이와는 대조적으로 피터슨은 마치 혼자 동떨어져 있는 사람처럼 시종일관 아무런 변화도 보이지 않았으며 심지어 지루해하는 것처럼 보이기까지 했다. 재판이 끝난 뒤에도 배심원 중 일부는 외

　그저 양심이 없을 뿐입니다

상 후 스트레스 증후군으로 고생했으며, 플래시백flashback과 악몽에 시달리는 사람들도 있었다. 그러나 스콧 피터슨은 6개월의 재판 과정 내내 아주 멀쩡해 보였으며 배심원들은 그 변함없는 냉혹함에 주목했다. 남편이자 아버지인 사람이라면 재판받는 와중에 후회하는 모습을 보이는 게 당연하지 않을까? 아니 정말 그가 결백하다면 약간이라도 애통해하거나 최소한 슬퍼하는 기색이라도 있어야 하지 않을까?

스콧 피터슨의 재판을 계기로 법정에서 피고가 보이는 행동을 유효한 상황 증거로 고려할 것인지 여부를 두고 오랫동안 벌여 왔던 법조계의 논쟁이 다시 부각되었다. 일부 법률 전문가들은 법정에서 피고가 보이는 행동이 그가 기소된 범죄를 저지를 만한 사람인지를 잘 보여 주기 때문에 유효한 증거의 하나라고 주장했고 반대편에서는 법정에서의 행동에는 여러 외부적인 요인이 영향을 주기 때문에 이를 유의미하게 고려해서는 안 된다고 맞받아쳤다. 양쪽 주장 모두 일리가 있다. 그러나 나는 심리학자로서, 솔로몬 왕이 칼을 빼들고 다툼의 대상이 된 아이를 반으로 가르라고 제안했던 재판 이래로 배심원과 판사들이 사실상 얼음처럼 차가운 반응에 영향을 받아 왔다는 점을 지적하고 싶다. 한 엄마는 겁에 질려 "안 돼!"라고 소리쳤지만 다른 엄마는 좋은 생각이라고 여겼다. 누가 진짜 엄마인지를 판단할 수 있는 중요한 장면에 눈감을 사람이 과연 있을까.

BTK 교살자의 사례와 마찬가지로, 폭력적인 소시오패

5장_ 피도 눈물도 없는 냉혈한

스는 그들이 저지른 가장 가혹한 범죄가 드러나기 전부터 이미 그들이 벌인 행동으로 논쟁에 휩싸일 때가 많았다. 나는 독자들로부터 가해자들이 '괴상'하거나 '교과서적인' 행동, 또는 '위험한 느낌'이 들거나 '걱정스러운' 행동을 보인다는 얘기를 자주 들었다. 또한 그들이 '무슨 일을 곧 벌일 것처럼' 행동하지만 '그때까지는 불법적인 일이 일어나지 않았기' 때문에 어떤 조치도 취할 수 없었다고 말하는 사람들도 많았다. 독자들 중에는 직접 가해자의 과거를 조사해서 종종 체포 기록이나 재판에 회부된 기록처럼 그들의 협박과 폭력성을 보여 주는 증거를 찾아내기도 한다. 그러나 그들에게 되돌아오는 얘기는 현재로선 그들이 찾아낸 증거들이 '실제적 증거'가 될 수 없으며 그들이 걱정하는 일들이 진지하게 받아들여지려면 '다시 범죄가 일어날 때까지 기다려야 한다'는 소리뿐이다.

이런 상황은 교묘한 현혹에 빠진 피해자가 폭력성을 드러낼 가능성이 농후한 어느 냉혹하고 계산적인 인간의 손아귀에서 괴롭힘을 당하고 있는데도 오히려 법률 및 정신 건강 당국이 피해자의 혼란을 더욱 가중시키고 있음을 잘 보여 준다.

최근 몇 년 동안 급증한 고등학교와 대학교에서의 총기 난사 사건이 사람들을 충격에 몰아넣었고, 그에 따라 사각지대 문제가 사람들의 관심을 집중시키고 있다. 2008년 노던 일리노이 대학교Northern Illinois University에서 일어난 스티븐 카즈미어책 Steven Kazmierczak 사건 역시 그런 사례 중 하나이다. 당시 사건이 일어난 강당에서는 해양학 강의가 진행될 예정이었기 때문에 많은 학생들이 강당을 가득 메우고 있었다. 그런데 한때 사회학 대학원생이었던 카즈미어책이 강당의 커튼을 젖히고 연단 앞으로 나오더니 모여 있는 학생들을 향해 짧게 자른 12구경 산탄총과 9구경 권총을 난사하기 시작했고, 이로 인해 5명이 죽고 17명이 넘는 사람이 다쳤다.

일전에 같은 기숙사 동기들로부터 '이상한 스티브'라고 불리기도 한 카즈미어책은 버지니아 공대Virginia Tech와 콜럼바인 고등학교Columbine High School의 학살을 연구하고 공포 영화 「쏘우Saw」의 가학적인 살인자 '지그소Jigsaw'를 우상으로 여겼다. 그는 자전거를 타고 피 웅덩이를 지나는 지그소의 모습을 묘사한 문신을 자신의 오른 팔뚝에 새기기도 했다.

총기 난사범의 삶을 연구했던 샌프란시스코 대학교University of San Francisco의 데이비드 밴David Vann 교수49는 카즈미어책이 사전에 범행을 꼼꼼하게 계획했으며 평소 그의 행동에서 언젠가 계산된 폭력성을 드러낼 거라는 위험 신호가 있었다는 사실을 알았다. 8학년 때 카즈미어책은 재미 삼아 막힌 배수구를 뚫는 세제를 이용해 폭탄을 만들어 모르는 사람의 집에서 폭파시키기도 했다. 카즈미어책의 부모는 '제멋대로' 군다는 이유로 그를 정신 사회 재활을 전문으로 하는 시카고의 한 정신 병원에 보냈지만, 그곳에서도 사람들을 속이고 규칙을 따르지 않아 퇴출되었다. 한때 군대에 입대하기도 했지만 지원서에 적힌

5장_ 피도 눈물도 없는 냉혈한

'정신 병력'을 부인했다가 5개월 만에 제대해야 했다. 그런 후에 카즈미어책은 노던 일리노이 대학교에 입학했다. 당시 기숙사에서 그와 한 방을 썼던 학생들은 카즈미어책이 아돌프 히틀러Adolf Hitler와 테드 번디 같은 악명 높은 살인자들에게 심취했던 것으로 기억했다. 밴 교수가 자신의 저서에서 카즈미어책에 대해 적고 있는 부분을 보면 총기 난사를 실행할 때가 가까워질수록 이 예비 살인마가 지인들에게 보내는 이메일의 주제는 대량 학살과 세계 지배로 변해 갔다고 한다.

밴 교수는 노던 일리노이 대학교의 충격 사건 1주년인 2009년에 어느 뉴스와의 인터뷰에서 카즈미어책을 언급하며 "결과적으로 그가 저지른 자기 파괴[50]와 반사회적 행동, 그리고 끔찍한 행동은 비교할 데가 없을 정도로 심각합니다. 그런 기록들을 전부 살펴본다면 누구나 이런 의문이 들 겁니다. '이런 대량 학살자들을 알아볼 수 있는 특징적인 행동은 무엇일까?'라는 의문 말입니다."라고 말했다.

소시오패스의 폭력과 살인은 가장 완전한 형태의 지배인 동시에 사회를 기만하고 조작하는 최고의 반사회적 행위이기도 하다. 그 행위들은 우리를 겁먹게 하고 당황하게 한다. 우리의 대응 방식 역시 너무나 부적절하다. 대량 학살 사건이 터지면 유능한 기자들이 살인자의 이름은 물론이고 그에 대해 알아낸 내용들을 가능한 모든 매체를 통해 방송으로 내보낸다. 우리의 집단적인 공포와 뜨거운 관심은 소시오패스인 살인자를 홍

그저 양심이 없을 뿐입니다

분의 도가니로 몰아넣는다. 사람들은 유례가 없을 정도로 집중하고 방송에서는 사람들을 경악하게 한 그들을 영화처럼 묘사한다. 이런 관심을 만끽하며 소시오패스 살인마는 축제를 즐긴다. 그의 입장에서 보자면 이 상황은 죽음을 감수할 만큼 가치 있는 최후의 만찬이며 유명해지고 싶은 소시오패스라면 죽도록 부러워하며 따라 하고 싶어 할 승리이다.

　　우리의 감정적인 반응은 소시오패스에게 흥분과 만족을 선사한다. 우리 사회가 폭발적인 감정을 분출할수록 그들의 만족감만 더욱 커질 뿐이다. 더 이상 그들에게 도움이 될 일을 해서는 안 된다. 언론 전문가를 포함한 사회 전반에서 소시오패스의 폭력에 관한 정보를 다루는 방식에 합의를 이끌어 내야 한다. 이렇게 끔찍한 방법으로 '승리'를 얻으려는 양심 없는 가해자들에 대해 자세히 보도하기보다는 사건 그 자체와 피해자들에게 관심을 집중해야 한다. 언론에 한 가지 제안을 한다면 방송에서 가급적 범죄자의 이름을 언급하지 않아야 하며 아주 중요하고 절대적으로 사건과 관련되는 경우에 한해서만 살인자의 세부적인 정보를 제공할 것을 권하고 싶다. 블랙 위도우Black Widow, 수놈을 잡아먹는 암놈 독거미, 토막 살인자 잭Jack the Ripper, BTK 교살자처럼 잘못된 인식이나 오해를 불러일으킬 수 있는 별명이나 머리글자 표기도 자제해야 한다. 반대로 피해자에 대해서는 이름과 사진 등의 정보를 정중하게 보도해야 한다. 안타까운 점은 지금 우리가 살고 있는 시대에는 소시오패스가 굳이 피해자 근처에 가지 않고도 그의 삶을 망칠 수 있다는 것이다.

사이버 공격

인류 역사상 처음으로 우리는 직접적인 접촉 없이 누군가를 괴롭히거나 피해를 입힐 수 있게 되었다. 그러나 사이버 공격이 누군가를 자살로 이끈 게 확실한 경우에도 그런 공격 행위를 살인으로 보지 않는다. 덕분에 요즘 시대의 소시오패스는 더 이상 손에 피를 묻히지 않아도 된다. 직접적으로 공격을 하건 먼 거리에서 온라인으로 피해를 주건 누군가의 인생을 파괴할 수만 있다면 소시오패스는 똑같이 환희와 행복을 맛볼 수 있다. 심지어 자신의 이름이 널리 알려지지 않더라도 말이다.

컴퓨터 과학을 비롯한 여러 기술들은 우리가 감정적으로, 도덕적으로, 법적으로 따라가기 벅찰 만큼 빠르게 발전하고 있다. 창의력과 통신 분야에서는 이러한 급격한 변화가 엄청난 축복일지 모르겠지만 소시오패스에게는 규제 없는 자유로운 경기장을 만들어 주는 무서운 결과를 낳았다. 이 경기장에서만 할 수 있는 특정 활동들, 이를테면 누군가의 영혼에 상처를 주는 말과 그림을 화면에 띄우는 행위들은 피해자와 직접 접촉하지 않고도 그의 삶을 파괴할 수 있음을 잘 보여 준다. 더 이상 총이나 칼 같은 전통적인 무기는 필요하지 않다. 그중에서도 청소년

그저 양심이 없을 뿐입니다

과 젊은이들이 저지르는 사이버 폭력은 소시오패스의 냉담함을 가장 잘 보여 주는 사례이다. 사이버 공간에서는 가해자가 마음을 바꾸지 않는 한 기만과 약탈 행위를 제한할 수 있는 방법이 없다. 여기에 그 사례를 소개한다.

저는 선생님 책을 읽고 아주 크게 공감했어요. 저희 아이도 학교에서 소시오패스에게 당했거든요. 우리가 어떤 집 근처로 이사 간 지 얼마 안 되어 그 일이 일어났어요. 당시 저희 아들은 12살이었고 옆집에는 2살 더 많은 아이가 살고 있었지요. 그런데 옆집 아이가 자기 트위터 계정에서 아들을 심하게 공격하기 시작했어요. 거의 매일 말이에요. 그 애는 "그만 좀 빈둥거려, 이 역겨운 돼지야?", "아직도 안 죽고 살아 있냐?" 같은 메시지를 보내곤 했죠. 아들이 수치심을 느낄 만한 사진을 만들어서 올리기도 했어요. 사진 조작 실력이 얼마나 좋은지 정말 진짜 같았다니까요. 그런 트윗 중에서 몇 개를 저장해서 당국에 제출해 봤지만 별다른 조치는 없었어요. 다른 학부모들에게 이런 상황을 얘기했더니, 글쎄 그분들의 자녀도 같은 아이에게 당한 적이 있었더라고요. 그 애는 이런 비열한 짓거리를 아주 오래전부터 해 왔던 거예요. 나중에 그 아이의 부모도 만났어요. 부모도 그 아이의 잘못을 인정했고요. 그 아이의 부모도 노력하지 않은 건 아니더라고요. 치료도 받아 보고 교사 회의에 의뢰하기도 했다고 들었어요. 그러면 그 아이는 늘 천사처럼 행동하면서 사람들이 과잉 반응을 보이거나 피해 아이들을 과보호하는 걸로 보이게 했어요.

그 아이가 고등학교에 들어가면서 저희는 안도의 한숨을 쉬었어요. 중학생인 제 아들과 떨어져 덜 마주치면 그나마 괜찮을 거라 생각했으니까요. 하지만 괴롭힘은 계속되었어요. 온라인에서 아들에 대한 헛소문을 계속 퍼트렸고요. 갈수록 수위도 점점 심해졌어요. 부모에게 항의했지만 그들도 그 아이를 어떻게 해야 할지 몰랐어요. 아이가 하고 있는 나쁜 짓을 멈추게 하려는 사람도, 멈출 수 있는 사람도 없었답니다.

아들은 망상증에 시달렸어요. 늘 방에 틀어박혀 거기 있는 물건들을 강박적으로 정리하기만 했고요. 누가 자기 방에 들어갈라 치면 숨도 제대로 못 쉬었죠. 늘 무슨 일이 생기지나 않을까 긴장해 있었어요. 결국 우리는 다른 학교를 알아보기 시작했죠. 하지만 너무 늦었어요. 14번째 생일날에 저희 아이는 스스로 목숨을 끊었답니다.

자살은 전 세계 청소년의 가장 큰 사망 원인 중 하나이다. 네덜란드에서 실시된 대규모의 메타 연구meta-study, 기존의 여러 연구의 결과를 비교·분석하며 조사하는 연구 방식51에서는 사이버 폭력의 피해를 입은 청소년 284,375명 중에서 70,102명이 자살을 생각한

그저 양심이 없을 뿐입니다

적 있으며, 기존의 괴롭힘 행태에 비해 사이버 폭력이 자살로 이어지는 경향이 더욱 큰 것으로 나타났다. 사이버 폭력과 자살 이 이토록 큰 관련성을 보이는 이유는 '인터넷을 통해 더 많은 사람들에게 정보가 공개되고 온라인에 저장되어 영원히 사라지지 않는 사이버 폭력의 특성이 피해자로 하여금 치욕스런 경험을 더욱 자주 되살리기' 때문이라고 추정된다.

직장 내 괴롭힘에 비해 사이버 폭력을 방지하는 법안을 제정하는 일은 전략적으로 훨씬 더 복잡하다. 그래서 불행히도 현재로서는 법안의 제정이 그렇게 활발하지 못한 실정이다.

미국에서는 2008년에 캘리포니아 출신의 민주당 여성 하원 의원인 린다 산체스Linda Sánchez가 메건 마이어 사이버 폭력 방지법Megan Meier Cyberbullying Prevention Act을 발의했다. 이 법안의 이름은 2006년에 목을 매 자살한 미주리주의 13살 소녀 메건 테일러 마이어Megan Taylor Meier의 이름을 딴 것이다. 마이어는 소셜 네트워크 웹 사이트인 마이스페이스MySpace에서 반복적으로 사이버 폭력을 당하다 결국 자살을 선택했다고 한다. 제안된 법안은 '상당한 수준의 감정적인 고통'을 줄 목적으로 이루어지는 모든 종류의 전자 통신을 연방 범죄로 규정한다는 내용을 담고 있다. 그러나 이 법안은 결국 위원회에서 폐기되었다.

우리 국회 의원들은 지금보다 훨씬 더 잘해야 한다. 인터넷 보안법을 전문으로 하는 변호사이자 와이어드 세이프티Wired Safety, 사이버 학대 피해자를 돕는 단체의 전무 이사인 패리 아프탑

Parry Aftab은 아이들에게 이런 지속적인 괴롭힘에 대응하는 방법을 알려 주어야 한다고 제안했다. 그는 "저는 피해 아이들이 더 잘 이겨 내기를 바라는 게 아닙니다.[52] 가해 아이들이 이제 그런 짓을 그만두었으면 하는 것입니다. 또한 괴롭힘을 당하는 아이의 친구들이 나서서 '내가 함께할게'라고 말해 주었으면 좋겠습니다. 인기 있는 아이들, 똑똑한 아이들, 덩치 큰 아이들이 나서서 '그만해'라고 말해 줘야 합니다."

당신에게 도움이 필요하거나 당신 또는 아는 사람이 온라인에서 괴롭힘을 당하고 있다면 아프탑의 웹 사이트인 wired-safety.com을 방문해 보라. 유용한 정보와 도움을 청할 수 있는 곳의 연락처를 얻을 수 있을 것이다.

사이버 폭력 대처법

• 먼저 누구도 괴롭힘이나 학대를 당할 이유가 없다는 사실을 인지하라. 당신에게 어떤 문제가 있어서 이런 일을 당하는 게 아니다. 당신의 인성이나 행동 때문에 이런 일이 일어난 것이 아니라 괴롭힘으로 인한 혼란과 불안이 지금의 상황을 만들어 낸 것이다. 당신을 괴롭히는 사람은 그저 온라인을 통해 온갖 학대를 일삼을 뿐이며 양심 없는 사람일 가능성이 굉장히 높다.

그저 양심이 없을 뿐입니다

· 혼자서 문제를 해결하려 하지 마라. 좋은 친구, 가족, 치료사 등 누군가와 그 일에 대해 이야기를 나눠 보라.

· 소셜 미디어 계정의 개인 정보 보호 설정을 변경하라. 공유는 친구들 사이에서만 이루어지도록 설정하라.

· 가해자와의 모든 접촉을 차단하라. 가해자의 전화번호, 소셜 미디어의 프로필, 이메일 주소를 모두 차단하라.

· 사이버 폭력을 입증할 수 있는 증거를 저장해 두라. 컴퓨터와 스마트폰 화면을 캡처해 증거를 저장하라. 그리고 온라인으로 당신을 학대한 사람이 보낸 이메일의 사본을 저장하는 것도 잊지 마라. 맨 처음 받은 메일부터 가장 최근에 받은 메일까지 전부 저장하라. 그들이 한 행동임을 보여 줄 수 있는 모든 증거를 경찰에 제출하라.

· 증거를 수집하는 경우 외에는 가급적 그들의 괴롭힘에 반응을 보이지 마라. 그들에게 되갚아 주겠다는 생각은 버려라. 당신이 냉정함을 유지할수록 그들은 더 약이 오른다. 당신의 평온함을 무너뜨릴 수 없고 당신이 지루하다고 느껴지면 그들은 더 이상 그렇게 하지 않을 것이다. 필요하다면 아무 일 없이 평온한 척해도 괜찮다. 괴롭히고자 하는 욕망에 다시 불을 붙이지 않도록 주의하라. 그들의 괴롭힘에 반응을 보이고 괴로워하면 그들만 더 즐겁게 만들 뿐이다. 그들과의 접촉을 최대한 피하라.

· 단, 어떤 식으로든 신체적인 위협을 느낀다면 증거를

5장_ 피도 눈물도 없는 냉혈한

모아 경찰에 신고하라. 의심할 만한 말을 흘리기만 해도 그렇게 하는 것이 좋다. 경찰은 이런 일을 어떻게 처리해야 하는지 잘 알고 있다. 각 주마다 법에는 약간씩 차이가 있다.

• 이런 식의 학대를 당하면 때때로 정말 죽고 싶은 마음이 들 정도로 기분이 나빠진다. 자살 충동을 느끼거나 자해하고 싶은 생각이 든다면 즉시 친구와 가족에게 그런 사실을 털어놓고 도움을 받으라. 당신을 사랑하는 그들은 절대 이 괴롭힘이 '승리'하도록 놔두지 않을 것이다.

지금까지 4개의 장에 걸쳐 소시오패스와 관련되는 특정한 상황들을 살펴보았다. 구체적으로는 아이들의 품행 장애, 직장에서의 소시오패스와 전문가인 소시오패스, 양육권 분쟁을 하고 있는 전 배우자, 살인과 폭행을 일삼는 소시오패스에 대한 내용들이었다. 내가 특히 이 네 가지 유형의 상황을 먼저 말한 이유는 내가 받았던 엄청난 양의 편지와 메일이 이런 상황을 담고 있었기 때문이다. 다음 장에서는 이런 특정 상황뿐만 아니라 모든 경우의 소시오패스에 맞설 수 있는 10가지 지침을 알려 주고자 한다.

그저 양심이 없을 뿐입니다

소시오패스의 영향력에서

벗어나는
방법

**10가지
주요 지침**

"우리는 인류의 새로운 시작을 맞이하고 있습니다.
그러니 여러 문제들로 씨름하는 건 당연한 일입니다.
하지만 우리에겐 앞으로도 수만 년의 시간이 있습니다.
우리가 책임지고 해야 할 일은
지금 할 수 있는 일을 하고 배울 수 있는 것을 배워서
해결책을 개선한 후에
우리 다음 세대에 전해 주는 것입니다."

— 리처드 파인만Richard Feynman, 『과학의 가치』

브라운 대학교Brown University의 심리학자인 러셀 처치 Russell Church53는 1959년에 「다른 개체의 고통에 대한 쥐의 감정적 반응」이라는 예상 밖의 제목이 달린 과학 논문을 발표했다. 이 연구에서는 이미 손잡이를 눌러서 먹이를 얻도록 훈련한 쥐에게 새로운 기능이 추가된 손잡이를 제공하고 실험을 진행했다. 그 새로운 기능은 손잡이를 눌렀을 때 옆 케이지에 있는 쥐에게 전기 자극이 가해지도록 하는 것이었다. 그래서 손잡이를 누르면 자신은 먹이를 얻을 수 있지만 동시에 옆 케이지의 다른 쥐에게 고통을 주는 것이다. 이런 장치를 설치하고 쥐가 손잡이를 누르는 행동을 관찰한 결과, 연구자들은 이 장치가 손잡이를 누르는 쥐의 행동을 방해한다는 사실을 알았다. 이를 두고 일부 연구자들은 쥐에게도 다른 개체의 감정을 느끼거나 이해하는 **공감 능력**이 있을지 모른다고 생각했다. 이전까지 공감 능력은 인간만의 고유한 특성이라는 게 상식이었다. 다른 심리학자들은 쥐가 공감 반응을 보인 것이 아니라 다른 쥐가 고통스러워하는 모습 때문에 공포에 빠진 나머지 쥐가 '꼼짝할 수 없게' 되었다는 가설을 세웠다. 그러나 2006년에 발표된 맥길 대학교McGill University의 한 연구54에서 쥐들은 같은 케이지에서 지내는 친구 쥐들의 고통에 '공감' 반응을 보이는 반면 모르는 쥐들의 고통에는 그러지 않는 것으로 나타났다. 이 차별적인 행동 패턴은 단순한 공포 반응이라기보다는 모르는 사람에 비해 가족과 친구에게 더 쉽게 반응을 보이는 우리의 경향과 닮았다.

그렇다면 설치류에게 공감 능력이 있는 걸까?

동물 행동 심리학자인 프란스 드 발Frans de Waal55은 그렇기도 하지만 한편으론 그렇지 않기도 하다고 말한다. 설치류를 비롯한 기타 하등 동물은 완전한 공감 반응을 보이진 못하지만 기초적인 수준의 공감 능력은 가지고 있다. 즉, 반사적으로 활성화되는 자신의 신경학적·신체적 반응을 통해 다른 개체의 감정 상태를 파악하는 비교적 단순한 수준의 능력이 있는 것이다. 어떤 동물 개체가 다른 동물 개체의 강렬한 감정 상태를 접하면 자신이 보고 있는 그 동물의 자율 신경 및 운동 신경 반응, 예를 들면 호흡, 심장 박동 수, 자세, 움직임 등을 그대로 따라하게 된다. 다른 개체와의 이런 기초적인 수준의 감정 공유는 지각과 행동이 서로 관련되어 있음을 보여 주며, 지금까지 축적된 증거와도 일치한다. 이러한 연관성은 세포 수준에서도 확인할 수 있는데, '거울 신경 세포mirror neuron'는 동물이 스스로 행동하는 경우뿐 아니라 다른 동물이 똑같이 행동하는 모습을 보는 경우에도 동일하게 흥분된다고 한다.

드 발의 주장에 따르면 공감은 개념적으로 세 단계로 이루어져 있다고 한다. 이 중에서 첫 번째 단계이자 가장 보편적인 단계는 위의 내용처럼 다른 개체의 감정 상태를 신체적·반사적 반응으로 구현하는 단계이다. 드 발은 이 기초적인 구성 요소를 정서 전이emotional contagion라고 불렀다. 공감의 첫 번째 단계는 인간(나르시시스트를 포함)은 물론 인간이 아닌 동물들까

그저 양심이 없을 뿐입니다

지도 다른 개체의 감정을 '감지'하는 것처럼 보이는 이유를 설명한다. 한 아기가 울음을 터트리면 그 소리를 들은 다른 아기들도 따라서 울기 시작하는 현상이 이 첫 번째 단계의 대표적인 예이다. 전부는 아니더라도 대부분의 사회적인 집단을 형성하는 포유류들은 이런 식으로 자율 신경을 흥분시키는 감정적인 자극에 민감하게 반응하며 그중에서도 시궁쥐와 생쥐들은 더욱 그런 동물에 속한다. 더 유사하고 친밀한 개체의 감정을 접촉할수록 정서 전이는 더욱 쉽게 일어난다. 즉, 쥐는 쥐에게서, 인간은 인간에게서 정서 전이를 경험하기 쉽다.

공감 능력의 두 번째 단계는 다른 개체의 감정 뒤에 있는 상황과 그 감정의 원인을 파악할 수 있도록 해 주는 요소이다. 드 발은 이를 **인지 공감**cognitive empathy이라고 불렀다. 인지 공감은 상대방의 특정한 요구에 걸맞은 반응을 할 수 있도록 해 준다. 침팬지와 다른 유인원, 그리고 대부분의 인간은 이런 고차원적인 인지 능력을 가지고 있다. 몇몇 대형 조류도 이런 인지 공감 능력을 가진 것으로 보인다. 이를 가장 잘 보여 주는 예는 살아 있는 내내 똑똑함을 자랑했던 아프리카 회색 앵무새 알렉스Alex다. 알렉스를 훈련시킨 사람은 동물 심리학자인 아이린 페퍼버그Irene Pepperberg였다. 한번은 알렉스의 치료를 위해 알렉스를 수의사에게 맡기고 슬퍼하며 떠나는 페퍼버그 박사에게 알렉스가 "이리 와요. 사랑해요. 미안해요."라고 말했다고 한다. 이 기록은 지금도 듣는 이를 가슴 아프게 한다.

인지 공감이 있는 알렉스는 자신이 박사를 속상하게 했기 때문에 박사가 자기를 남겨 두고 떠나는 거라고 이해했다. 알렉스는 자신의 추측에 근거해서 페퍼버그 박사가 다시 돌아서기를 바라며 미안하다고 말했을 것이다. 사람들이 뭐가 미안한지 정확하게는 모르더라도 우선 사과부터 하는 것처럼 말이다. 인지 공감은 다른 사람이 느끼고 있는 감정을 우리가 알 수 있도록 해 준다. 하지만 그 감정이 무엇인지 정확하게 알려 주는 건 아니며, 알렉스가 그랬듯 그저 잘 넘겨짚을 수 있도록 해 준다.

공감 능력의 세 번째 단계이자 가장 진보한 수준의 공감은 **정신 상태 귀속**mental state attribution을 실행할 수 있는 능력이다. 정신 상태 귀속은 다른 사람의 관점을 완전하게 수용할 수 있는 능력을 말한다. 이 능력은 우리가 감정적으로 다른 사람의 입장을 바라볼 수 있도록 해 준다. 심리학에서는 이를 '정확한 감정적 공감'이라 부른다. 정신 상태 귀속을 통해 우리는 다른 사람의 감정 상태를 아주 정확하게 이해할 수도 있다. 이 고차원적인 공감 반응 능력은 사람에 따라 굉장히 큰 차이를 보인다. 정신 상태 귀속에 특별히 더 재능 있는 사람은 가끔 텔레파시가 가능한 것처럼 보이기도 한다. 그러나 고차원 공감은 텔레파시처럼 다른 사람의 마음을 '읽는다'기보다는 곡예하듯 다른 사람의 마음속으로 풀쩍 뛰어 들어가 **다른 사람이 세상을 어떻게 읽고 있는지를 이해하는 것**이다. 다른 사람의 관점을 정확

그저 양심이 없을 뿐입니다

하게 파악하게 되면 그들이 느끼고 있는 감정뿐만 아니라 그 감정의 본질과 그런 감정이 생기게 된 이유까지도 알 수 있다. 감정 공감이 천리안일 수는 없겠지만 다른 사람의 눈을 통해 세상을 선명하게 볼 수 있도록 해 준다.

공감은 양심과 마찬가지로 다른 사람과 감정적인 유대를 맺는 능력에서 생겨난다. 감정적인 애착이 없는 사람은 양심을 가질 수 없을 뿐만 아니라 공감도 느끼지 못한다. 소시오패스는 공감 기능이 완벽하게 정지된 상태로, 공감의 가장 기초적인 수준인 정서 전이조차 일어나지 않는다. 소시오패스의 뇌와 몸은 다른 사람의 강렬한 감정을 전혀 느끼지 못한다. 인간뿐만 아니라 유인원, 회색 앵무새, 심지어 시궁쥐와 생쥐조차도 가능한 일임에도 그들은 전혀 경험하지 못한다. 2008년에 국립 정신 건강 연구소의 연구자들은 소시오패스의 감정 인식에 관한 메타 분석[56]을 수행했다. 이 메타 분석은 얼굴 표정에 드러나는 감정을 인식하지 못하는 소시오패스의 결손을 주제로 하는 20개의 연구를 대상으로 했으며, 이를 통해 연구자들은 반사회적 행위와 특정 신경학적 결손 사이에 신뢰할 만한 연관성이 있음을 밝혀냈다. 그 신경학적 결손은 두려움에 대한 표현을 인식하는 기능의 장애로, 이는 편도체의 기능에 장애가 있음을 의미한다.

감사의 감정 역시 유대감에서 생겨난다. 1908년에 사회학자인 에드워드 웨스터마크Edward Westermarck[57]는 인간의 도덕성을 구성하는 필수 요소인 '보답을 받을 만한 친절한 감정들' 중 하나로 감사를 꼽았다. 감사는 영속적인 감정으로 보통은 즐거운 감정이다. 잠깐 동안 당신이 감사하다고 느끼는 사람, 그가 있음에 감사를 느끼는 사람을 떠올려 보라. 이를 테면 당신의 아이, 부모, 친구, 멘토, 당신에게 영향을 준 낯선 이들, 존재만으로도 당신의 하루 또는 평생에 도움을 주는 사람을 말이다. 마음속으로 그 사람의 얼굴을 그리며 기억을 떠올려 보면 당신은 어떤 기분이 드는가?

고마움과 감사를 전혀 느끼지 못한다고 상상해 본다면 무자비한 소시오패스는 기쁨이 메말라 버린 배은망덕의 감옥에 갇힌 채 살아가고 있음을 이해하게 된다. 뿐만 아니라 사람들과 감정적인 유대를 형성할 수 없기에 공정과 정의에 대한 감정적인 애착도 가지지 못한다. 사람들에게 의미 있는 감정을 느끼지 못하기 때문에 소시오패스는 다른 사람들이 불공평한 대접을 받는 모습을 보더라도 아무런 반응을 보이지 않는다. 정상적인 사람들의 경우, 뇌와 정신의 가장 진화된 영역에서 공정함, 정의, 감사, 고차원의 공감, 양심에 관련된 감정과 그 감정에 따른 반응을 담당하고 있다. 하지만 절망적일 만큼 이와는 큰 차이를 보이는 소시오패스는 사람들과 관계를 형성하는 능력이 있어야 할 뇌와 정신의 영역이 텅 비어 있으며, 이는 또 다른 근본적인 결함을 낳는 원인이 된다. 소시오패스는 엄청난 가능성을 가진 삶을 단순히 게임으로 만들거나 승리를 쟁취하고자 하는 충동으로 전락시킨다. 그리고 양심, 감사, 정의, 사랑을 느끼며 의미 있는 삶을 살고자 하는 인간의 욕구를 무시하고 조롱한다.

소시오패시를 이겨 내고 사랑과 유대감을 북돋우는 것은 인류의 위대한 사명인 동시에 고대로부터 이어져 온 선과 악, 사랑과 공허함의 투쟁을 본질적으로 이해하는 것이다. 나는 당신의 삶에서 싸우고 있는 누군가로부터 당신을 견고하게 지켜 줄 기본적인 토대를 마련해 주고자 한다. 그 사람이 당신의 직장 동료가 됐건, 배우자가 됐건, 자식이 됐건 관계없이 말이다. 내가 알려 줄 지침을 통해 소시오패스의 영향력에서 벗어나고자 한다면, 당신은 자신을 인류에게 주어진 위대한 사명의 일부이자 긍정적인 영향력을 주는 존재라고 여기는 동시에 이 지침이 당신 자신의 인격과 안녕을 증진시키는 길이라 생각해 줬으면 한다. 그리고 많은 사람들이 당신과 함께하고 있음을 느꼈으면 좋겠다. 장담하건대, 수억 명의 사람들이 지금 당신과 같은 길을 걷고 있다.

소시오패스를 상대하는 최선의 방법은 그들을 멀리하고 어떠한 접촉과 소통도 하지 않는 것이다. 당신의 삶에서 그들을 완전히 차단하는 것이야말로 스스로를 지켜 내는 단 하나의 완벽하고 효과적인 방법이다. 소시오패스는 사회적 계약을 전혀 따르지 않을 뿐만 아니라 폭력적이든 아니든 간에 파괴적인 행위를 멈추지 않는다. 그러나 안타깝게도 어쩔 수 없이 그들과 마주해야 하는 상황이 벌어질 수 있다. 심지어 그 사람이 소시오패스인 걸 알아챘는데도 그를 피할 수 없을 때가 있다. 어떤 때는 부모나 형제가 소시오패스인 경우도 있고 혹은 아이를 위해 싸워야 하는 헤어진 배우자일 수도 있으며 그만둘 수 없는 직장의 사장이나 동료일 때도 있다. 그런 상황이라면 안타깝게도 그들과 부딪칠 수밖에 없다.

당신의 삶에서 소시오패스를 피할 수 없는 상황에 처했을 때 필요한 10가지 지침을 알려 주고자 한다. 이 지침들은 앞의 4개의 장에서 알려 주었던 전술들의 기초가 되는 전략적인 원칙에 해당한다. 1~9번까지의 지침은 주로 물리적인 폭력을 행사한 적이 없고 앞으로도 그럴 우려가 없는 소시오패스를 대상으로 한다. 10번 지침은 물리적인 폭력 성향이 있거나 또는 그런 성향을 드러낼 조짐이 보이는 소시오패스에 대응할 때 필요한 중요 정보를 담고 있다. 그런 조짐을 절대 가볍게 보고 넘겨서는 안 된다. 만약 상대하고 있는 소시오패스가 폭력을 사용할 수 있다고 판단되면 곧바로 10번 지침을 따라야 하며 최대한 안전을 확보한 이후에 1~9번의 지침으로 돌아가야 한다. 당신의 몸을 안전하게 지키는 일을 최우선으로 해야 한다.

그저 양심이 없을 뿐입니다

소시오패스와의 싸움을 위한 10가지 주요 지침

지침 1_상대를 파악하라

소시오패스에게는 티끌만큼의 양심도 존재하지 않는다. 소시오패스는 무슨 짓을 저질러도 절대 죄책감, 수치심, 후회, 당혹감 따위를 느끼지 않는다. 누군가의 상황에 공감하는 법도 없으며 당신을 비롯한 그 누구의 고통에도 진정 어린 반응을 보이지 않는다. 감사, 호혜, 공정함, 정의 역시 전혀 느끼지 못한다. 전반적으로 소시오패스의 심리 상태를 이해하기는 거의 불가능하다. 실제로 정상적인 사람이라면 자기 눈으로 직접 보기 전까지는 소시오패스의 존재 자체가 불가능한 얘기라고 생각한다. 그러므로 양심 없는 자들을 상대하려면 감정이 아니라 **지성으로 접근해야 한다.** 소시오패스는 유난히 매력적이고 달변가인 데다 '당신하고 똑같이' 보이도록 연기하는 데 도가 튼 사람이다. 절대 당신의 감정대로 상황을 판단해서는 안 된다.

물리적인 위협을 가했든 아니든 간에 심리적인 면에서 그는 언제나 위험한 존재이다. 이 사실을 절대 잊지 마라. 그는 승리하기 위해 늘 거짓을 말할 것이다. 그에게 '승리'란 목표물인 당신을 제멋대로 조종하는 걸 의미한다. 그렇게 하기 위해 소시오패스는 당신을 겁주고 당황하게 하는 방법들을 사용할 것이다. 자신에게는 그런 야욕이 전혀 없다며 항변을 늘어놓겠지만 그건 다 거짓말일 뿐이다. 그는 당신이 당신 스스로의 판단과 인식에 의문을 던지게 조장하고 마침내는 스스로 제정신인지 의심하게 할 것이다. 당신은 소시오패스에 대해 배운 객관적인 정보들을 자주 곱씹어 보아야 한다.

지침 2_당신이 선善의 편에 서 있음을 깨닫고 사명을 떠올려 보라

악의 본질에 대한 당신 자신의 개인적인 생각을 돌이켜 본 다음, 당신을 위해 미신 같은 그릇된 관점을 버리고 보다 객관적인 방식으로 악을 다시 정의해 보라. 악은 다른 이들과 감정적인 유대 관계를 정상적으로 형성할 능력이 없는 데서 생겨난다. 이와 반대로 선은 그런 유대 관계를 형성할 능력이 있는 곳에 존재한다. 이 세상의 모든 주요 종교와 고대로부터 전해진 수많은 지혜의 말들은 물론이고 현대의 진화론적 사고의 결론 역시 이러한 사실을 뒷받침한다. 요컨대 선은 사랑할 수 있는 힘에서 생겨난다. 만약 당신에게 이런 능력이 있고 감정적으로 온전하다면, 당신과 어느 양심 없는 인간과의 갈등은 인류의 역사 내내 이어져 온 훨씬 큰 투쟁의 일부라고 할 수 있다.

늘 그래왔듯이 선하고 사랑이 넘치는 사람들은 지금도 심각할 만큼 파괴적인 결함과의 투쟁을 계속하고 있다. 이 생물학적·심리적·영적 결함은 인간에 대한 애착의 결핍을 의미한다. 개인적인 투쟁이라 여기겠지만 지금 당신은 당신의 상상보다 더 오래되고 거대하며 중요한 사명을 수행하는 중이다. 그들

그저 양심이 없을 뿐입니다

을 상대하는 동안 이 사명의 뜻을 마음에 새기도록 하라. 이 세상의 수많은 선한 이들이 수행하고 있는 거대한 사명에 당신도 동참하고 있다는 생각에 초점을 맞춘다면 개인적인 투쟁에서 당신 자신을 지탱할 힘을 얻을 것이다. 비록 그들이 지친 당신에게 거짓으로 달콤한 안식을 약속하며 절망에 굴복하기를 종용할지라도 당신은 이겨 낼 수 있다.

지침 3_판을 뒤집어라

한 참가자가 침착하게 일방적으로 게임의 목표를 바꾼다면 어떤 싸움이라도 이기거나 최소한 비길 수 있다. 심지어 패배를 앞둔 고통스런 상황이었다고 하더라도 말이다. 예를 들어 일반적인 체커 게임의 목표는 상대의 모든 말을 체커 보드 위에서 치우는 것이다. 그런데 만약 몰래 게임의 목표를 바꾼다면 어떻게 될까? 한 똑똑한 플레이이어가 상대방의 말 중에서 짝수 개의 말을 가져오는 것을 개인적인 목표로 정했다고 가정해 보자. 이렇게 되면 상대방이 자신의 말을 체커 보드에서 다 없애기도 훨씬 전에 그 플레이어는 공개하지 않은 목표를 달성해 자신만의 게임에서 승리할 가능성이 높다. 상대방이 아무리 체커 게임을 잘한다고 하더라도 그 플레이어가 할 일은 그저 상대방의 말 두 개를 뛰어넘는 것뿐이기 때문이다.

소시오패스가 원하는 목표는 언제나 승리뿐이며 그에게 있어 승리란 다른 사람을 기만하고 조종하는 것을 의미한다.

양심이 전혀 없는 그들에게 이 목표를 달성하는 건 너무나 쉬운 일이다. 당신의 예상을 가볍게 뛰어넘을 정도로 말이다. 그렇기 때문에 당신은 비밀리에 전제를 바꿔야 한다. 예를 들어 아이를 이용해 당신을 계속 제멋대로 조종하고자 하는 소시오패스와 양육권 분쟁을 하고 있는 중이라면 그 분쟁에서 '승리'하려고 하지 말고 대신 아이들을 안전하게 지키는 걸 목표로 정하라. 물론 아이들을 안전하게 지키려면 양육권을 획득하거나 지켜 내야 한다. 하지만 관점을 바꾸면 목표는 당신이 가진 역량 중에서 일부만을 사용해 힘을 비축할 수 있다. 이미 앞의 사례에서도 봤겠지만 어쨌든 법정은 종종 그들과 공정하게 경쟁할 수 있는 장소가 아니다.

관점을 바꾸면 실질적인 문제 대비에 더 많은 노력을 집중할 수 있다. 그 대책들이 사소할 수는 있겠지만 당신 스스로 조절하고 통제할 수 있다. 예를 들면 충분히 자란 아이들과는 문제 해결을 위한 방법들을 서로 의논할 수도 있고, 당신이 없을 때 아이들이 직접 대처할 수 있는 방법을 알려 주거나 도움을 청할 사람들을 알려 줄 수도 있다. 그중에서 가장 중요한 대책은 더 이상 소시오패스가 당신을 '가지고 놀면 재미있는' 목표물이라고 여기지 않도록 당신의 행동을 바꾸는 것이다. 당신이 쉽게 겁먹거나 당황하지 않고 법정 분쟁에 모든 역량과 재산을 쏟아붓는 일을 피한다면 당신에 대한 통제권을 일정 부분 잃어버린 소시오패스는 금방 게임에서 흥미가 식을 것이다. 마

그저 양심이 없을 뿐입니다

찬가지로 직장의 고용주나 동료와 분쟁에 휘말렸을 때도 우위를 점하거나 복수를 해서 '승리'하려고 애쓰지 말고 당신의 일상에서 소시오패스의 영향력을 줄여 나가는 데 집중하라.

전제를 바꾸면 많은 상황에서 당신 자신뿐만 아니라 당신을 아끼는 사람과 당신의 정신에도 아주 큰 변화를 이끌어 낼 수 있다. 당신은 지배력을 다투는 게임을 하고 싶었던 게 아니며, 그런 게임에서 승리하는 게 당신 인생에서 가장 의미 있는 일이 아니다. 당신과 달리 소시오패스는 그런 지배력을 쟁취하는 승리가 가장 중요하다는 확고한 믿음을 가지고 있기에 절대 자신의 목표를 바꾸지 않을 것이다. 그렇기 때문에 당신이 자신의 목표를 바꿀 수 있다면 굉장히 유리한 입장에 설 것이다.

지침 4_오로지 자신의 목표에만 집중하라

앞의 지침에 따라 스스로 목표를 결정했다면 그 목표에 집중하라. 승리보다 더 중요한 당신만의 목표를 정리하라. 예를 들면 아이들을 안전하게 지키고, 당신의 안전을 확보하며, 직장에서 소시오패스가 주는 스트레스를 없애고 당신의 삶에 다시 평화를 회복하는 것 등이 당신의 새로운 목표가 될 수 있다. 이 목표들을 적으며 당신이 무슨 일을 하려고 하는지 되새겨라. 가끔씩 그렇게 적으면서 눈으로 확인할 필요가 있다. 당신만의 목표에 집중한다면 당신은 물론 당신과 가까운 사람들을 지켜 낼 수 있을 뿐만 아니라 단순히 소시오패스를 꺾는 것보다 훨씬 더 중요하고 의미 있는 승리로 나아갈 수 있을 것이다.

지침 5_소시오패스가 원하는 대로 해 주지 마라

소시오패스는 기만하고 조종하면서 당신에게 큰 영향력을 행사하기 원한다. 그럴 때마다 당신이 분노하고 혼란에 빠지며 상처받는 모습을 보인다면 오히려 그들에게 보상을 주고 더욱 힘을 휘두르게 도와주는 것밖에 안 된다. 소시오패스가 당신 앞에서 무슨 짓을 하든 뭐라고 말하든 그들의 면전에서는 절대 흔들리는 모습을 보이지 마라. 얼굴 표정을 감추고 아주 침착하게 말하는 방법을 연습하라. 이 전략은 당신에게 굉장히 유리하다. 왜냐하면 소시오패스의 뇌는 정상인의 뇌에 비해 감정적인 신호를 처리하는 데 훨씬 미숙하기 때문이다. 소시오패스는 당신이 아주 뚜렷하고 헷갈리지 않는 반응을 보이길 원한다. 그러니 절대 그렇게 반응해 주지 마라.

지침 6_다른 사람들에게 도움을 청하라

좋은 사람들끼리 함께 모여서 편안하게 서로의 생각과 경험을 이야기하다가 대화의 주제가 다같이 알고 있는 사람들 이야기로 넘어갈 때가 있다. 그때 소시오패스에게 당한 이야기를 공유하라. 아마 그전부터 다들 그 사람의 반사회적인 행동에 대해 의문을 가지고 있었을 것이다. 소시오패스의 목표물이 당신 혼자가 아니었다는 사실을 알고 나면 아마도 당신은 깜짝 놀

그저 양심이 없을 뿐입니다

랄 것이다. 소시오패스라는 용어가 언제 쓰는 말인지 모르는 사람은 있겠지만 '조작하는', '말만 번지르르한', '거짓말쟁이' 같은 표현은 누구나 잘 알고 있다. 그렇기 때문에 이 책에 나온 용어나 당신이 알고 있는 단어를 고집하거나 진단명처럼 어려운 단어를 쓰기보다는 특정한 행동을 가리키는 말 위주로 사용하라. 어떤 단어를 쓰느냐는 중요하지 않다. 중요한 것은 사람들과의 연대이다. 다수의 사람들이 모였을 때 나오는 힘은 대단하다. 동맹이 많아질수록 더 좋은 결과를 얻을 수 있다.

지침 7_이 사명이 지금 당신 삶의 일부임을 깨달아라

양심 없는 누군가가 자신을 노리고 있다는 사실을 알면 대부분은 공포에 빠져 허둥지둥하다가 사람들에게 그의 계략을 폭로해서 바로 끝장내야겠다며 달려든다. 누구라도 당연히 이렇게 행동할 거다. 하지만 이런 식으로 반응했다가는 소시오패스를 상대하느라 한시도 편안할 수 없다. 게다가 거기에 집착하느라 파도에 휩쓸린 것처럼 정신을 잃고 당신의 인생에서 더 소중한 일과 사람들을 망각할지도 모른다. 당장 그런 집착에서 벗어나야 한다. 어두침침한 나락으로 떨어진 게 아닐까 하는 두려움에 떨고 있겠지만 절대 그렇지 않다. 그저 냉혹하고 양심이 없는 어느 소시오패스가 당신을 노리고 있을 뿐이다.

그렇게 대단한 싸움은 아니지만 그래도 상당히 긴 시간이 걸릴 수 있다. 그렇기에 당신 스스로 속도를 조절해야 한다. 당신의 삶에서 정상적이고 긍정적인 부분은 그대로 잘 유지해야 한다. 절대 당신의 존재 전체를 소시오패스가 만들어 놓은 게임에 바쳐서는 안 된다.

나에게 편지를 보낸 사람들 중에는 직장이나 친구, 심지어 배우자를 잃은 사람들도 많다. 하지만 이는 소시오패스의 계획대로 흘러갔다기보다는 표적이 된 사람이 싸움에 집착하고 매몰되어 소중한 다른 것을 망각했기 때문이다. 절대 이렇게 해서는 안 된다. 소시오패스의 이해할 수 없는 행동에만 집착하지 말고 다른 소중한 것들을 생각하고 말하도록 스스로를 단련하라. 친구들과 가족을 등한시해서도 안 된다. 그렇게 하는 건 결국 소시오패스의 손에 '승리'를 쥐여 주는 것이나 마찬가지다.

인내심을 가져라. 당신의 사명을 실천할 수 있는 일들로 쪼갠 다음, 하루 내지는 한 주에 한 가지씩만 집중하겠다고 스스로에게 다짐하라. 실천할 수 있는 일의 예시는 다음과 같다.

- 상사에게 전화를 걸어 어제 회의에 참석하지 못한 건 존이 나에게 회의가 취소되었다고 말했기 때문이라고 차분하게 설명하라.
- 이혼한 배우자가 아이들을 자기 집으로 데려간 다음 저지른 심상치 않은 행동들을 컴퓨터에 파일로 기록하라.
- 나에게 제기된 거짓 소송을 처리해 줄 변호사의 목록

그저 양심이 없을 뿐입니다

을 만들어라.

지침 8_최악의 상황을 떠올리지 마라

언젠가 당신은 그들과의 다툼에서 피해를 입을 수도 있다. 그때가 내일이거나 다음 달 혹은 다음 해일 수도 있고 어쩌면 피해가 없을 수도 있다. 그러나 그 피해의 정도에 대해서는 언제나 현실적인 자세를 유지해야 한다. 심지어 양육권 분쟁처럼 정신없는 상황에서도 말이다. 만약 당신이 차분하고 실용적인 자세를 유지할 수 있다면 싸움이 진행되는 중에도 피해를 상당히 잘 수습해 나갈 수 있다. 이는 '지침 3_판을 뒤집어라'에서도 이미 말했다. 그러지 않고 끊임없이 최악의 시나리오를 생각하며 전전긍긍하면 불안과 공포로 얼어붙게 될 뿐이다.

이 지침에서 말하고자 하는 중요하면서도 당연한 결론은 다른 사람들이 당신만큼 열정적으로 이 문제에 집중하거나 혹은 해결하려 애쓸 거라 기대해서는 안 된다는 것이다. 남들이 당신만큼의 긴박감이나 분노를 느낄 가능성은 거의 없다. 그러니 그들에게 당신이 느끼는 감정을 설명하려 했다가는 오히려 그들의 도움을 바랄 수 없을지도 모른다. 사람들에게 도움받고 싶다면 그들에게 당신이 느끼는 두려움과 공포를 드러내지 마라.

지침 9_당신의 건강이 중요하다

인간이든 동물이든 포식자에게 쫓기는 상황에 처하면

몸에서 투쟁-도피 반응fight-or-flight response이 일어난다. 본질적으로 이 반응은 적응 반응이기 때문에 그다지 오래 지속되지 않는다. 도망을 치든 포식자에 맞서 싸우든 처음에는 살아남기 위해 몸의 모든 기능이 비상 상태를 유지한다. 혈압과 심장 박동이 증가해 높은 상태를 유지하고, 필요한 에너지를 보충하기 위해 저장되어 있던 지방과 당분이 분해되어 혈액으로 빠져나온다. 온몸의 근육이 팽팽하게 긴장하고 소화 작용이 느려지면서 위산의 분비가 줄어든다. 느리고 이완되어 있던 횡격막이 빠르게 움직이면서 호흡도 얕아진다. 시상 하부에서 시작한 호르몬의 연쇄 반응은 부신 피질까지 이어지고, 코르티솔과 같은 스트레스 호르몬이 비정상적으로 많이 뿜어져 나온다. 쫓기는 상황이 길어지면 이러한 투쟁-도피 반응을 구성하는 생리적 요소들도 계속해서 이런 긴장 상태를 유지해야 한다. 소시오패스와의 다툼 역시 긴 시간이 필요할 때가 많다. 처음 얼마 동안은 몸이 이런 변화를 버텨 낼 수 있겠지만 스트레스 상황이 길어지면 결국 몸은 피로 누적과 면역 체계 붕괴 등으로 질병에 굴복하게 된다. 이런 상태를 **만성 스트레스 증후군**chronic stress syndrome이라 부른다. 이 말은 만약 당신이 소시오패스의 표적이 된다면 아주 심각한 병에 걸릴 수 있음을 의미한다.

이런 구렁텅이에 빠지지 않는 최선의 방법은 애초에 거기에 휘말리지 않는 것이다. 그러나 만약 소시오패스의 표적이 되었다면 대응책의 중심에 스트레스 관리 프로그램을 두어야 한다. 대책을 빨리 실천할수록 더 좋은 결과를 얻을 수 있다. 심부의 근육을 풀어 주는 방법을 배우고 명상이나 요가를 하거나 운동이나 스포츠를 전보다 더 열심히 하는 것도 좋은 방법이다. 지지 요법을 받아 보는 것도 괜찮다. 당신의 삶에 혼란을 야기한 사람에게 몸과 마음의 건강까지 빼앗기는 일은 없어야 한다.

나에게 소시오패스의 피해자들을 전문으로 하는 치료사에 대해 묻는 사람들이 많다. 아쉽게도 지금으로서는 그런 전문가가 존재하지 않는다. 그 대신 심리적 외상 피해자를 전문으로 하는 치료사를 검색해 보라. 어떤 전문가들은 학대 또는 외상 후 스트레스 증후군 치료를 전문으로 한다고 소개하기도 한다. 지금 소시오패스와 다투는 중이거나 그런 경험의 여파로 고생하고 있다면 실력 있는 외상 치료사가 당신의 건강을 회복시키는 데 도움이 될 것이다. 소시오패스와의 다툼은 자주 심리적 외상을 남기며 그런 때는 전문적인 치료사의 도움을 받아야 한다. 외상 치료사는 소시오패시를 폭넓게 이해하고 있기 때문에 부가적인 도움을 줄 수도 있다. 그러나 그런 전문적인 지식을 갖춘 사람은 흔치 않으며 치료에 꼭 필요한 부분도 아니다.

지침 10_폭력으로부터 자신을 보호하라

물리적인 공격성에 대한 욕구를 채우고 싶은 소시오패스라면 일반적으로 발각될 위험이 거의 없는 자신의 집에서 가족들을 학대하는 경우가 많다. 양심과 죄책감이 없는 사람들이기에 보통은 자신의 욕구를 참으려 하지 않겠지만 만약 증인이 있거나 자신이 분명 의심받을 상황이라면 경찰에 잡혀서 감옥에 갈 위험을 피하기 위해 욕구를 억제한다. 그러나 예외란 늘 존재하는 법이다. 그렇기 때문에 누가 폭력을 쓸 것 같은 불안감이 든다면 절대 그 느낌을 소홀히 넘겨서는 안 된다.

당신의 예감을 공유하라. 당신이 걱정하고 있는 내용이 뭔지는 중요하지 않다. 자신에 관한 것이든 다른 사람에 관한 것이든 또 가정 내의 문제든 공공의 문제든 당신이 염려하고 있는 일과 알고 있는 모든 내용을 믿을 만한 친구와 가족에게 알려야 한다. 안전 문제 전문가인 개빈 드 베커Gavin de Becker는 자신의 책『서늘한 신호The Gift of Fear: And Other Survival Signals That Protect Us from Violence』(청림출판, 2018년)에서 여성을 목표로 하는 폭력에 대한 통계를 예로 들며 다음과 같은 두려운 사실을 말하고 있다. "내일 아침 식사 시간이 되기 전에[58] 12명의 여성이 더 살해당할 것이다. 거의 대부분의 사례에서, 발각된 폭력 행위 이전에도 폭력을 행사한 적이 있었던 것으로 나타났다. 그런 폭력 행위들이 알려졌다면 이를 통해 더 큰 폭력 상황이 일어날 수 있음을 직감할 수 있었겠지만 그 사실은 비밀에 부쳐졌다."

누군가가 당신을 명백하게 위협했다면 경찰에 알려야 한다. 지금 당장 도움이 필요한 당신에게 전화나 편지만으로 적절한 대응을 기대하기는 어렵다. 직접 가까운 경찰서로 가서 위협받은 내용을 구체적으로 말해야 한다. 충분한 증거를 갖추지 못

그저 양심이 없을 뿐입니다

했어도 걱정할 필요 없다. 경찰은 당신 주변을 감시해 줄 사람을 붙여 줄 수도 있으며 최소한 당신이 경찰에 전화를 해야 할 만큼 위급한 상황에 처해 있다면 경찰들이 이미 당신의 상황을 파악하고 있을 테니 말이다.

당신의 집을 안전한 피난처로 만들어라. 문과 창문이 튼튼한지 잠금장치는 잘 작동하는지 확인하고 항상 문단속을 잘 해야 한다. 가장 중요한 것은 소시오패스가 문 앞에 나타났을 때 문을 열어 줘서는 안 된다는 점이다. 우리는 늘 무례하게 행동하지 않도록 주의를 받으며 살아왔기 때문에 사람을 문 앞에 세워 두면 굉장히 난처함을 느낄 수 있다. 우리 내면의 금기는 이처럼 강력하게 우리를 구속한다. 그러나 당신은 무례해져야 한다! 그에게 당장 돌아가라고 말하라. 기회는 한 번이면 충분하다. 경고를 한 번 했는데도 돌아가지 않는다면 경찰에 신고하라. 방문한 사람을 쫓겠다고 경찰을 부르는 게 어색하고 힘들 수 있다. 그러므로 위기의 순간에 당장 시행할 수 있도록 머릿속으로 이런 상황을 상상하며 미리 연습해 보는 것이 좋다. 당신이 문을 열어 주지 않으면 소시오패스가 동정 연극을 하면서 당신의 마음을 흔들 수도 있다. "좀 열어 줘, 나는 너무 속상해서 얘기를 하고 싶은 것뿐이야."라든가 "안 돼, 경찰에 신고하지 마! 너무하잖아."라면서 말이다. 그러나 소시오패스의 거짓 감정에 속아서는 안 된다. 문을 열어 주지 말고 그가 돌아가지 않으면 경찰에 신고하라.

6장_ 소시오패스의 영향력에서 벗어나는 방법

다른 사람들의 안전도 중요하다. 아이와 노인을 학대하는 일이 생기면 즉시 담당 부서에 신고해야 한다. 자신의 가족이든 다른 가족이든 당신이 보기에 학대 같은 상황이 발생하면 신고하는 것이 맞다. 가족을 위해 당신이 할 수 있는 일 중에 이보다 더 중요한 일은 없다.

당신이 이렇게 행동하면 소시오패스는 승리한다.

- 소시오패스의 진정한 본질을 이해하지 못한다.
- 소시오패스가 정한 규칙에 따라 행동한다.
- 당신의 진정한 목표가 무엇인지 잊는다.
- 소시오패스 앞에서 당신의 분노, 당황, 상처를 드러낸다.
- 다른 사람에게 도움을 청하지 않고 혼자서 이겨 내려고 한다.
- 소시오패스를 상대하거나 생각하는 데 당신이 가진 모든 시간과 에너지를 쏟아붓는다.
- 우왕좌왕하며 자신이 감당하기 어려운 일을 하려고 든다.
- 인내심을 잃는다.
- 공황 상태에 빠지거나 실제보다 훨씬 더 나쁜 결과를 떠올린다.
- 자신의 심신이 정상적인 활동을 할 수 없게 만들거나

그저 양심이 없을 뿐입니다

병에 걸리게 할 만큼 큰 스트레스를 그대로 방치한다.
- 지금 하고 있는 일의 의미, 역사, 경험의 공유 등 당신
의 '사명'이 무엇인지를 망각한다.

그 반대의 행동을 생각해 보자. 이렇게 행동할 때마다
당신은 승리한다.

- 소시오패스에 대해 배운 객관적인 정보를 마음에 되
새긴다.
- 이 무자비한 인간과의 분쟁이 훨씬 더 크고 오래된 갈
등인 인간의 유대감과 공허함 사이에 존재하는 다툼
의 일부라는 사실을 돌이켜 본다.
- 소시오패스와의 게임에서 판을 뒤집고 승리의 의미에
대해 다시 정의한다.
- 소시오패스의 목표가 아닌 자신의 목표에 집중한다.
- 소시오패스에게 당신의 감정을 드러내지 않는다.
- 양심과 공감 능력을 가진 사람과의 연대를 강화한다.
- 당신의 사명을 실행 가능한 세부적 행동으로 나눈다.
- 속도를 자신에 맞게 조절한다.
- 이성적이고 실용적인 자세를 유지한다.
- 스트레스를 줄일 수 있는 방법을 실천하며 건강에 신
경 쓴다.

6장_ 소시오패스의 영향력에서 벗어나는 방법

소시오패스와 싸울 때 다음 두 가지 측면에서 소시오패스가 불리하다. 이 두 가지를 꼭 기억하라.

1. 소시오패스는 조작과 통제를 빼놓고는 도저히 '승리감'을 느끼지 못한다. 그래서 조작과 통제 이외의 방식으로 승리를 다투는 일에는 금세 흥미를 잃는다. 하지만 승리의 의미를 스스로 결정할 수 있는 당신은 훨씬 더 유연하게 대응할 수 있다.

2. 소시오패스는 공감을 위한 기초적인 능력조차 가지고 있지 않기 때문에 다른 사람의 감정을 이해하려면 노력이 필요하다. 수학 문제를 계산하듯 다른 사람의 감정을 머리로 계산하고 따져 봐야 하는 것이다. 그러므로 당신이 약간의 자제력만 발휘한다면 소시오패스에게 당신이 느끼는 감정을 들키지 않을 수 있으며 그가 더욱 빨리 지루해지도록 할 수 있다. 지루함이야말로 소시오패스가 가장 두려워하는 적이다. 소시오패스는 치료사나 가족 혹은 다른 사람들에게 자신은 늘 지루하며 쉴 새 없이 계속 자극해 주는 뭔가가 있었으면 좋겠다는 얘기를 달고 산다. 어떤 소시오패스는 **중독됐**다는 단어를 즐겨 쓴다. 이를테면 "짜릿함에 **중독됐어**.", "위험천만한 일에 **중독됐어**.", "사람들을 놀라게 하는 데 **중독됐어**."라는 식이다. 소시오패스는 살아가는 내내 자신이 지루해질까 봐 걱정하고 두려워한다. 따라서 그들을 상대할 때 당신의 가장 좋은 친구는 지루함이다.

그저 양심이 없을 뿐입니다

다음 장에서는 나르시시스트와 소시오패스를 구별하는 방법에 대해 설명하려 한다. 이 주제 역시 나에게 편지를 보낸 사람들이 항상 물어보는 내용이기도 하다.

소시오패스 vs 나르시시스트

**같은 듯 다른 듯
자기애성 인격 장애**

"하지만 세상이 돌아가는 원칙 정도는 알아야 할 거예요.
어린아이나 하인들, 여자들, 평범한 사람들이 잘났다고 해 봤자
지적인 학생이나 위대한 사상가, 현자가 될 순 없어요."

— C. S. 루이스C. S. Lewis, 『마술사의 조카The Magician's Nephew』

타인의 감정을 이해하는 예민한 능력을 왜 바람직한 심리적 특성이라고 하는 걸까? 그보다는 다른 사람들의 변덕스러운 감정과 비이성적인 황홀감, 죄의식을 부르는 우울감에 무덤덤해지는 편이 더 낫지 않을까? 사람들이 친구들의 복잡한 기분, 배우자의 감정 기복, 예측 불가인 아이들의 심리학적인 발달 '단계'를 신경 쓰지 않아도 된다면 얼마나 많은 에너지를 아낄 수 있을까? 어찌 됐건 다른 사람들의 감정적인 삶에 사실상 우리가 해 줄 수 있는 일은 거의 없어 보일 때가 많다.

물론 양심이 없다거나 사랑할 능력이 없는 게 바람직하다는 소리는 아니다. 그랬다가는 당신이 냉정한 소시오패스가 될 테니 말이다. 하지만 만약 양심은 물론이고 죄책감을 느끼며 사랑하고 연대하는 능력은 그대로 유지하면서 다른 사람의 감정을 느끼는 감각만 없어진다면 어떨까? 다른 사람들을 사랑하고 돌보려면 그들의 감정적인 삶을 얼마만큼 알아야 하는 걸까?

부담스러운 공감이 모두 없어진다면 우리의 삶은 어떻게 달라질까? 그리고 감정적으로 무덤덤해진다면 어떤 느낌일까? 이제 곧 알겠지만 그런 상태는 생각만큼 그렇게 홀가분하지도 평온하지도 않다.

그런 상태의 사람들이 실제로 존재한다. 그들은 소시오패스는 아니지만 확실히 당신과는 근본적으로 다른 정신의 소유자이다. 감정의 완벽한 무인식이 어떤지 이해하기 위해 잠깐 당신이 그들의 머릿속에 들어가 있는 상상을 한번 해 보자. 당

291

신이 평생토록 다른 사람들의 감정, 바람, 동기를 전혀 인식할 능력이 없었으며 다른 사람들에게 감정이 있다는 사실조차 아예 모른다고 해 보자. 그렇다면 당신에게 표정, 몸짓, 목소리 톤은 알아들을 수 없는 딴 세상의 언어가 된다. 대부분의 사람들이 굉장히 민감하게 받아들이는 대인 관계의 신호임에도 불구하고 당신은 전혀 인식하지 못하고 그저 흘려보낼 뿐이다. 눈물처럼 눈에 잘 띄는 감정적 신호를 보더라도 그 의미를 알 수 없는 당신은 긴장하거나 때로는 화를 내기까지 한다. 당신에겐 너무나 당황스러운 일일 뿐이기 때문이다.

정상적인 사람이라면 상대방의 감정 반응을 통해 그 사람이 어떤 상태인지 추측하겠지만, 그런 반응들의 의미를 전혀 이해하지 못하는 당신은 누군가와 직접 마주하더라도 그 사람이 어떤 상태인지 전혀 감지하지 못하며 감정에서 오는 정보를 거의 대부분 놓치게 된다. 당신은 직접적인 접촉을 통한 인지 능력에 제한이 있기 때문에 어떤 사람이든 당신 자신이 예상하는 범위 내에서만 인식할 수 있다. 즉, 다른 사람들은 당신의 마음속에 존재하는 허상일 뿐이다. 만약 당신이 그 사람을 똑똑하고 그 분야에서 권위자라고 생각한다면 그는 그런 사람이 되며, 당신이 그녀를 너무 아름답고 당신과 함께하기 위해 태어난 사람이라고 믿는다면 그녀는 그런 존재가 된다. 그녀의 진정한 본성이나 감정은 전혀 고려되지 않은 채 말이다. 타인을 바라볼 때 당신은 철저하게 자신의 생각과 바람대로 바라보기를 고집

그저 양심이 없을 뿐입니다

하며, 실제로 그들이 당신만의 확정적인 결론과 사뭇 다른 감정 반응들을 보인다 해도 당신에겐 아무런 영향을 미치지 못한다.

당신이 느끼는 감정 중에서 진실한 감정은 당신 자신의 감정밖에 없다. 다른 사람들처럼 당신도 희망과 공포, 증오, 간절한 사랑, 극심한 죄책감을 느낄 수 있다. 분노, 질투, 터질 듯한 욕망이 무엇인지도 안다. 하지만 그 감정들은 모두 당신 자신의 감정에 국한된다. 다른 사람들이 그런 감정을 보여도 당신은 전혀 공감하지 못한다. 마치 깜깜한 방에서 책을 읽는 것처럼 말이다. 그들이 여러 번 반복해서 자신의 감정을 설명해도 당신에겐 하나도 들리지 않는다. 무엇보다도 당신은 자신에게 그런 제한이 있다는 사실조차 알지 못하며, 사람들을 인식하고 관계를 맺는 방식에 뭔가가 빠져 있다는 생각도 하지 못한다.

그런데 아이러니하게도 당신은 사람들과 가까이하기를 원하며 그들이 당신의 진가를 알아보고 인정해 주기를 바란다. 그것도 정상적인 사람들에 비해 훨씬 더 강렬하게 말이다. 그래서 외톨이가 되면 당신은 극도로 우울해지며 어떤 때는 몇 시간도 채 안 돼 엄청 침울해지기도 한다. 배우자를 만나고 싶어 하며, 이미 결혼을 했다면 죽을 때까지 헤어지지 않기를 바란다. 아이에게는 존경받는 부모이기를, 동료들에게는 함께하고 싶은 특별한 사람이자 평생 우정을 나누고 싶은 사람이기를 원한다. 그러나 당신은 감정적으로 이런 대인 관계에서 성공할 준비가 전혀 되어 있지 않다. 그저 당신만 모를 뿐. 행여 당신에게 오랫

7장_ 소시오패스 vs 나르시시스트

동안 유지되고 있는 인간관계가 있다면 그건 당신이 그럴 만한 사람이라서가 아니라 다른 사람들이 그 관계를 참아 주고 있거나 그들의 자존감이 바닥이거나 또는 스스로에 대한 당신의 무지에 지친 나머지 그들이 포기했기 때문이다. 어쩌면 당신이 아주 대단한 위치에 있어서 그 권력에 기대고 싶은 마음에 사람들이 관계를 유지하고 있을 수도 있다.

살면서 지금까지 많은 관계를 잃었다는 사실이 당신에겐 이해할 수 없는 수수께끼이며 당신은 그에 대해 분노를 느낀다. 지난 몇 년간 그 많은 사람들이 왜 당신 곁을 떠났는지 어떻게든 설명하려고 애써 보지만 그럴듯한 이유를 찾지 못한다. 그 사람들에게 잘못한 게 하나도 없는데 왜 그들은 당신에게 불만을 토로하고 때로는 나쁜 사람으로 몰아붙이기까지 하는 걸까? 스스로 의리 있고 합리적이라 자부하는 당신이 계속 그들의 성질을 건드리고 짜증 나게 만들었을 리가 있겠는가? 오히려 그들이야말로 변덕스럽고 남을 비난하기 일쑤인 사람들 아닐까? 하지만 이해할 수 없게도 상황은 늘 뒤집어진다. 당신과 관계가 틀어지는 사람들이 도리어 당신을 해로운 사람이라며 비난한다. 심지어 옛 애인은 당신이 다른 사람의 인생을 망치고 있다며 악을 쓰기까지 했다. 왜 그 사람들이 당신에게 그렇게 말도 안 되는 소리를 하며 화를 내는지 이해할 수만 있다면 당신은 틀림없이 문제를 해결할 것이다. 하지만 문제가 뭔지 그들에게 물어봐도 되돌아오는 건 이해할 수 없는 비논리적인 대답들

그저 양심이 없을 뿐입니다

뿐이다. 결국 당신이 생각할 수 있는 유일한 결론은 그저 당신이 운이 나빴다는 것이다. 아마 당신이 만난 사람들 모두가 문제가 있는 사람이었거나 아니면 당신이 얼마나 특별한 사람인지 전혀 알아보지 못하는 수준의 사람이었을 거다.

지금까지 말한 내용이 바로 **나르시시스트**의 내면이다. 나르시시스트는 인간관계에서의 실패를 이런 식으로 해석하며 그렇기 때문에 자신에게 아주 소중했던 사람들에게 여러 가지 피해를 끼친다. 타인의 감정이라고 하는 너무나 중요한 정보를 이해하지 못하기에 나르시시스트는 같은 일이 반복되는 시간의 함정에 갇히고 만다. 번번이 가까운 관계를 잃는 실패를 반복하면서도 나르시시스트는 왜 그런 일이 생기는지 짐작조차 하지 못한다. 가까운 사람들이 짜증을 내든 말든 늘 자신에게만 관심을 쏟고 있는 듯 보이지만 실상은 당황, 고통, 분노가 그의 내면 세계를 가득 채우고 있으며 평생을 그런 상태로 살아간다.

자기애성 인격 장애 Narcissistic Personality Disorder, NPD에는 소시오패스와 같은 비도덕적인 면모는 없다. 하지만 그 둘의 차이와 공통점을 잘 알 필요가 있다. 나르시시스트 역시 자신과 가까운 친구, 동업자, 배우자에게 끔찍한 피해를 줄 수 있으며, 피해자들은 자신의 인생에서 그를 몰아내기를 간절히 원할 것이다. 그들에게도 자녀에 대한 사랑이 있을 수 있지만 동시에 아이에게 평생 치유되지 않을 감정적인 상처를 남길 가능성도 있다. 극단적인 나르시시스트가 저지르는 일부 행동과 특정한 형태의 해악은 거의 소시오패스가 저지르는 짓과 다를 바 없다. 내가 받은 편지 중에도 그런 경우가 너무나 많았다.

제 상사를 좋아하는 사람은 아무도 없어요. 전에는 그가 나르시시스트라고 생각했었는데 지금은 잘 모르겠어요. 그는 누가 자기 의견에 반대하면 그 이후로 그 사람을 아주 미워하고 기회만 되면 끌어내리려고 해요. 심지어 몇몇을 해고당하게 하기까지 했죠. 개인적인 자기 인생사를 시시콜콜하게 말할 때도 많아요. 그런 얘기를 멈추질 않아서 그의 사무실에 잡혀 있었던 때가 얼마나 많은지 몰라요. 사소한 내용까지 계속 말하는데 아주 죽겠더라고요. 다른 사람이 그런 얘기에 전혀 관심 없어 하는 걸 정말 모르는 거 같았어요. 일처리를 잘할수록 더 많이 불려가 그런 식의 짜증 나는 일도 덩달아 늘어나는 듯했어요.

너무 자기한테만 빠져 있는 것도 좀 그렇지만 제일 큰 문제는 공감 능력이 없다는 거예요. 심각할 정도로 형편없죠. 한번은 암 때문에 화학 요법을 받으려고 휴직한 사람이 있었는데 해고당한 것처럼 비웃더라니까요. 그 사람이 다시 복직했을 때 머리카락이 많이 빠진 걸 보고는 가발 사 주게 모금이라도 하자는 식의 농담까지 했죠. 정말 일만 아니라면 진즉에 그런 사람하고는 연락을 끊었을 거예요.

그저 양심이 없을 뿐입니다

이 편지에 나오는 관리자는 거짓말로 누군가를 해고당하게 만들었을 뿐만 아니라 암 환자에게 아주 냉담한 태도로 일관했다. 마치 소시오패스를 떠올리게 한다. 하지만 자신의 인생사를 시시콜콜하게 말하는 습관으로 본다면 나르시시스트일 가능성이 있다. 과연 그는 소시오패스일까 아니면 나르시시스트일까?

근본적으로 소시오패스와 나르시시스트 사이에는 아주 중요한 차이가 하나 있다. 그런 차이가 현실적으로는 무의미하다는 게 놀라울 따름이지만 말이다. 그 차이는 바로 소시오패스는 양심과 공감, 두 가지 모두가 없는 반면에 나르시시스트는 공감'만' 없다는 것이다. 다시 말하면 소시오패스는 사람들과의 유대감을 느끼지 못하는 건 물론이고 그들의 감정을 느낄 수도 없는 반면, 나르시시스트는 타인의 감정을 느낄 수는 없어도 자기 방식으로 인간관계를 형성할 수는 있다는 거다. 나르시시스트는 관계를 만들 수 있기에 양심이라는 감정을 경험할 수는 있지만 다른 사람의 감정과 요구를 아예 무시하기 때문에 양심에 따라 행동하는 능력에는 심각할 정도로 문제가 있다.

정상적으로 성장해서 인생을 잘 살아가려면 누구나 어느 정도의 자기 존중 즉, '건강한 나르시시즘'이 필요하다. 하지만 그런 자기 존중이 정상 범위를 넘어 다른 감정까지 압도하는 나르시시즘이 된다면 오히려 우리의 인생을 고통에 빠트린다. 지나치게 커진 나르시시즘은 인간관계를 망칠 뿐만 아니라

7장_ 소시오패스 vs 나르시시스트

다른 사람들에게 피해를 준다. 일부 전문가들은 이런 상태를 병적 또는 치명적 또는 악성 나르시시즘이라고 부른다. 일반적으로 어떤 사람을 나르시시스트라고 부를 때는 대개 그로 인해 인간관계를 망치고 주변 사람에게 피해를 주며 병적일 정도를 의미한다.

나르시시스트와 소시오패스의 감별

미국 정신 의학 협회가 발행한『정신 질환 진단 및 통계 편람-4』에서는 자기애성 인격 장애를 "환각 또는 행동에서 과장성, 숭배에 대한 요구, 공감 결여가 광범위한 양상으로 있으며 청년기에 시작되어 여러 상황에서 나타난다."고 정의하고 있다. 다음의 9가지 주요 증상에서 5가지 이상에 해당하는 사람은 자기애성 인격 장애로 진단할 수 있다.

1. 자신의 중요성에 대한 과장된 지각을 가지고 있다
   (예: 성취와 재능을 과장하고, 뒷받침할 만한 성취가 없는데도 우월하다는 인정을 받으려 함).
2. 무한한 성공, 권력, 명석함, 아름다움, 이상적인 사랑에 대한 공상에 몰두한다.
3. 자신은 특별하고 독특해서 다른 특별하거나 높은 지

그저 양심이 없을 뿐입니다

위에 있는 사람(또는 기관)만 그런 자신을 이해하거나 관계를 형성할 수 있다고 믿는다.

4. 과도한 숭배를 요구한다.

5. 특별한 자격이 있다고 여긴다. 즉, 특별히 호의적인 대우를 받아야 하고 다른 사람들이 자신의 기대에 당연히 부응해야 한다는 불합리한 기대를 한다.

6. 착취적인 대인 관계. 즉, 자신의 목적을 달성하기 위해 다른 사람을 이용한다.

7. 공감 결여. 다른 사람의 감정과 요구를 인식하거나 확인하기를 꺼린다.[59]

8. 자주 다른 사람을 부러워하거나 다른 사람이 자기를 부러워한다고 믿는다.

9. 오만하고 건방진 행동이나 태도를 보인다.

2013년에 발표된 『정신 질환 진단 및 통계 편람-5』에서는 자기애성 인격 장애의 진단 방식에도 변화가 있었다. 이 새로운 개념화의 일환으로 자기애성 인격 장애는 다음과 같은 '대인 관계 기능의 장애'를 포함한다.

• 공감: 다른 사람의 감정과 요구를 인식하거나 확인하는 능력의 장애. 자신과 관련이 있다고 생각할 때만 타인의 반응에 지나칠 정도로 대응함. 자신이 다른 사

람에게 주는 영향을 과대 또는 과소평가.

- 친밀함: 관계는 대체로 피상적이며 자존감을 높일 목
적으로 존재한다. 타인의 경험에는 진정한 관심이 거
의 없는 데다 자신의 이익에 대한 요구가 지배적이기
때문에 상호 관계가 제한적이다.

또한 『정신 질환 진단 및 통계 편람-5』에 따르면 자기
애성 인격 장애는 다음과 같은 '병리적인 인격 특성'을 보인다
고 한다.

- 과장성: 명백하게 자격이 있거나 다른 사람들은 모르
는 어떤 자격을 가지고 있다고 느낀다. 자기중심적이
며 자신이 다른 사람들보다 낫다는 확고한 믿음을 가
지고 있다. 다른 사람들에게 잘난 척을 한다.
- 관심병: 다른 사람의 관심을 끌고 주목을 받으려는
시도를 과도하게 한다. 숭배받기를 원한다.

소시오패스의 얼음 같은 냉혹함은 뇌의 선천적인 결손
으로 감정과 대인 관계의 입력을 처리하지 못하기 때문에 나타
난다. 나르시시즘의 공감 능력 결핍은 주로 어렸을 때 주된 양
육자와의 감정적인 관계 형성이 부족한 데서 생긴다고 추측된
다. 이때 주 양육자 역시 학대 또는 나르시시스트 성향일 가능

그저 양심이 없을 뿐입니다

성이 있다. 이런 경우, 문제가 있는 양육자가 자신이 느끼는 감정을 어린아이에게 투사하는 오류를 범하면서 아이의 뇌에서 공감과 연민을 담당하는 변연계가 정상적으로 발달하지 못하게 된다. 예를 들면 "화가 나서 미칠 것 같지?"라는 식으로 말이다. 소시오패스의 감정 처리 결손이 어느 정도는 유전적인 문제라면, 이와 반대로 병적인 나르시시즘을 초래하는 감정 조절 장애는 대략 생후 2년 이내에 유발되는 것으로 보인다. 비유하자면 소시오패스의 공감 결핍이 선천적으로 팔이 없이 태어난 상태라면 나르시시즘의 공감 결핍은 아주 어렸을 때 팔을 심하게 다친 상태라 할 수 있다.

소시오패스에게는 공감 능력이 아예 존재하지 않는다. 심지어 갓난아이에게서도 찾아볼 수 있는 정서 전이를 소시오패스는 단 한 번도 경험하지 않는다. 정서 전이는 다른 아기의 우는 소리를 들은 아기가 따라서 울음을 터트리는 것처럼 다른 사람의 강렬한 감정을 반사적으로 '감지하는' 기초적인 수준의 반응으로, 인간을 포함한 다른 사회적인 동물들에게서도 관찰할 수 있다. 이와 달리 나르시시스트는 우리만큼 뚜렷하지는 않더라도 가끔은 정서 전이를 경험한다. 그들의 반응이 상대적으로 뚜렷하지 않은 이유는 나르시시스트의 자기중심적인 성향이 이런 기초적인 공감조차 방해하기 때문이다. 그러나 흥미롭게도 나를 포함한 일부 임상의들의 관찰에 따르면, 나르시시스트가 타인에게 이끌어 내는 정서 전이의 강도가 대부분의 일반 사람들이 이끌어 내는 정서 전이의 강도보다 더 뚜렷하다는 점이다. 나르시시스트는 자신 이외의 세상에서 들리는 소리에는 전혀 귀를 기울이지 않는 반면 자신에 대해서는 과장된 감정과 신념을 가지고 있기 때문에 그런 감정과 신념이 마치 뚜껑을 단단히 덮은 냄비에서 물이 끓어오르듯 너무나 강렬하게 부풀어 올라서 다른 사람에게 큰 영향을 주는 것이다.

임상의인 니나 브라운Nina Brown은 자신의 저서 『파괴적인 나르시시즘의 유형The Destructive Narcissistic Pattern』60에서 나르시시스트가 만들어 내는 정서 전이에 특히나 더 취약한 사람들이 있다고 말한다. 그 내용을 보면 "쉽게 영향을 받는 사람들은 다른 사람의 감정을 무시하지 못하며, 자신을 완전히 독립적으로 보지 않고 다른 사람들과 서로 연관되어 있다고 여기는 경향이 있다. 또 행동에 담겨 있는 비언어적인 감정 표현을 읽어 내거나 음성과 몸짓으로 의사소통하는 데 능숙하며, 사람들과 대화를 나눌 때도 그들의 신체적인 표현을 떠올리는 편이다. 그리고 자신의 감정을 잘 인식하며 감정적인 반응을 잘 나타낸다."고 한다. 다르게 표현하자면 이들은 나르시시스트의 감정을 아주 잘 '파악'할 만큼 공감 능력이 굉장히 뛰어난 사람들이며 그렇기 때문에 그들에게 쉽게 휘둘린다.

만약 당신이 공감 능력이 굉장히 뛰어난 편인데, 한 명 이상의 나르시시스트가 당신의 삶에 껴 있다고 여겨진다면 이제부터 주목하기 바란다. 공감 능력이 뛰어난 사람이 극단적인

그저 양심이 없을 뿐입니다

나르시시스트에게 오랫동안 노출되면 그들의 환상, 이를테면 무한한 성공, 힘, 명석함, 아름다움, 이상적인 사랑에 대한 과장된 공상에 '물들' 수 있으며, 겪지 않아도 될 사업적·정치적·법률적·인간관계적 재앙으로 내몰릴 가능성이 크다. 자아도취에 빠진 정치적 지도자들, 이념적 지도자들, 그리고 자기 잇속만 차리는 '위대한 사상가와 현자들'은 나르시시즘의 해로운 영향력을 방사능처럼 뿜어 대는 덕분에 열정적인 제자와 신봉자들이 그들의 뒤를 따른다. 실제로 집단 차원에서 살펴봤을 때 소시오패스인 지도자와 나르시시스트인 지도자가 보이는 기술적인 차이점 중 하나는 소시오패스가 거짓말, 조작, 위협으로 영향력을 행사하는 반면, 나르시시스트는 거짓말, 조작, 정서 전이를 통해 영향을 미친다는 것이다.

사람들이 소시오패스 정치가와 나르시시스트 정치가의 차이에 대해서 물으면 나는 직접 만나서 평가해 보지 않고는 진단하기 어렵다고 답한다. 그러나 만약 도널드 J. 트럼프**Donald J. Trump** 대통령처럼 과장되고 공감 능력은 전혀 없으면서 관심과 숭배를 지나치게 갈망하는 성격적인 특성을 보이는 환자가 나를 찾아온다면 나는 나르시시스트가 아닐까 한참을 고민할 거라고 답할 것이다.

악성 나르시시스트들은 주로 다른 사람들의 숭배, 외부 세계의 인정과 찬사, 주변의 긍정적인 관심과 칭찬만을 얻고자 하는 욕구에서 동기가 부여되고 힘을 낸다. 나르시시스트는 그의 내면세계를 온전히 유지하기 위해 자신을 믿어 줄 누군가를 필요로 한다. 우월하게 태어난 존재이기에 특권을 누릴 자격이 있다고 하는 본인의 믿음에 상대가 동의해 주길 원한다. 그는 끊임없는 숭배와 찬사를 추구하며 자신을 그렇게 대접해 줄 능력과 의지가 있는지 여부에 따라 사람들을 평가한다. 나르시시스트가 소시오패스처럼 계획적으로 이런 일을 처리하는 건 아니지만 대부분의 사람들보다 더 꿋꿋하게 해 나간다. 소시오패스는 힘을 원하고 나르시시스트는 찬사를 갈망한다.

1938년에 정신 분석 학자인 오토 페니켈Otto Fenichel61은 나르시시스트가 "아이들이 외부에서 음식을 공급받아야 하는 것처럼 주변 환경으로부터 '자아도취를 위한 보급품'을 필요로 한다."고 말했다. 비판이나 현실적인 우려를 접하면 사람들은 '자기애적 상처narcissistic injury'를 경험한다. 자기애적 상처는 정신 분석 학자들이 만든 용어로, 연약하지만 지극히 중요한 내면세계를 공격하는 심리적 위협을 말한다. 이런 모욕을 당한 나르시시스트는 늘 원초적인 분노로 대응한다. 아무리 사소한 모욕일지라도 그들은 다른 사람들을 두려움에 떨게 할 정도의 엄청난 분노를 터트린다.

병원이 아닌 현실 세계에서 나타나는 나르시시즘과 소시오패시의 주된 차이점은 **행동의 뜨거움과 차가움**에 있다. 소시오패스는 다른 사람들을 이용하려 할 때 대부분의 상황에서 세심하게 계획된 매력을 선보이며 차갑고 무감정하며 계산적으로 행동한다. 나르시시스트 역시 사람들을 이용하지만 그들은 자신의 우월성에 대한 굳건한 믿음과 자신이 무한한 성공, 힘, 명석함, 아름다움을 가지고 있으며 이상적인 사랑을 받을 자격이 있다는 확신에서 나오는 감정적인 행동을 한다. 비판을 받거나 다른 사람들이 자신의 바람대로 해 주지 않아 실망했을 경우, 나르시시스트는 열을 올리며 분노하고 증오심을 품지만 소시오패스는 다시 원점으로 돌아가서 계획을 수정하고 더 많은 매력이나 추가적인 위협을 쏟아붓는다. 나르시시스트는 열정적이고 설득력 있으며 굉장히 파괴적인 성향을 가진 이념적 지도자일 수 있지만, 소시오패스에게는 그 어떤 이념도 없다. 소시오패스의 파괴적인 행동은 냉혹한 논리에서 나오며 지배를 위한 '게임'에서 승리하는 것만이 그의 유일한 목표이다. 자제력을 잃거나 환상 같은 감정을 지켜내겠다는 일념으로 자신의 게임을 위험에 처하게 만드는 일 따위는 좀처럼 하지 않는다.

소시오패스가 당신의 삶을 망쳤다는 것은 무슨 짓을 저지르더라도 죄책감이나 수치심 같은 정상적인 감정을 느끼지 않는 냉혹한 누군가가 의도적으로 당신을 노렸다는 걸 의미한다. 이와 달리 나르시시스트가 당신의 삶을 망쳤다면 소시오패스보다 따뜻하기는 하지만 자신이 흥청망청 써 버린 자아도취를 위한 보급품을 당신과의 관계를 통해 보충하려고 당신을 희생양으로 삼았다는 말이다. 그는 자신의 거짓된 내면세계를 온전히 유지하겠다는 생각에만 빠져서 자신이 야기할 고통과 피

305

해가 어떨지는 전혀 생각하지 않은 채 무슨 짓이라도 할 수 있는 사람이다.

소시오패스와 나르시시스트는 둘 다 다른 사람을 착취하기 때문에 여기서 말한 차이점이 그다지 크게 와닿지 않을 수도 있다. 피해를 놓고 얘기하자면 누구에게 당하든 확실히 양쪽 모두 상당할 것이다. 그러나 좀 더 자세히 다가가서 개인적인 부분까지 살펴본다면 정상적인 사람들이 소시오패스와 나르시시스트에게 대응하는 방식은 서로 다른 경향을 보인다. 소시오패스든 나르시시스트든 처음 관계가 시작되는 시기는 단꿈에 빠진 것처럼 행복한 시절이 있다. 그 기간에는 장애가 있는 사람임에도 '믿기 어려울 정도로 좋아' 보일 수 있다. 사람들이 그렇게 봐주는 동안에는 그들 역시 종종 그 사람들의 바람대로 행동한다. 그러나 이 달콤한 시절은 계속되지 않으며 얼마 안 가 끝이 난다. 그때가 되면 소시오패스와의 관계에서 피해자는 대개 말로 표현할 수는 없지만 뭔가 잘못되었다고 느끼기 시작한다. 전혀 앞뒤가 맞지 않는 상황이 생기기 때문이다.

피해자는 그런 부분에 대해 의문을 가지고 묻기 시작한다. 그러면 소시오패스는 훨씬 더 강한 매력을 발산하며 대응하거나 더욱 강하게 위협한다. 때로는 두 가지 모두를 사용하기도 한다. 피해자는 자기 자신을 비난하고 혼란스러워하며 불안에 떨기 시작한다. 한편 나르시시스트와의 단꿈에서 깨어난 피해자는 그와의 관계가 자신이 주기만 하는 일방적인 관계라는 점

그저 양심이 없을 뿐입니다

을 분명하게 깨닫는다. 피해자는 나르시시스트에게 그가 당신의 감정적 요구를 무시하고 있다는 사실을 설명하기 위해 줄기차게 대화를 시도한다. 그러나 이런 대화는 시간 낭비에 불과하며 아무런 변화도 생기지 않는다. 피해자는 자신을 비난하고 혼란스러워하며 분노를 느낀다.

보통 소시오패스와의 관계가 끝이 날 때는 무시하거나 다르게 해석하기에는 너무나 중대한 기만행위가 드러나는 것이 계기가 된다. 이때 소시오패스의 눈을 들여다본 피해자는 충격에 빠진다. 많은 피해자들의 표현처럼 그의 눈은 '잡아먹을 듯' 하거나 '소름 끼치는' 느낌을 주는 낯선 사람의 눈이기 때문이다. 이런 충격 덕분에 피해자는 보다 쉽게 그와의 관계를 정리할 수 있다. 이에 반해 나르시시스트와의 관계는 보다 끈끈할 수 있다. 피해자는 나르시시스트에게 그의 자기중심적 행위를 지적하고 울부짖기도 하며 잘못을 바로잡아야 한다고 설명하려 애쓴다. 때로는 이런 대화가 수 년 또는 수십 년 동안 계속된다. 결국 피해자는 그에 대한 모든 존중을 버리고 그를 그저 우스꽝스럽고 연약하며 철들지 않는 '어린애'라고 여기게 된다.

관계가 끝날 때가 되면 나르시시스트에게 당한 피해자는 그의 더럽고 추악함에 욕지기를 느낀다. 어떤 피해자는 자신까지 더러워진 것 같아 비누도 아니고 '산업용 세제'를 사야 할 것 같다고 말한 적도 있었다. 이에 반해 소시오패스에게 당한 피해자는 자신을 직접 해치거나 물리적으로 공격하지 않을까

307 　 7장_ 소시오패스 vs 나르시시스트

하는 위협을 느낀다.

나에게 편지를 보낸 독자들 중에는 소시오패스에게도 '아주 약간의 양심'은 있지 않은지 묻기도 한다. 희망의 씨앗이라도 찾아보려는 그들의 마음은 이해하지만 아쉽게도 소시오패스는 그렇지 않다. 단 한 톨의 양심도 없는 사람을 소시오패스라고 정의하기 때문이다. 소시오패스가 마치 양심에 따라 행동한 것처럼 보이는 사례를 말하는 편지도 있다. 정말 그렇다면 내 생각에는 그 편지의 주인공이 상대하고 있는 사람이 소시오패스가 아니라 나르시시스트가 아닐까 싶다. 나르시시스트에게는 실제로 '아주 약간의 양심'이 있으니까 말이다. 양심을 따르는 듯한 행동을 한다고 생각하면 희망이 생겨 상대에 대한 미련이 남겠지만 아쉽게도 그런 일이 반복될수록 나르시시스트와의 관계만 더 끈끈해질 뿐 본질적으로 그가 달라지지는 않는다.

소시오패스와의 시간을 돌이켜 본 사람들이 **냉담, 약탈, 범죄**와 같은 단어를 자주 사용하는 반면, 나르시시스트를 회고하는 사람들은 **미치광이, 패배자, 멍청이** 같은 단어를 자주 쓰는 경향이 있다. 흥미로운 사실은 **파괴적**이라거나 **괴물** 같은 단어는 두 경우 모두에게서 공통적으로 사용된다는 점이다. 소시오패스는 관계 초기부터 불안과 두려움을 불러일으킨다. 이와 대조적으로 나르시시스트는 관계가 처음 시작될 즈음에는 멍청이처럼 행동해서 보는 사람을 미치게 한다. 피해자들의 얘기를 들어 보면 당시에는 그에게 소리를 지르거나 어깨를 잡고 흔들어

그저 양심이 없을 뿐입니다

대고 싶었다고 말한다. 심지어 숙련된 임상의조차도 나르시시스트에게 당혹감을 느끼는 경우가 자주 생기기 때문에[62] 상담실에서는 그런 점을 늘 경계하고 있어야 한다.

엄밀히 말하면 모든 소시오패스는 나르시시즘을 가지고 있다. 『정신 질환 진단 및 통계 편람-5』에 따르면 반사회적 인격 장애는 '감정, 욕구, 타인의 고통에 대한 관심의 결핍'과 함께 '서로 친밀한 관계 형성이 불가능'하다고 되어 있는데, 이는 대인 관계 기능에 장애가 있음을 의미한다. 이미 1장에서 언급했던 반사회적 인격 장애의 7가지 병리적 인격 특징을 꼼꼼히 살펴보면 그들의 대인 관계 기능에 장애가 있음을 확인할 수 있다. 그 7가지는 조작, 기만, 냉담함, 적대감, 무책임, 충동성, 위험 감수를 말하는데, 이 중에서 적대감, 충동성, 위험 감수의 3가지는 나르시시즘에 해당하는 특징이라고 하기에는 무리가 있다. 그렇기 때문에 임상에서 소시오패스와 나르시시스트를 분류할 때는 주로 **적대감, 충동성, 위험 감수**의 특징이 있는지부터 확인하며, 이 3가지를 모두 갖추고 있다면 완전한 소시오패스라고 간주한다. 적대감, 충동성, 위험 감수의 병리적 특징을 구체적으로 설명하면 적대감은 '비열하고 고약하며 앙심을 품은 행동을 하는' 성향이며, 충동성은 '눈앞의 자극에 즉각적으로 반응해 행동으로 옮기는' 성향, 위험 감수는 '결과를 따져 보지도 않은 채 쓸데없이 위험하고 아슬아슬하며 자신에게 피해가 될 수 있는 활동에 참여하는' 성향을 말한다.

나르시시스트는 자신의 아이들, 친구, 연인의 감정적 요구에 대해서는 잔인할 정도로 무반응으로 일관하며, 오랫동안 치유되지 않는 상처를 남기는 경우가 많다. 소시오패스 역시 오래 지속되는 상처를 남긴다는 점에서는 동일하지만 사람들의 감정을 마치 수학이나 외국어처럼 학습한다는 점에서 나르시시스트와 구별된다. 그래서 소시오패스는 상황에 맞는 대응 방법을 정확하게 알고 있다. 이미 학습을 마친 소시오패스라면 곤란에 빠진 가족이나 친구에게 정상적인 사람과 마찬가지로 따뜻하게 대하기 때문에 소시오패스임을 알아채기 더욱 어렵다. 다시 말하면 여러 상황에서 나르시시스트는 무반응에 멍청하게 행동하면서 짜증이나 낼 가능성이 많지만 소시오패스는 상황에 맞게 적절히 대응하는 건 기본이고 아주 매력적으로 보일 때도 자주 있기 때문에 나르시시스트에 비해 자신의 정체를 훨씬 더 잘 숨길 수 있다. 소시오패스가 제대로 대응하지 못하는 유일한 상황은 그의 조작질에 상대방이 침묵으로 일관하거나 타의에 의해 자신의 '게임'이 중단되었을 때뿐이다.

아주 추운 날, 두 사람의 연인이 꽁꽁 얼어 있는 비탈길을 걸어 내려가는 상황을 한번 상상해 보자. 남자는 여자가 행여 미끄러지지나 않을까 걱정하며 지켜보다가 그만 자신이 넘어지면서 팔이 부러지고 만다. 너무나 아픈 나머지 눈에 한가득 눈물을 머금은 채 남자는 여자에게 병원에 데려가 줄 것을 부탁한다. 그녀는 나르시시스트이다. 그녀 자신의 팔은 멀쩡하기에

그저 양심이 없을 뿐입니다

지금 그녀의 세상에 통증은 없다. 그녀는 말한다.

"내가 보기에는 그렇게 나빠 보이지는 않는걸? 일단은 계속 가 보자. 아마 조금만 지나면 괜찮아질 거야."

10분 동안 말다툼을 한 뒤에야 그녀는 택시를 불러서 그를 응급실에 데려다준다. 그리고 가는 내내 자신이 얼마나 짜증 나는지에 대해 불평을 해 댄다.

이번에는 같은 길을 걸어가는 다른 남녀를 상상해 보자. 그 남자는 넘어지면서 팔이 부러지고 여자에게 병원에 데려다 달라고 부탁한다. 그런데 그 남자의 애인은 나르시시스트를 넘어 소시오패스이다. 그녀는 말한다.

"어머나 세상에, 이걸 어째! 당장 응급실에 가야겠어!"

그녀는 연민을 가득 품은 모습으로 택시를 불러서 그가 차에 타는 걸 조심스럽게 돕는다. 병원에 도착하자 그녀는 입원 수속을 하고 방사선 촬영을 받으러 갈 때까지도 세심하게 보살핀다. 진찰실에서 의사가 진통제를 주사하고 팔을 고정해 주자 그는 조금 나아지는 걸 느낀다. 그러나 그녀를 다시 만나기 위해 대기실로 가 보니 그녀는 이미 가고 없다. 그는 간신히 혼자서 집으로 돌아갔고 4일 동안 그녀를 만나지 못한다. 다시 모습을 드러낸 그녀는 연신 걱정하는 소리를 해 대며 사과를 늘어놓는다. 대기실에서 기다리고 있었는데 언니가 너무 아프다며 전화를 했다는 거다. 그래서 언니를 돌보러 다른 도시로 달려갔고 너무 정신이 없어서 연락을 못했다고 말한다.

그러나 사실 그녀는 그 4일 동안 다른 남자와 함께 있었다. 부자일 줄 알고 함께 지냈는데 알고 봤더니 그렇지 않아 다시 모습을 드러냈던 것이다.

　　이번에는 다른 상황을 한번 생각해 보자. 현재 이 연인은 여자의 집에서 동거 중이다. 남자는 실업자로, 자신의 상사와 틀어지는 바람에 해고당했다. 그래서 지금은 그녀 혼자서 생계를 책임지고 있다. 그는 그녀에게 아주 낭만적인 저녁 식사를 차려 주고는 결혼하자고 말한다. 자신을 이해해 준 여자는 이 세상에 그녀뿐이었다는 말도 한다. 그렇게 프로포즈를 승낙하고 이런저런 얘기를 나누던 끝에 무심코 그녀가 직장에서 입을 새 옷을 샀다는 얘기를 꺼낸다. 그러자 그는 왜 자신에게 먼저 물어보지 않았냐며 화를 내기 시작한다. 너무나 심하게 화를 내는 그의 모습에 그녀는 겁에 질려 자신을 책망하면서 결혼하고 나면 큰돈을 쓸 때마다 반드시 허락받겠다고 약속한다. 이 남자의 행동은 나르시시즘을 아주 잘 보여 준다.

　　같은 상황에 있는 또 다른 연인의 이야기를 생각해 보자. 이 연인도 여자의 집에서 동거 중이다. 이 남자는 '일반적인 직장에서 일하기에는 너무나 예민하고 창의적'이라는 평계를 대며 몇 년째 무직인 상태다. 그래서 그녀의 수입으로 생활을 하고 있다. 그가 낭만적인 저녁 식사와 함께 결혼하자고 얘기한다. 그는 그녀에게 당신이 이 세상에서 제일 아름다운 여자라고 말한다. 그리고 그녀가 새 옷을 사느라 돈을 좀 썼다는 얘기

　　　　　　　　　　　그저 양심이 없을 뿐입니다

를 꺼내자 그는 아주 잘 샀다고 칭찬하면서 옷 자랑을 할 겸 조만간 '같이' 멋진 레스토랑에 가서 돈을 좀 쓰자고 너스레를 떤다. 결혼한 지 2년 만에 그녀는 그가 소시오패스라는 사실을 깨닫는다.

또 다른 유사점과 차이점

소시오패스와 나르시시스트의 또 다른 유사점과 차이점을 알게 된다면 그 두 가지 장애를 보다 완벽하게 이해할 수 있을 것이다.

거짓말과 속임수는 소시오패스와 파괴적 나르시시스트의 핵심 요소이다. 소시오패스는 거짓말을 통해 사람들을 당황하게 하고 자신의 뜻대로 행동하도록 조작하면서 재미를 느낀다. 나르시시스트는 자신의 거짓된 내면세계를 유지하고 사람들이 항상 자신을 숭배하고 칭찬하도록 하기 위해 거짓말을 한다. 흔히 이 둘을 모두 '병적인 거짓말쟁이'라고 부르기도 한다. 소시오패스와 나르시시스트 모두에게 속임수는 사람들을 이용하고 착취하기 위한 기본 도구이다. 소시오패스는 사기꾼이며 나르시시스트는 가짜 페르소나 안에서 살아간다. 그런 자신의 목적을 위해 그들은 끊임없이 거짓말을 할 수밖에 없다.

소시오패스와 나르시시스트 둘 다 경쟁심이 굉장히 강

하다. 소시오패스는 힘과 통제를 갈망하며 오직 승리를 쟁취하는 데만 전념한다. 나르시시스트는 자신의 우월함을 증명하기 위해 모든 사람을 능가해야 한다는 강박 관념에 사로잡혀 있으며 다른 사람의 힘과 업적을 병적으로 질투한다.

소시오패스와 나르시시스트는 모두 과장된 모습을 보이고 비정상적일 만큼 자기 확신에 차 있으며 늘 지나치게 자만하는 경향을 보인다. 그리고 둘 다 부끄러움을 모르며 당혹감을 느끼지 않을 때도 많다. 의도적으로 그러는지 아니면 정말 몰라서 그러는지 몰라도 어쨌든 소시오패스는 말 그대로 수치심이나 죄책감을 전혀 느끼지 않으며, 그렇기 때문에 당연히 부끄러움이나 당혹감을 느끼지 않는다. 이와 달리 나르시시스트는 수치심을 느낄 수 있지만 수치심이야말로 자신의 거짓된 내면세계를 가장 크게 위협하는 감정이기 때문에 온 힘을 다해 수치심에 저항하며 자신의 정신을 지켜 낸다. 나르시시스트는 정성을 들여 우월감을 구축하고 단 한 톨의 수치심도 용납하지 않음으로써 그를 상징하는 거만함을 완성시킨다.

이 둘은 모두 자신들이 모든 법률과 사회적 관습, 도덕법칙 위에 존재한다고 생각한다. 나르시시스트는 늘 자신이 특별한 대접을 받을 만한 자격이 있다고 생각하기 때문에 당연히 법 위에 존재한다고 여긴다.[63] 소시오패스는 모든 법과 관습마저도 게임의 일부라고 생각한다.

관심 있는 사람을 만나면 둘 다 곧바로 '즉각적인 친밀

그저 양심이 없을 뿐입니다

감'을 보인다. 나르시시스트는 한 번의 만남만으로 청혼을 하는
등 그 사람을 자신의 거짓된 세계로 끌어들이기에 급급할 것이
며 소시오패스는 그 사람이 자신의 본성을 아직 모른다는 점을
이용하려 들 것이다. 소시오패스와 나르시시스트는 피해자가
자율적으로 행동하는 걸 굉장히 싫어한다. 비록 그 행동이 정상
적일지라도 조금도 용납하지 않으려고 한다. 또한 피해자를 가
족에게서 떼어 놓으려 들거나 친구들을 만나지 말라고 얘기할
수도 있다.

　　그들은 대인 관계에서 사랑이라는 말을 협상을 위한 도
구나 무기로 삼아 '범죄'를 저지른다. 둘 다 가까운 사람들을 속
이고 현혹하여 그 사람들이 스스로 제정신인지 의문을 가지도
록 만든다. 소시오패스는 굉장히 계획적이면서 악의적으로 이
런 짓을 저지른다. 나르시시스트는 소시오패스처럼 의도적으로
사람들을 현혹하기보다는 자신만의 특이한 존재 방식을 이용한
다. 나르시시스트는 마치 어린아이처럼 사람들을 주로 자신에
게 딸린 존재쯤으로 받아들인다. 나르시시스트는 다른 사람들
에 비해 자신이 훨씬 더 큰 삶의 고통을 겪고 있으며 피해자들
은 자신을 보호하고 돌봐 줘야 한다는 믿음을 가지고 있다. 그
리고 자신의 과대망상과 자기혐오를 피해자들에게 투영시킬 뿐
만 아니라 그들이 자신의 끊임없는 잔소리와 비난을 꾹 참고 들
어 주기를 꿈꾼다. 나르시시스트와 가까운 사람들은 그들의 이
런 행동 때문에 자신의 심리적 경계선을 잃을 수 있다. 오랫동

　　　　　　　7장_ 소시오패스 vs 나르시시스트

안 나르시시스트에게 시달린 피해자들은 결국 자신을 지켜 줄 새로운 경계선을 만들지 못하고 심리적으로 그에게 종속된다.

때때로 소시오패스와 나르시시스트는 몇 달 또는 몇 년 전에 이미 관계가 끝난 사람을 조작의 대상으로 삼기도 한다. 왜냐하면 나르시시스트의 환상 같은 내면세계에서는 여전히 그 사람과의 관계가 유지되고 있으며, 소시오패스에게 그 사람은 자신의 소유물이기 때문이다. 이런 식으로 관계가 끝난 후에 조작을 하는 행동이 언제나 일어나는 일은 아니지만 만약 그런 일이 일어난다면 그 피해는 원래의 착취 행위만큼이나 소름 끼치고 절망적이다.

하지만 소시오패스에게는 그 어떤 고차원적인 감정도 찾아볼 수 없다. 나르시시스트는 그런 감정들을 가지고 있지만 공감 능력이 없어서 감정 표현을 왜곡시키기 때문에 기껏 가지고 있는 감정까지도 무용지물로 만들며 심할 경우 파괴적으로 탈바꿈시키고 만다.

소시오패스는 양심이 없기 때문에 항상 자신에게 가장 이로운 쪽으로 행동하며 남을 전혀 신경 쓰지 않는다. 나르시시스트 역시 늘 자신에게 가장 이로운 쪽으로 행동한다. 왜냐하면 그들의 마음속에서는 자신에게 가장 좋은 일이 이 세상을 위해서도 가장 좋은 일이기 때문이다.

자신의 정체가 들통 나면 소시오패스는 항상 자신은 책임이 없다는 소리부터 하기 시작한다. 노골적인 부인이 효과적

그저 양심이 없을 뿐입니다

일 때가 많기 때문이다. 특히 사람들이 그들에게 속아 현혹된 상태라면 이런 방법이 더욱 효과를 발휘한다. 나르시시스트도 보통은 책임을 부인한다. 그러나 이것은 다른 사람이 그 사건에 대해 설명한 내용을 받아들일 수 없기 때문이다. 남들이 아무리 딱 들어맞는 설명을 하더라도 자신의 머릿속에 짜여 있는 자신과 세상에 대한 구조와 맞지 않는다면 나르시시스트는 결코 받아들이지 않는다. 그는 자신의 잘못된 시각에 맞도록 모든 상황을 재구성하며 필요할 경우 순 억지에다 말도 안 되는 방식까지도 동원한다. 나르시시스트는 이야기를 지어내고 소시오패스는 인정 자체를 거부한다. 그렇기에 소시오패스의 일처리가 더 교묘하고 '매끄럽다'.

가끔은 나르시시스트가 책임을 지려고 할 때도 있다. 자신의 세계관 안에서 실패한 행위이거나 선악에 대한 자신만의 구조를 어긴 행위라고 믿는 경우라면 그렇게 한다. 소시오패스는 조작하는 걸 너무 좋아하기 때문에 누가 상처받는지에 대해서는 아무런 관심이 없다. 나르시시스트는 다른 사람에게 상처를 주고 싶어 하는 건 아니지만 다른 사람의 감정을 잘 감지하지 못하며 현실조차 제대로 인식하지 못할 때가 많다. 그렇기 때문에 나르시시스트도 소시오패스와 마찬가지로 사람들에게 큰 피해를 줄 수 있으며 인간관계에 있어서도 굉장히 파괴적이다.

나르시시스트는 아주 열심히 일하고 능력이 뛰어나며 외향적인 데다 과시적인 건 물론이고 지나친 자기중심의 감성

317   7장_ 소시오패스 vs 나르시시스트

으로 목소리를 높이기도 한다. 어쩌면 나르시시스트는 취약하고 사회적으로 고립되어 있을 수도 있다. 실제 세상에서 자신이 그만큼 중요한 존재가 아니라는 주변의 말을 회피하고 자신이 다른 인간들에 비해 더 훌륭한 존재라는 생각을 누구에게도 방해받지 않은 채 살고 싶기 때문이다. 소시오패스는 조작과 지배 이외의 일에는 전혀 노력을 기울이지 않으며 자신의 생각을 지키기 위해 고독하게 지내고 싶은 마음이 털끝만큼도 없다.

일반적으로 나르시시스트는 사람들의 주목과 사랑을 독차지하는 걸 좋아하지만 소시오패스는 사람들 사이에 섞여 있기를 원한다. 나르시시스트는 인정받고 유명해지는 방향을 따라가고 소시오패스는 통제와 실질적인 힘을 추구한다. 나르시시스트는 숭배받기 위해 살아가지만 소시오패스는 사람들을 더 잘 통제할 수 있는 게 아니라면 굳이 숭배받으려 애쓰지 않는다.

나르시시스트는 사람들에 대한 평가를 갑자기 '뒤집는' 일이 잦은 걸로 악명이 높다. 너무 좋다고 칭찬했던 사람을 하루아침에 나쁜 사람으로 만든다. 소시오패스는 다른 사람이 좋은지 나쁜지는 그다지 신경 쓰지 않는다. 그 사람이 누구건 간에 그에게는 그저 게임의 도구일 뿐이다. 소시오패스도 갑자기 관계를 정리하는 경우가 있다. 그러나 그 이유는 그 사람의 본성에 대한 평가가 바뀌어서가 아니라 그 사람이 자신의 게임에서 더 이상 필요하지 않기 때문이다.

그저 양심이 없을 뿐입니다

이미 앞에서도 말한 내용이기는 하지만 둘의 차이점에 대한 분석에서 마지막으로 하고 싶은 말은 따뜻함과 냉정함이다. 나르시시스트는 양심이 있기에 가족과 친구에 대해 따뜻한 감정을 느끼며 분명 자신의 아이들에게도 사랑을 느낄 것이다. 물론 아이들이 자신과 분리된 존재라는 사실을 분명히 인식하지 못하기 때문에 아이들에게 아주 파괴적인 영향을 끼치겠지만 말이다. 어쨌든 나르시시스트는 사람들과 관계를 맺고 서로 사랑하는 기본적인 능력을 가지고 있는 반면, 이런 능력이 없는 소시오패스는 그저 냉혹할 뿐이다. 이런 차이 때문에 나르시시스트는 어떻게 해 볼 여지가 있을 때도 있지만 소시오패스는 완전히 구제 불능이다. 그리고 우리는 이 차이점을 아주 중요하게 받아들여야 한다. 소시오패스는 법원의 명령이 아니라면 절대 치료를 받지 않을 것이다. 명령이 없는데도 그가 치료를 받으러 간다면 그건 심리적인 변화와는 전혀 상관 없는 뭔가 그의 관심을 끄는 일이 있기 때문이다. 반대로 나르시시스트는 실제로 고통을 느끼고 있기에 자신의 의지로 한동안 치료를 받는 경우가 가끔 있다. 그들에게 고통을 안겨 주는 원인은 자신의 입장에서는 도저히 납득할 수 없는 인간관계의 상실이다.

냉혹성과 동정 연극

소시오패스와 나르시시스트를 구별해 내고 싶다면 다음의 두 가지 특성만 기억하면 된다.

1. 포식자가 먹잇감을 가지고 놀듯 사람들을 냉혹하게 '가지고 놀면서' 느끼는 전율이 바로 소시오패스의 핵심이다. 나르시시스트도 의도치 않게 다른 사람의 삶에 피해를 줄 수 있으며 꽤나 심각한 피해를 줄 때도 많지만 결코 재미로 사람들을 괴롭히는 냉혹하고 계산적인 포식자는 아니다. 나르시시스트는 얼음처럼 냉혹하지 않다. 그렇게 냉혹한 이들은 소시오패스다.

2. '동정 연극'에 있어서는 나르시시스트를 포함한 그 어떤 사람보다도 소시오패스의 연기력이 훨씬 더 뛰어나다. 나르시시스트는 건강 염려증이 있기 때문에 늘 아프다는 소리를 달고 살지는 몰라도 고의적으로 동정 연극을 하는 일은 별로 없다. 사실 나르시시스트는 우월감을 느끼고 싶어 하기 때문에 자신이 불쌍해 보이는 걸 극도로 싫어한다. 다음의 이야기는 한 젊은이의 친구가 소시오패스의 피해자가 되는 자세한 과정을 보여 준다.

저는 지금도 짐을 믿지 않아요. 짐을 처음 사귄 건 제 룸메이트인 케빈이었어요. 케빈은 저와 상의도 하지 않고 같

그저 양심이 없을 뿐입니다

이 살자며 짐을 불러들였어요. 그때 케빈은 짐을 안 지 일주일도 안 된 상태였고요. 케빈은 동정심이 많은 친구였는데, 알고 봤더니 짐이 바로 그걸 노린 거더라고요.

짐이 들려주는 이야기들은 충격 그 자체였어요. 그는 자기 형이 할아버지를 살해해서 종신형을 받고 수감 중이라고 했어요. 또 뉴욕에 있는 큰 출판사와 계약을 맺고 소설을 쓰고 있는데 조만간 십만 달러를 선인세로 받을 예정인 데다 나중에 북투어와 북콘서트를 가질 거란 얘기도 했어요. 심지어 몇 년 전에 4기 결장암을 이겨 내고 나았다는 소리까지 하더군요. 가끔 저희가 사람들을 초대했었는데 그때도 그런 이야기를 하면서 찬사와 동정을 끌어내더라고요.

짐이 상습적인 거짓말쟁이라는 걸 안 후에도 케빈은 짐을 떨쳐 내질 못했어요. 케빈은 짐이 부모에게 나쁜 일을 당한 경험이 많아 사람들 관심에 목말라하는 거라며 그를 안타깝게 여겼어요. 그러나 케빈도 결국 짐과 같이 살 수는 없다는 걸 깨달았지요. 케빈이 짐에게 이제 나가 줬으면 좋겠다고 했더니 저희한테 욕을 한 바가지 하더군요. 그게 2년 전이었는데 그 후로는 아직까지 짐의 소식을 듣지 못했어요. 지금도 어떤 사람한테 들러붙어서 똑같은 짓을 하고 있는 건 아닌지 종종 궁금해요.

소시오패스인 짐은 자신의 말을 전혀 의심하지 않을 양

     7장_ 소시오패스 vs 나르시시스트

심적인 사람들에게 접근해서 꾸며 낸 이야기를 들려주었다. 그러고는 냉담한 심리적 거리를 유지한 채 그들이 어떻게 반응하는지 지켜보았다. 짐은 이지러진 자신에게서는 찾아볼 수 없는 그 사람들의 특별한 일면을 이용해 드러나지 않게 그들을 조종했다. 짐이 이용했던 그 사람들의 완전하고 건전한 특성은 사람들과 관계를 맺을 수 있는 힘 즉, 양심이었다. 짐이 나르시시스트라서 자신의 행동이 사람들에게 미칠 영향을 이해하지 못했던 것이 아니라 그런 건 어떻게 되더라도 상관없었기 때문에 신경 쓰지 않았을 뿐이다.

그저 양심이 없을 뿐입니다

8장

소시오패스
같은

집단

기업 및 정부

"이 세상 어디에서든 강자의 이익이야말로
정의의 제1원칙이다."

— 플라톤Plato, 『국가The Republic』

지금까지 이 책에서는 개인 차원의 소시오패스를 다루었다. 그러나 신경학적인 측면만 빼고 본다면 양심의 부재라는 문제는 개인에만 국한되는 주제가 아니다. 단체, 기관, 기업, 정부 역시 소시오패스처럼 행동할 수 있다.

큰 피해를 입기 전에 소시오패스 경향이 있는 사람을 알아보는 능력은 굉장히 중요하다. 이런 취지에서 우리의 법률 제도는 정신 건강 전문가의 도움을 받아 양심이 있는 범죄자와 그렇지 않은 범죄자를 나눌 방법을 찾고자 했다. 지금까지 로버트 헤어 교수의 '사이코패시 점검표'가 진단 도구이자 중요한 연구용 지표로 사용되어 왔는데, 최근 몇 년간 형사 사법 제도에서 이를 적극적으로 받아들여 범죄자가 미래에 폭력을 일으킬 가능성과 재활 가능 여부를 평가하는 데 주로 활용하고 있다. '사이코패시 점검표 개정판Psychopathy CheckList-Revised, PCL-R'은 20개의 항목을 통해 생활 방식, 범죄 행위, 성격을 평가한다. 이 20개의 항목에는 겉만 번지르르한 매력, 과장성, 자극에 대한 갈망, 병적인 거짓말, 기만과 조작, 후회의 결여, 냉담함, 행동에 대한 열악한 통제력, 충동성, 무책임함 등이 포함되어 있다. 각각의 항목은 반구조화된 인터뷰semi-structured interview, 핵심 질문들은 미리 준비하지만 대상자의 특징과 당시 분위기에 따라 유연성 있게 진행하는 인터뷰, 개인 이력, 그 외의 기타 정보들을 근거로 평가한 특정 기준에 따라 0, 1, 2의 3단계로 나뉜다. 점검표의 최고점은 40점이며, 일반적으로 30점이 넘는 사람은 재활 가능성이 낮은

8장_ 소시오패스 같은 집단

'사이코패스'로 분류된다.

　　전반적인 연구 결과[64]에 따르면 적절한 조건이 충족될 경우 헤어 교수의 사이코패시 점검표를 통해 얻은 점수는 충분히 신뢰할 수 있으며[65] 장래에 범죄와 폭력을 저지를 가능성을 예측하는 데 어느 정도 의미가 있는 것으로 나타났다. 특히 처음 이 테스트를 만들 때 대상으로 삼았던 성인 백인 남성 범죄자들에게서 더욱 잘 맞는 결과를 보여 주었다. 그러나 아직은 연구가 부족한 여성 및 소수 민족에게 적용했을 때도 이 점검표가 법정에서 사용할 수 있을 만큼 평가자 간의 신뢰도inter-rater reliability, 평가자들이 낸 평가 결과가 얼마나 비슷한지를 나타내는 정도를 확보할 수 있을지, 그리고 유효성이 있을지에 대해서는 여전히 의문의 여지가 있다. 이와 같은 중요한 문제에 대해서는 지금도 연구가 진행 중이다. 그런데 소시오패스가 개인이 아니라 단체 즉, 기업이나 정부라면 우리는 뭘 할 수 있을까?

반사회적인 기업들

　　브리티시 컬럼비아 대학교의 법학 교수인 조엘 바칸Joel Bakan은 자신의 책 『기업의 경제학The Corporation: The Pathological Pursuit of Profit and Power』(황금사자, 2010년)에서 현대의 기업은 "너무나 이기적이며[66] 어떤 상황에서도 타인에 대한 진정한 관심을 보이지 않는다."고 말했다. 바칸 교수는 법인인 기업에게 주어진 유일한 목표는 주주를 위해 이익을 창출하는 것임을 지적했다. 사실상 기업에게는 근로자 및 일반 대중의 복지나 환경을 고려해야 할 아무런 법적·도덕적 의무가 없다. 사실 이익의 극대화를 꾀해야 하는 입장에서는 도덕성이나 인류의 행복과 안전 같은 방해 요소를 잘 챙기거나 소중히 할 필요가 없으며 오히려 무시해야 할 수도 있다. 뭔가 익숙하지 않은가? 어떤 사람이 이런 '성격'을 가지고 있다면 사람들은 그를 소시오패스라 부르겠지만 사업의 세계에서는 이를 용인하는 경우가 많다.

당연히 기업은 돈을 벌어야 하고 주주가 하는 말에 귀를 기울여야 한다. 그러나 무슨 짓을 해도 말리는 사람이 없다면 그 기업은 더욱 세차게 소시오패시를 향해 나아간다. 경영자가 꼭 소시오패스일 필요도 없다. 회사의 경영자가 심리적으로 정상적인 사람이라 하더라도 그 회사는 무자비하게 파괴적이고 냉혹할 정도로 무책임할 수 있다. 다시 말하면 사장이 매일 밤 집에 돌아가 가족과 친구들에게 상냥하고 책임감 있게 행동하는 멀쩡한 사람이더라도 말이다. 세월이 흐르고 더 많은 돈을 벌 수 있는 기회를 접할수록 경영진은 윤리 기준을 점점 더 낮추게 된다. 직원들은 지금 자신이 하고 있는 일이 고객들을 위험에 빠트리고 있다는 사실을 짐작조차 하지 못한다. 그저 고객을 위해 일하고 있다고 믿을 뿐이다.

바칸은 회사가 "도덕적인 관심은 전혀 없이 19세기 중반 처음 현대적인 기업이 나타나던 당시와 마찬가지로 오직 이윤 추구를 목적으로 하는 법적 '인간'이라는 생각에 그대로 머물러 있다."고 말했다.[67] 그리고 "오직 회사의 이윤과 국법에 관계되는 현실적인 이유 이외에는 기업의 약탈 본능을 제한할 방법이 없기 때문에 회사가 생명을 파괴하고 공동체를 망가뜨리며 지구 전체를 위험에 빠트리는 일을 막을 수 없는 경우가 많다."는 말도 덧붙였다. 즉, '사람'으로 친다면 기업은 오로지 이윤만을 추구하는 양심 없는 인간인 셈이다.

최근 몇 년간 돈을 벌 목적으로 고객의 행복을 희생시킨 기업을 폭로한 신문 기사가 많이 보도되었고 법적 분쟁으로 이어지기도 했다. 이런 회사들의 행위는 모든 것을 돈으로만 계산하는 기업의 풍토가 윤리적인 문제를 얼마나 등한시하고 있는지를 잘 보여 준다. 그 회사들에게 있어 증가한 질병, 부상, 사망의 위험은 그저 사업에 소요되는 비용을 계산하는 수식의 일부에 불과하다.

몬산토Monsanto는 이런 소시오패시 기업의 가장 좋은 본 보기이다. 1920년대만 해도 진정성을 가지고 있었던 이 회사는 폴리클로로비페닐polychlorobiphenyl, PCB을 도입하면서 완전히 그 가치를 잃었다. 폴리클로로비페닐은 인체에 해로운 화학 물질로, 1970년대에 환경 보호국Environmental Protection Agency이 사용을 금지했다.[68] 몬산토가 이런 물질이 건강에 얼마나 치명적인지 미리 알고 있었음을 증명하는 문서는 굉장히 많다. 뿐만 아

그저 양심이 없을 뿐입니다

니라 몬산토가 다우 케미칼Dow Chemical과 함께 생산해 베트남 전쟁에서 사용된 고엽제인 에이전트 오렌지Agent Orange의 폐해 역시 몬산토가 사전에 알고 있었던 것으로 밝혀졌다. 추정치에 따르면 에이전트 오렌지 때문에 사망한 사람만 50만 명에 달하며 그로 인해 선천적 결함을 가지고 태어난 아기의 수도 이와 비슷하다고 한다. 몬산토가 에이전트 오렌지를 미국 정부에 판매할 당시에도 이런 치명적인 결과를 초래할 가능성이 있음을 알고 있었으면서 공개하지 않았다는 사실이 법원 문서를 통해 드러났다.

최근에는 몬산토가 생산한 살충제인 라운드업Roundup 이 다시 집중포화를 받고 있다. 연구 결과에 따르면 라운드업의 주성분인 글리포세이트glyphosate가 발암 물질일 가능성이 있으며 몬산토가 이를 은폐하기 위해 노력해 왔음이 밝혀졌다. 몬산토 내부에서 오간 이메일의 내용을 살펴보면 제품의 위험성을 고발한 독립적인 전문가의 조사와 경고를 몬산토가 지속적으로 받아들이지 않았음을 잘 알 수 있다. 예를 들어 어떤 유전 독성 전문가가 라운드업이 인체에 나쁜 영향을 미칠 수도 있다는 우려[69]를 제기하면 몬산토는 제품에 아무런 위험이 없다는 보도 자료를 만들어 줄 다른 전문가를 찾아나서는 식이었다.

평소 인간의 건강을 보호한다고 주장해 왔던 제약 회사들 중 일부가 파렴치한 짓을 저지른 소시오패스 기업 중 하나라는 사실은 충격적인 일이 아닐 수 없다. 제약 회사들은 자신들

8장_ 소시오패스 같은 집단

에게 도움이 되는 연구에 비용을 지원하고 의사들을 매수해 학회와 심포지엄에서 유리한 데이터는 부풀리고 불리한 데이터는 무시해 보고하도록 하는 일을 상습적으로 저질렀다. 그들은 시장 점유율을 확대하기 위해 의도적으로 데이터를 감추고 약물의 효능을 포장해 왔으며, 제약 회사들을 상대로 한 수십억 달러짜리 소송은 이러한 그들의 소시오패시를 증명하고 있다.

오늘날 미국의 공중 보건 분야에서 일어나고 있는 가장 심각한 위기 중 하나는 진통제에 관한 문제이다. 제약 회사가 판매하고 있는 진통제가 거꾸로 사람들을 고통스러운 중독과 죽음으로 내몰고 있기 때문이다. 이미 공중 보건의 비상사태로 선포된 바 있는 오피오이드Opioid 중독은 미국에서 발생하는 약물 과다 복용으로 인한 사망의 원인 중 하나이며, 2017년 한해만 하더라도 오피오이드 중독과 관련된 사망자가 47,000명[70]에 이른다. 옥시콘틴OxyContin, 암 환자나 만성 통증 환자에게 처방하는 마약성 진통제을 생산하는 퍼듀 제약Purdue Pharma은 그 약의 중독 위험을 경시하고 이윤을 극대화하기 위해 의사들에게 고용량으로 처방할 것을 강력히 권고했다. 그리하여 옥시콘틴의 처방이 늘어나자 중독과 약물 관련 사망 역시 동반 증가하는 비극적인 결과를 낳았다.

비윤리적인 판촉 관행을 보여 주는 증거가 속속 드러나자 퍼듀 제약에 대한 소송이 줄을 이었다. 2007년에 퍼듀 제약과 최고 경영진 세 명은 옥시콘틴의 위험성을 왜곡해서 알린 행

위에 대해 유죄를 선고받고 6억 3,450만 달러의 벌금[71]을 내야
했다. 최근에는 퍼듀 제약의 컨설팅을 담당하고 있는 맥킨지 앤
드 컴퍼니McKinsey&Company가 부적절한 권고안을 제안했다는 사
실이 백일하에 드러났다. 맥킨지는 옥시콘틴의 판매고를 '크게
상승시킬' 방법을 제시[72]하는 과정에서 오피오이드 사용을 줄
이고자 하는 노력을 방해하고 약물 과다 복용에 빠진 십대의 어
머니들이 느끼고 있는 슬픔을 외면하고 무시하도록 권고했던
것으로 밝혀졌다. 퍼듀 제약은 인간의 생명보다 이익을 중시한
맥킨지의 권고안을 아무런 불만 없이 받아들였다.

안타까운 일은 약의 위험성을 은폐하는 행위가 지금까
지 홍보 전략의 일부였다는 사실이다. 이는 항우울제를 제조하
는 회사에서 발표한 문서를 통해 명백히 확인할 수 있다. 글락
소스미스클라인GlaxoSmithKline이 자사의 제품인 팍실Paxil에 대
해 발표한 연구를 재평가한 결과,[73] 연구 당시에 팍실이 위약僞
藥, placebo보다 더 나은 효과를 보이지 못했을 뿐만 아니라 심지
어 약을 복용한 청소년의 자살률이 상승했음에도 불구하고 글
락소스미스클라인은 그에 대한 자료를 대부분 은폐했다. 원래
제약 회사는 건강을 증진하고 생명을 구할 수 있는 제품을 만드
는 회사인데, 이렇듯 이와 정반대의 일을 하는 회사도 있다.

지금까지 담배 제조 회사는 자신들의 고객 기반인 흡연
자를 유지하고 늘리기 위해 많은 노력을 기울여 왔다. 1964년
이후 미국 성인 흡연 인구가 50% 이상 감소하기는 했지만[74] 그

래도 매년 50만 명에 달하는 미국인이 흡연과 관련된 질환으로 사망한다.

1964년 미국 공중 위생국에서 폐암 및 심장 질환이 흡연과 관련 있다는 보고서를 발표하자 담배 제조 업계는 흡연이 건강을 위협한다는 과학적인 증거가 없다는 주장을 펼치며 대응에 나섰다. 그 보고서가 흡연과 질병 사이의 관련성에 대한 7천 건 이상의 논문[75]을 바탕으로 하고 있는데도 불구하고 그와 같은 주장을 펼친 것이다. 상당히 최근까지도 대형 담배 제조 회사들은 흡연에 중독성이 없다는 주장을 계속하고 있다. 그러나 내부 문서에 따르면[76] 그 회사들은 화학적 의존성이 자신들의 시장을 유지하는 핵심 요소라고 생각하며 니코틴이 건강을 해친다는 사실을 알고 있었다. 뿐만 아니라 담배 제조 회사는 직원들에게 흡연이 건강에 끼치는 위험을 말해 주는 자료를 발표하거나 유포하지 않도록 특별 지시를 내렸다는 사실도 같은 문서를 통해 드러났다.

담배가 사람을 죽음에 이르게 하는 데까지는 상당한 시간이 걸리지만, 안전하지 않은 자동차가 사람을 죽음으로 내모는 데는 겨우 1분밖에 걸리지 않는다. 1970년대에 포드 핀토 Ford Pinto의 연료 계통 장치에는 충돌 시 폭발 위험을 증가시키는 결함이 있다는 사실이 알려졌다. 이 자동차의 제조사인 포드 Ford는 이런 위험성을 줄일 수 있는 다른 방식의 설계를 알고 있었으면서도 이익을 분석해 보고 난 뒤 안전한 설계 방식을 쓰

그저 양심이 없을 뿐입니다

지 않기로 결정했다. 그들의 분석에 따르면 새로운 설계 방식은 180명의 사망자를 줄일 수 있지만[77] 자동차 한 대당 제조 원가가 11달러씩 상승하기 때문이었다. 전체적으로 계산하면 새로운 설계 방식을 적용하는 데 소요되는 비용은 1억 3,700만 달러였고 설계를 그대로 유지할 경우 사망, 부상, 자동차 파손에 소요되는 비용은 약 4,950만 달러였다. 믿기 어렵겠지만 실제로 회사는 사람의 사망과 부상을 약 4,950만 달러라는 금전적인 수치로 계산했다. 포드는 사회적 이익에 비해 소요되는 재정적 비용이 더 크다는 주장을 하면서 자사의 선택이 타당하다고 말했다. 포드의 경영진들에게 소비자의 안녕은 전혀 고려 대상이 아니었던 것이다. 사고 피해자들은 양심 없는 자동차 회사를 상대로 소송을 진행했고 엄청난 합의 결과를 이끌어 냈다.

오늘날 사람들 사이의 연대와 책임을 존중하는 사람들이 기업의 범죄에 대해 더욱 적극적으로 조치를 취하고 있다는 것은 고무적인 일이다. 제약 회사, 자동차 회사를 비롯한 다른 여러 회사의 불명예스러운 행위를 상대로 수많은 소송이 성공적으로 제기되어 세간의 이목을 끌고 있다. 바칸은 "기업들의 부도덕한 행위는 이미 만천하에 드러났으며,[78] 기업에 대한 사람들의 불신은 계속 고조되고 있다. 이러다가는 사람들의 불신이 대공황Great Depression 시절을 방불케 할 정도로 커질 듯하다."고 말했다.

이익만을 추구하는 풍조는 몇몇 산업을 소시오패시로

8장_ 소시오패스 같은 집단

몰아갔다. 그러나 적정한 조치를 취한다면 이런 끔찍한 추세를 되돌릴 수 있다. 바칸은 기업의 무자비함을 억제할 수 있는 몇 가지 방법을 제시했다. 구체적인 내용을 살펴보면, 실정에 맞는 집행 기관 설치, 범죄를 꿈꾸지도 못할 정도의 벌금 부과, 기업의 불법 행위에 대해 최고 경영진이 져야 할 책임 범위의 확대, 상습적으로 위법을 저지른 회사의 정부 사업 입찰 제한, 사람들에게 지속적으로 착취하고 피해를 주는 기업의 정관 정지 등이 있다. 서글픈 사실은 기업이 어떻게든 방법을 찾아내서 이를 피하려 할 것이라는 점이다. 따라서 우리는 기업이 그런 꼼수를 아예 쓸 수 없도록 하는 걸 목표로 해야 한다.

겉으로 봐선 멀쩡하고 올바른 사람들이 소시오패시에 물든 기업이나 국가에 협력하는 이유는 무엇일까? 권위에 대한 복종을 주제로 하는 스탠리 밀그램Stanley Milgram의 유명한 연구79에 따르면 10명 중에서 적어도 6명 정도는 권위가 있다고 생각되는 사람의 명령을 따른다고 한다. 심지어 그 명령이 직접적으로 양심에 위배되는 경우라도 결과는 달라지지 않았다. 이를테면 모르는 사람에게 직접 해를 끼치는 행위를 하도록 시키는 명령처럼 양심적으로는 도저히 받아들일 수 없는 명령이었는데도 말이다.

이 실험에 참가하는 두 남자는 각각 '교사'와 '학생' 역할을 맡고 서로 다른 방에 들어간다. 학생은 손목에 전극을 붙이고 의자에 묶인 상태에서 파란 상자, 멋진 날, 야생 오리 같은 두 마디의 낱말 목록을 외워야 한다. 만약 학생이 질문에 틀린 답을 말하면 전극을 통해 전기 충격이 가해진다. 실제로 학생 역할은 배우가 연기했으며 질문 과정에서 전기 자극은 전혀 없었다. 교사에게는 학생에게 질문을 하고 틀릴 경우에는 전기 충격을 가하도록 지시하고 틀린 답을 말할 때마다 전기 충격의 강도를 올리도록 했다. 학생에게 질문을 하는 동안 실험자는 교사의 뒤에 서 있었다. 전기 충격의 강도가 올라갈수록 학생의 고통에 찬 비명과 절망의 표현이 점점 커지는데도 실험자는 교사에게 질문을 멈추지 말고 계속하도록 했다. 실험의 결과는 충격적이었다. 학생이 중간에 실험을 그만두겠다고 했음에도 불구하고 교사 역할을 맡은 40명 중에서 26명[80]이 최고로 강한 전압에 이를 때까지 실험을 계속했다. 이후 여성을 대상으로 진행한 실험[81]에서도 결과는 비슷했다.

자신의 복종 연구를 따라 한 여러 연구에서도 반복해서 비슷한 결과가 나오자 밀그램은 "상당한 비율의 사람들은 그 명령이 합법적인 권위를 따른다고 여겨진다면 명령의 내용이 무엇이건 간에 양심에 구애되지 않고 지시받은 대로 행동한다."[82]고 선언했다. 밀그램의 이 말은 인간 본성을 공부하는 사람들을 악몽에 빠트리는 한편 동기를 이끌어 내기도 했다. 밀그램은 명령에 복종하는 사람에게서 **자신의 행동을 스스로 책임지지 않아도 된다**고 하는 '사고의 조정'이 일어나기 때문에 권위가 양심을 잠재울 수 있다고 믿었다.

소시오패스에 점령된 정부

어떤 상황에서는 소시오패스와 비스름한 것이 소시오
패스만큼 사악한 행동으로 고통을 낳기도 한다. 전쟁 중이거
나 감옥 안에서는 물론 뿌리 깊은 민족적 증오심이나 심지어 단
순히 공포심이 불러일으키는 편견으로 인해 우리는 '도덕적 배
제'를 통해 양심을 저버린다. 도덕적 배제는 어빈 스타우브Ervin
Staub가 『악의 뿌리: 대량 학살과 집단 폭력의 기원The Roots of
Evil: The Origins of Genocide and Other Group Violence』에서 쓴 표현[83]으
로, 인간이라면 누구나 인도적인 대우를 받아야 함에도 특정한
사람 또는 집단은 그렇게 대우받을 자격이 없다고 간주하는 심
리적 과정을 설명하는 용어이다. 이 관점에서 보자면 그 사람들
은 인간이 아닌 '괴물들'일 뿐이다. 양심은 인간에 대한 의무감
이기 때문에 인간이 아닌 그들에게는 어떤 행동을 하든지 양심
을 지킬 필요가 없다. 무자비하고 권력을 가진 자들은 쉴 새 없
이 사람들에게 외집단 또는 '적'에게 도덕적 배제를 적용하도록
종용한다.

도덕적 반전을 거치면서 '악한' 상황이 선한 것인 양 재
포장된다. 공공 행정 윤리학자인 가이 아담스Guy Adams와 대니
밸푸어Danny Balfour는 "평범한 사람들은 단순히 자신이 속한 조
직내 역할에 적절한 방식 즉, 그들이 몸담고 있는 조직에서 요
구하는 대로 행동할 수 있다.[84] 나중에 비판적인 관찰자가 보면

그저 양심이 없을 뿐입니다

악한 짓이라고 부를 만한 행동이더라도 말이다. 도덕적 반전이라는 상황에서는 자신의 행동이 절차적으로 옳을 뿐만 아니라 실제로 선한 행동이라고 믿으면서 행정적인 악행에 가담할 수 있다."고 설명했다.

소시오패스의 악행과 마찬가지로 행정적인 악행을 막는 일 역시 쉽지 않다. 아담스와 밸푸어는 "일반적으로 행정적인 악행은 그 실체가 드러나지 않도록 잘 포장되어 있으며[85] 절대 대놓고 악한 짓을 저지르라고 하지 않는다. 그렇기 때문에 누구도 그런 노골적인 제안을 받아들일 수밖에 없는 난처한 상황을 맞닥뜨리지는 않는다. 오히려 전문가 또는 기술적인 역할이라거나 훌륭하고 가치 있는 일이라는 등의 말들로 포장되기도 한다. 이른바 도덕적 반전을 꾀하는 것이다."라고 적었다. 도덕적 배제가 우리의 양심을 방해하는 것처럼 도덕적 반전은 우리가 하는 일로 피해를 입을 수 있는 사람의 입장에 대해 공감하지 못하게 한다.

사람들이 도덕적 배제, 증오, 편견에 빠질 수 있기에 권위를 가진 소시오패스는 사람들을 쥐락펴락하며 악행을 받아들이게 할 수 있다. 또한 우리가 몸담고 있는 조직이 탐욕이나 단순한 심리적 거부를 이유로 인간의 상호 관계와 양심에 대한 배려를 잃어버렸기 때문이기도 하다. 마치 멜론의 아주 중요한 부분인 씨앗이 먹는 데 불편하다는 이유로 발라지는 것처럼 말이다. 심각하게 비정상인 사람들이나 파괴적인 기업 또는 정부가 직접 한 악행이든 정상적인 사람들이 그들의 손에 놀아나서 한 악행이든 간에 결국 악행은 유대감, 공감, 양심이 실종되었기에 일어난 결과물이다.

앞에서 기업이 저지르는 악행에 대한 이야기를 했는데, 만약 비슷한 일이 정부 차원에서 이루어진다면 그 해악은 더욱 위협적이다. 왜냐하면 정부의 정책은 훨씬 더 많은 사람에게 영향을 주기 때문이다. 우리는 거의 매주, 정부에서 발각된 개인적인 또는 재정적 추문 소식을 듣는다. 의회가 내분과 공포 정치의 늪에 빠져 허우적대고 있는 모습을 볼 때면 오직 권력을 거머쥐겠다는 일념밖에 없는 인간들이 우리 정부의 일부를 점령한 건 아닌가 하는 생각이 들어 아주 큰 회의에 빠진다. 다른 나라들이 미국을 제국주의라며 비난하는 소리를 듣는데, 만약 지배가 우리 정부의 의제라면 이는 과연 누가 선택한 의제이며 언제 그리고 왜 이렇게 선택했는지 의문을 가지지 않을 수 없다. 이런 상황이 주는 장점을 굳이 꼽는다면 지도자의 성향이 비할 데 없이 중요하다는 사실을 우리 사회가 이해하기 시작했다는 정도일 것이다. 지도자가 어느 정도만큼 사람들에게 유대감을 느끼고 공감하며 책임감과 정직함을 지니고 있는지 그 성향이 굉장히 중요하다. 도덕적인 지도자가 이끄는 정부를 원한다면 우리는 지도자에게 소시오패스 성향이 있지는 않은지 더욱 눈여겨봐야 한다. 그가 늘 거짓을 말하거나 공감 능력이 결여되어 있거나 사람들의 이익보다 권력을 더 우선하지는 않는

그저 양심이 없을 뿐입니다

지 지켜봐야 한다.

　7장에서 내가 트럼프 대통령처럼 행동하는 사람을 나르시시즘의 범주에 넣으려 했던 걸 기억할 것이다. 그러나 역사적으로 20세기만 하더라도 나라 전체를 소시오패스의 그림자로 뒤덮고 사람들을 엄청난 고통에 몰아넣는 정책을 시행했던 독재자들이 넘쳐난다. 대표적인 독재자로는 아마 아돌프 히틀러가 가장 먼저 떠오를 것이다. 다른 독재자들이 자신의 적들만 무자비하게 숙청했다면 히틀러는 종교 전체를 없애려 들었다. 히틀러는 동유럽 국가의 국민들은 '열등한' 사람들이기 때문에 독일이 그 나라들을 합병할 권리가 있다고 주장하는 등 도덕적 배제를 이용해 자신의 군국주의적 야망을 정당화했다.

　거짓말은 히틀러가 하는 허위 선전의 핵심 요소였으며, 그런 속임수로 수많은 대중을 사로잡으려 했다. 히틀러는 진실을 왜곡하는 중요한 원칙을 발견했는데 그것은 바로 큰 거짓말이 작은 거짓말보다 효과적일 때가 많다는 사실이었다. 스스로를 신으로 생각한 데다 망상증까지 더해지자 히틀러는 자신의 모든 생각과 행동은 누구도 거역할 수 없으며 자신의 권위에 도전하는 위협은 모두 없애야 한다는 생각에 집착했다. 그러면서 자신의 주변을 과격한 민족주의에 푹 절여진 아첨꾼들로 채워 나갔다. 이런 식으로 소시오패스 정권은 그 생명을 이어 갔다.

　이오시프 스탈린Joseph Stalin이 걸어온 길 역시 히틀러와 크게 다르지 않다. 스탈린은 극도의 망상증에 빠져 있었을 뿐만 아니라 열등감까지 심했다. 그래서 자신의 생각과 다른 의견에는 격렬한 거부감을 드러냈는데, 심지어 자신에게 편집증이라고 한 정신과 의사의 진단[86]조차 거부하면서 자신의 인격과 통치 능력은 아무 상관이 없다고 공언했다. 정책이 실패했을 때도 스탈린은 이런 일이 자기 정권의 정당성을 위협할 수 없다며 꼬투리를 잡을 수 있는 사람들을 죄다 끌어와 그들에게 책임을 돌렸다. 스탈린은 죽음, 고문, 추방 등 여러 가지 공포로 사람들을 꼼짝 못하게 만들었으며 신을 포함해 자신의 권력을 넘어서는 그 어떤 존재도 인정하지 않음으로써 자신의 힘을 더욱 공고히 했다.

　　마오쩌둥毛澤東은 가장 악질적인 소시오패스 독재자였다. 마오는 권력욕과 인간의 고통에 대한 절대적인 무관심으로 가득 찬 사람이었다. 사람들에게 공포를 불러일으키고 미치광이 같은 인격에서 나오는 힘을 이용해 아무짝에도 쓸모없는 정책으로 국가를 황폐하게 했다. 마오는 자신의 급진 정책에 반대하는 사람들을 싸잡아 반혁명적이라고 비난했다. 이런 마오의 행보를 보면 반대론자를 숙청한 스탈린의 변명이 떠오른다. 중국을 세계 최대의 곡물 생산국으로 만들 거라며 시작된 마오의 대약진운동은 정부의 창고를 곡물로 가득 채우는 대신 수백만 명의 중국 농부를 굶주리게 했다. 이 사건이야말로 도덕적 반전이 온 나라를 재앙으로 몰아넣은 대표적인 예이다.

　　캄보디아에서 크메르루주Khmer Rouge, 캄보디아의 급진적인 좌

　　그저 양심이 없을 뿐입니다

익 **무장 단체를** 등에 업고 공포 정치를 펼친 폴 포트Pol Pot는 어떤 면에서는 히틀러, 스탈린, 마오쩌둥보다 훨씬 더 끔찍한 독재자였다. 일부의 추정에 따르면 1970년대 후반에 불과 4년 동안 폴 포트 정부의 정책으로 인해 사망한 사람이 300만 명이 넘는다[87]고 한다. 인명을 경시했던 폴 포트의 성향은 "너의 생존은 이익이 아니며 너의 희생은 손실이 아니다."라고 하는 크메르루주의 구호에서도 잘 드러난다. 폴 포트는 비길 데 없는 자만과 부도덕성을 결합하여 야만적인 전술을 탄생시켰다. 명목은 더욱 강한 캄보디아를 위한 거대한 계획 달성이라고 했지만 실상은 그렇지 않았다. 크메르루주는 사람들의 삶을 이루는 모든 요소를 통제했다. 모든 재산이나 보석의 소유가 금지되었고 책을 읽거나 종교를 가지는 것도 범죄가 되었다. '재교육' 정책에 따라 공무원, 의사, 교사를 비롯한 여러 전문가들은 들판에서 노역을 해야 했고, 아이들은 강제로 가족의 품을 떠나 군대에 입대해야 했다. 입을 옷을 고르는 것에서부터 성행위에 이르기까지 모든 행위가 엄격하게 금지되었다.

많은 독재자들은 비교적 단순한 시각으로 정치를 했으며 자신들의 거창한 계획과 경직된 정치가 재앙을 불러오면 그 자리에서 쫓겨나는 경우가 많았다. 불행히도 한 폭군이 물러나고 다른 폭군이 권력을 잡는 일도 있었다. 예를 들어 러시아는 황제를 폐위시키는 데 성공했지만 결국 스탈린이 정권을 잡았다. 혁명이 계획대로 진행되지 않으면 우선은 카리스마를 지닌

8장_ 소시오패스 같은 집단

새로운 지도자에게 기회가 넘어간다. 그가 정권을 잡고 나서는 양심의 부재와 부패를 드러낼 사람일지라도 말이다.

소시오패스 독재자들이 더 이상 득세하지 못하는 정도까지 인류가 진화할 수 있을까? 아직 이 세상에 번성하고 있는 사악한 정권들을 둘러보고 있노라면 여전히 낙관하기는 어렵다. 불행히도 역사의 교훈만으로 우리가 변화될 거라 기대하기는 어려우며 과거의 잔혹 행위를 수정주의자들(노동자와 자본가 사이의 계급적 대립과 투쟁을 부인하고 계급 간의 협조를 주장하는 사회주의의 한 형태_옮긴이)은 간과하거나 심지어 부정하기도 한다. 예를 들어 중국에서는 마오쩌둥의 명성을 유지하기 위해 지금까지 많은 노력을 기울여 왔다. 중국의 역사가들은 마오의 정책으로 사망한 사람들의 숫자가 "통계의 오류로 부풀려졌다."고 주장했다. 산둥 대학교山东大学教와 장쑤 사범 대학교江苏师范大学教 소속의 수학자 순 징시엔孙经先은 대약진 운동 기간 동안 굶주림으로 사망한 사람은 366만 명에 불과하다고 주장하면서 이는 "마오의 개혁이 가져온 영향을 설명하려는 모든 진지한 노력과는 대부분 모순된다."[88]는 말을 덧붙였다. 그런 주장을 하는 사람들은 마오의 개혁으로 수혜를 입은 사람이 수천만에 이른다고 말한다. 이외에도 끔찍한 비극의 범위를 축소하거나 그런 일이 있었다는 사실마저도 부인하려는 시도가 다양하게 있는데 홀로코스트Holocaust 부정론자 역시 이에 포함된다. 지금은 인터넷 덕분에 이런 비주류파들이 자신들과 같은 생각을 가진

사람들을 동원하고 거짓말을 퍼트리기가 그 어느 때보다도 쉬워
졌다.

소시오패스에 대한 이해는 우리에게 큰 교훈을 준다.
우리가 우리 자신과 우리가 소속된 집단만을 바라보면서 우리
내부에 존재하는 타인과의 유대감을 무시하고 모두의 안녕을
돌아보지 않는다면 양심을 가진 사람들조차도 올바른 길을 잃
고 악의 그림자가 가까이 다가온다는 사실이다. 선함은 다른 사
람과의 유대감을 느끼는 데 있으며 어떤 이유에서든 그 느낌이
무감각해질 때 악함이 고개를 쳐든다. 우리들 개개인이 보다 이
기적으로 행동하고 싶은 충동에 맞서 스스로를 규제하는 것처
럼 우리는 인류 전체가 한 몸이 되어 스스로를 규제하는 방법을
배워야 한다. 아주 어려운 일이기는 하지만 이것만이 우리에게
남은 유일한 현실적인 선택이기도 하다.

머지않은 장래에 로버트 헤어 교수의 사이코패스 점검
표를 뛰어넘는 확실하게 효과적이면서 신뢰할 만한 비양심 검
사가 개발된다면 아주 흥미로운 상황이 펼쳐질 것이다. 그때는
마치 소득세 신고서가 공개되듯이 선거에 나온 후보들의 비양
심 검사 점수도 분명하게 확인할 수 있을 것이다. 그런 도구가
있다면 이 사회에 어떤 변화가 일어날까? 좀 더 상상하기 어렵
겠지만 만약 먼 옛날부터 그와 같은 수단이 있었더라면 인류의
역사는 어떻게 달라졌을까?

9장

선함은 언제나 옳다

연민, 용서
그리고 자유

"이제 철학자들은 더 이상 사랑을 말하지 않는다.
그러나 우리에게는 다시 한 번 사랑이라는 개념을 중심에 둔
그런 도덕 철학이 필요하다."

— 아이리스 머독Iris Murdoch, 『선의 군림The Sovereignty of Good』

나는 당신이 악의 본질을 깨닫고 소시오패스로부터 스스로를 보호하는 데 도움을 주고자 지금까지 많은 지면을 할애해 악의 본질을 정의하고 설명했다. 이 마지막 장에서는 악과는 정반대인 선의 특별한 본질이 무엇인지 그리고 우리가 살고 있는 이 세상에서 선은 어떤 식으로 드러나는지를 말하려고 한다. 그렇게 해서 사람들 사이의 신뢰를 회복하고 세상에 대한 우리의 긍정적인 시각을 새로이 할 수 있기를 바란다. 특히 양심 없는 사람들에 의해 삶을 짓밟힌 사람들에게는 이런 내용들이 마음을 치유하는 데 도움이 되리라 생각한다.

먼저 악에 대한 나의 새로운 정의를 다시 한번 강조하고 싶다. 악은 어떤 존재나 물건 혹은 정상적인 인간의 본성에 존재하는 어두운 일면이라기보다는 일종의 결함이자 관계를 맺고 사랑하며 양심을 느끼는 능력의 결핍이다. 이 채워지지 않은 빈틈은 수많은 사람들의 삶을 집어삼키고 역사적으로 중요한 사건들을 구렁텅이로 몰아넣었다. 때로는 여럿을 죽인 냉혹한 살인마나 연쇄 살인범, 권력에 굶주린 전쟁광, 대학살의 배후 조종자 같은 인간 괴물을 만들어 내기도 했으며 어느 때는 무정한 폰지(피라미드식 다단계 사기_옮긴이) 사기꾼이나 양심 없는 거짓 애인, 사람을 제멋대로 가지고 노는 사악한 상사를 낳기도 했다. 끊어지지 않고 계속되어 온 역사적인 악의 흐름 속에서 그동안 선과 악이 벌여 온 고군분투는 인류의 가장 오래된 이야기이며 이를 통해 악이란 과연 무엇인지를 오롯이 알 수 있다. 우리의 기술과 세상의 역량이 상상을 초월할 정도로 확장되고 있는 지금, 우리가 이 싸움에서 계속 살아남기 위해서는 악에 대한 미신적인 생각을 떨쳐 내고 남몰래, 그리고 끝없이 파괴적인 일을 저지르는 악의 행태를 간파하는 방법을 배워야 한다. 또한 이런 행태가 나타나는 원인이 사랑할 능력이 없어서라는 사실을 깨달아야 한다.

오늘날 우리가 여전히 악의 본질을 혼동하고 있는 현실은 어찌 보면 얼마 전까지도 암의 정체를 눈치 채지 못했던 상황과 비슷하다. 오늘날 우리는 암이 무절제하게 증식하고 전이되는 비정상 세포임을 안다. 그러나 수세기 동안 사람들은 암을 신성한 힘이나 저주, 희생자의 부주의한 말 때문에 생긴 병이라고 설명했다. 중세 사람들은 왕을 하나님으로부터 직접 통치할 권리를 부여받은 사람이라고 여겼기에 왕족들에게 안수를 받으면 병을 치유할 수 있다고 믿었다. 그러나 나중에 암의 정체가 알려지자 사람들은 암이 신의 뜻이나 저주, 사악한 기운이라는 미신에서 벗어나 효과적인 치료법을 찾아 나서기 시작했고 결국 치료할 수 있게 되었다.

올드 스크래치Old Scratch, 노르웨이어 괴물skratte에서 유래한 말로 악마를 의미, 올드 닉Old Nick, 중세의 연극에 등장하는 악마의 이름, 루시퍼, 메피스토펠레스Mephistopheles, 괴테의 파우스트에 등장하는 악마의 이름, 사탄, 샤이탄Shaitan, 이슬람교의 악마, 이블리스Iblis, 이슬람교의 악마, 아흐리만Ahriman, 조로아스터교의 악마, 어둠의 마왕Dark Lord 등 악의 이름은 아

　　　　　　　　그저 양심이 없을 뿐입니다

주 다양하다. 우리는 어렸을 때부터 한두 가지 이름의 악마를 배우고 그 뒤로 악마는 우리의 머릿속에 자리 잡는다. 우리의 문학, 친숙한 문화적·상징적 체계는 물론, 인생의 원리에 대한 가장 근본적인 생각에도 악마가 녹아들어 있다.

악마는 위법 행위를 했다는 이유로 공식적으로 고소를 당한 적도 있었다. 1971년에 제럴드 메이요Gerald Mayo89는 "사탄이 원고의 의지에 반하여 수차례 원고에게 고통과 부당한 위협을 당하도록 했으며 원고의 인생에 고의로 시련을 주어 몰락하게 함으로써 원고의 헌법상의 권리를 박탈했다."는 취지의 고소장을 펜실베이니아 서부 지역을 담당하는 미국 지방 법원에 접수했다. 판사는 1937년에 출판된 빈센트 베넷Stephen Vincent Benét의 단편 소설인『악마의 달콤한 유혹The Devil and Daniel Webster』에 나오는 악마의 교활한 이야기를 '뉴햄프셔의 어느 재판에서 있었던 비공식적인 사례'라 소개하며 마치 선례인 것처럼 언급했다. 또한 원고인 제럴드 메이요 이외에도 악마로부터 피해를 당한 사람이 한둘이 아니기에 명백히 집단 소송의 여지가 있음을 강조했다. 그러나 법원의 집행관이 원고에게 소송 절차를 진행하기 위한 피고의 주소지 등 구체적인 정보를 요구했으나 원고가 이를 알려 주지 않았기 때문에 결국 소송은 기각되었다.

우리는 악마가 어디에 사는지도 모르면서 여전히 악을 우리 외부에 있는 어떤 존재 또는 힘이라고 생각한다. 수세기

349

동안 사람들은 악이 우리를 소유하거나 정복하려 드는 건 맞지만 절대 우리 내부에서 생겨나지는 않는다고 믿었다. 또한 악마는 우리 외부의 어딘가에 존재하고 우리가 아닌 어떤 이들에게 깃들어 있다고 여겼기 때문에 결국 사람들 사이의 편견과 증오심만 키우는 꼴이 되었다. 지금까지 인간이 행해 왔던 거의 모든 민족적·인종적·정치적 무력 갈등을 살펴보면 서로 자신이 속한 집단이 신의 편이고 적은 악마의 편이라 주장했다. 이 체계의 결함은 당연히 양쪽 모두 똑같은 믿음을 마음에 품고 있었다는 점이다. 비극적인 아이러니는 권력에 굶주린 무자비한 자들이 일으킨 전쟁에서 양쪽 진영 사람들 모두 악에 사로잡혔다는 사실이다. 전쟁을 그저 통제와 지배를 위한 게임으로 여기는 그들의 공허함이 이렇게 많은 사람들을 농락했던 것이다. 소시오패스가 무엇인지 알면 악이 어떤 존재나 힘이 아니라 일부 인간의 뇌와 정신에 나타나는 비극적인 결핍이라는 사실을 이해할 수 있다. 뿐만 아니라 그런 결핍에 시달리는 사람들이 우리와 동떨어진 어딘가에 있는 것이 아니라 우리 사이에 섞여서 함께 살아가고 있음을 깨닫게 된다.

늑대는 무리를 지어 생활하는데 간혹 그런 '무리의 연대감'을 그다지 보이지 않는 늑대가 나올 때가 있다. 이를테면 '반사회적' 행위를 하는 늑대인 셈이다. 만약 이런 늑대가 나타난다면 흥미롭게도 다른 늑대들은 그 늑대를 무리 바깥으로 추방시킨다. 과거에 작은 단위로 따로 떨어져 살던 시절, 인간 집

　　　　　　　그저 양심이 없을 뿐입니다

단에서도 소시오패스와 관련된 문제를 간단하고 단순한 방식으로 대응했다는 인류학적 증거가 존재한다. 신경인류학자인 제인 M. 머피Jane M. Murphy가 기술한 이누이트족의 **쿤랑게타**kunlangeta라는 개념[90]이 그런 예에 해당한다. 쿤랑게타는 이누이트 말로 '해야 할 바를 알면서도 하지 않는' 사람을 가리킨다. 머피는 알래스카 북서부에서 쿤랑게타는 '거짓말을 반복하고 남을 속이며 물건을 훔치고 사냥하러 나가지도 않으면서 다른 남자들이 마을을 비웠을 때 여자들을 성적으로 농락하는 그런 남자에게 붙이는 이름'이라고 적었다. 이누이트족은 쿤랑게타를 고칠 방법은 없다고 생각했다. 그래서 그에 대한 이누이트들의 전통적인 대응 방식은 그에게 사냥을 하러 나가라고 한 다음 인적 없는 얼음 낭떠러지에서 밀어 버리는 것이었다.

지금 우리가 살아가는 공동체의 크기는 각 구성원의 본질적인 성향이 만장일치로 해결할 수 있을 만큼 작지 않으며 모든 시민이 나서서 살인자들의 습격에 대비할 책임을 분담해야 할 정도로 고립되어 있지도 않다. 우리는 거대하고 끊임없이 변화하는 사회에 살고 있기에 소규모의 부족에서 사용하던 방법으로는 더 이상 '무리의 연대감'이 없는 개인이 만들어 내는 골치 아픈 문제를 해결할 수 없다. 세바스찬 융거Sebastian Junger는 자신의 책 『트라이브, 각자도생을 거부하라Tribe: On Homecoming and Belonging』(베가북스, 2016년)[91]에 적기를, "우리 현대 사회는 믿을 수 없을 정도로 부정직한 짓을 저지르고도 체포되기는커녕 처벌조차 교묘히 피할 수 있을 만큼 무질서하고 누가 누구인지 알 수 없는 난장판이다. 부족 사회의 사람들이라면 자신들의 집단에 대한 심각한 배신행위라고 여길 일조차도 현대 사회는 그저 사기 정도로 일축한다."라고 했다.

옛날이라면 가족, 동료 및 우리와 정상적인 관계를 형성하고 있는 사람들을 '심각하게 배신'하도록 만드는 결함은 인간의 악이라 불릴 만큼 중대한 문제였다. 이런 문제에 잘 대처하기 위해서는 지금 우리가 속해 있는 거대한 '부족'을 교육하고 정신 건강 전문가 및 법률 체계의 보호와 도움을 받을 수 있도록 해야 한다. 지금의 현실은 이런 문제가 생긴다고 해도 사회의 지원을 받는 건 고사하고 관심조차 얻기 어렵다. 그 문제에 당면한 개인은 누구의 도움도 받지 못한 채 홀로 내버려지는 상황이다. 일전에 나는 아이를 학대하는 전처로부터 아이를 보호하기 위해 법률 당국과 고군분투를 벌이던 한 아버지의 편지를 받은 적이 있다. 그런데 법정에서 소시오패스의 기만적인 매력이 어떤 것인지 잘 모르는 심리학자를 임명하는 바람에 오히려 그 아버지가 '관계 망상에 빠진 음모 이론가'로 오인받고 결국 아이를 지키는 데 실패했다. 내가 받은 편지 중에도 이런 안타까운 이야기가 넘쳐날 만큼 많다.

우리의 상황은 조금씩 나아지고 있다. 긍정적인 변화를 나타내는 고무적인 예로는 직장 내 소시오패스에 대처하기 위해 심리학자인 게리 나미Gary Namie와 그의 아내 루스 나미Ruth

그저 양심이 없을 뿐입니다

Namie가 2002년에 시작한 건강한 직장 캠페인Healthy Workplace Campaign을 들 수 있다. 그들은 캐나다의 퀘벡, 서스캐처원, 온타리오, 매니토바의 4개 주를 제외한 전체 북미 지역에서 조직 내의 괴롭힘을 고발하는 내부 보고를 고용주가 무시했더라도 이후에 아무런 법적 책임을 지지 않는다는 점을 지적했다. 미국에서는 인종, 성별, 국적, 종교 등의 이유로 보호받아야 할 취약계층의 노동자가 도리어 같은 이유로 학대를 당할 경우 시민권법에 의거해 소송을 제기할 수 있다. 그러나 사악함 그 자체를 목적으로 악의적인 행위가 이루어진다면 법률의 보호를 기대하기는 어렵다.

건강한 직장 캠페인은 건강한 직장 법안Healthy Workplace Bill92의 통과를 강력하게 요구하고 있다. 이 법안의 초안은 서퍽대학교Suffolk University의 법학 교수인 데이비드 야마다David Yamada가 작성했으며 직장에서의 학대로 발생한 신체적·심리적·경제적 피해에 대해 어떤 근로자라도 소송을 제기할 수 있도록 하는 내용을 담고 있다. 근로자가 언어적 학대, 위협, 업무 방해 행위를 비롯 부당한 행위를 당했다는 사실을 입증할 수 있다면 임금 손실, 의료비, 감정적인 고통에 대한 보상 및 징벌적 손해배상을 받을 수 있게 된다. 법안에 반대할 가능성이 있는 고용주들을 달래기 위해 법안을 만들 때 그 적용 범위를 가장 공격적이고 고의적인 행위로 한정하고 불법 행위의 요건을 '악의'로 한 행위이면서 대부분의 경우 반복적인 행위로 규정했다. 또한

353

신속하게 조사해서 문제를 성실하게 해결하는 기업을 위해 이 법안에서는 적극적 항변 사유(피고가 원고의 주장에 해당하는 행위를 했다는 사실이 입증되더라도 피고가 손해 배상을 하지 않아도 되도록 면책 해 주는 사유)를 제시하고 있다.

게리 나미와 루스 나미는 미국이 서방 민주주의 국가 중에서 직장 내의 '괴롭힘'을 금지하는 법을 도입하지 않은 마지막 국가라는 점을 강조했다. 스칸디나비아 국가들은 1994년부터 괴롭힘을 명백히 금지하는 법을 시행해 왔으며 유럽 연합에 속한 많은 나라에서는 고용주가 책임지고 괴롭힘을 예방하거나 시정하도록 하는 법을 시행하고 있다. 영국에서는 광범위한 종류의 괴롭힘을 금지하는 법이 있으며 호주는 2011년에 세계 최초로 직장 내 괴롭힘을 실제 범죄로 규정하는 법안을 통과시켰다. 미국에서는 24개 주가 건강한 직장 법안을 도입했으며 300명 이상의 국회 의원이 이 법안을 지지하고 있다.

연민이 가진 힘

'악'을 텅 빈 구멍 즉, 사랑할 수 있는 능력과 양심의 결핍이라고 정의했다. 그렇다면 이제 우리는 그와 반대인 '선'의 본질이 무엇인지 알 수 있다. 선은 우리에게 있는 심리적인 온전함 즉, 우리가 사랑을 하고 양심을 느낄 수 있는 능력에서 생

그저 양심이 없을 뿐입니다

겨난다. 아울러 공감, 감사, 충실함, 정의감을 비롯해 우리가 이 땅에서 살아갈 수 있게 해 주는 모든 따뜻한 감정적인 반응들 역시 이 능력에서 나온다. 사랑할 수 있는 능력이야말로 악에 맞설 수 있는 진정한 힘이다. 그렇기에 우리는 이 능력을 제대로 알고 가치 있게 여기며 지켜 나가는 방법을 배워야 한다. 이렇게 말하면 간단한 일처럼 느껴질 수도 있겠지만 지금 우리 사회의 현실은 그렇지 않다. 현대 사회를 살아가고 있는 우리 '부족'에게는 이를 방해하는 요소들이 많기 때문이다. 인간적·문화적·환경적으로 행복한 삶을 도외시한 채 오직 돈을 모으는 데만 혈안이 되어 있는 자들을 비롯해 그릇된 충성심에 빠져 있는 입법자들, 너무나 쉽게 농락당하는 법률 체계 등이 바로 이를 가로막고 있는 방해꾼들이다. 가까운 장래에 우리 한 사람 한 사람은 자신의 삶에서 어떤 입장을 취할 것인지 결정해야 한다. 인류를 구하러 나설지 아니면 멸망의 길로 접어들지를 말이다.

나는 독자의 이메일을 통해 알게 된 어느 비범한 아이의 이야기를 종종 떠올리며 이러한 '선'의 정의를 되새긴다.

소시오패스에게 고통받는 사람들이 많다 보니 선생님께서는 그런 사람들의 이메일을 엄청 많이 받으실 것 같아요. 하지만 제가 보내는 이메일은 다르답니다. 저는 어린아이와 관련된 연민과 도덕성에 대해 말씀 드릴 건데요, 듣고 나면 아주 좋아하실 거예요.

얼마 전 한 아이가 저희 마을로 이사 왔어요. 그 아이는 꽤 두껍고 무거워 보이는 안경을 쓰고 있었어요. 뭐 처음 이사 오면 한 번쯤은 또래 아이들한테 통과 의례 같은 걸 치를 수 있잖아요. 그런데 이 가엾은 아이는 외모와 끽끽거리는 이상한 목소리 때문에 아주 심하게 놀림당했어요. 저희 아들은 그 애가 다른 아이들과 잘 어울리지 않는다고 했어요. 그리고 하굣길에 운동장에서 다른 아이들이 막대기로 그 애의 배를 쑤시고 해변으로 쓸려 온 고래 같은 놈이라고 놀리며 괴롭히는 걸 봤다고 하더라고요. 날카로운 고음을 내는 아이의 목소리를 그렇게 놀려 댔던 거죠.

하루는 아이들이 그 애를 밀어서 진창에 빠트린 적이 있었는데 그때 어느 여자애가 저희 아들한테 조용히 물어봤대요. "쟤가 저렇게 괴롭힘을 당할 만한 짓을 한 거야?" 그 여자애는 넘어진 아이가 일어날 수 있도록 도와주고 아이들의 행동이 나쁜 거라고 얘기해 줬대요. 그러고는 그 애를 괴롭힌 아이들에게 가서 야구나 축구를 할 때는 그렇게 규칙을 잘 지키면서 왜 평소에는 규칙을 지키지 않아도 된다고 생각하는지 따져 물었다지 뭐예요. 그 말을 들은 아이들은 대수롭지 않다는 듯 어깨를 으쓱하더니 슬금슬금 어디론가 떠났다고 해요. 그런데 그게 마지막이었대요. 더 이상은 아무도 그 가엾은 애를 괴롭히지 않았고요. 나중에 저희 아들이 그러더라고요. 애들이 그런 나쁜 짓을 할 때 자기가 나서서 말리지 않았던 게 너무 부끄럽다고요. 앞으로 그런 일이 생긴다면 아마 저희 애도 기꺼이 나설 것 같아요.

이 이야기에서 알 수 있듯이 연민은 그 감정을 느끼는 사람으로 하여금 힘을 내게 한다. 이것이 바로 연민이 가진 힘이다. 다른 이야기를 하나 더 소개하겠다. 이 이야기는 사랑과 공감이 넘치는 어떤 여성분이 보낸 편지의 일부로, 용서가 낳은 긍정적인 결과가 어떠한지를 말해 준다. 뿐만 아니라 이 이야기에는 '소시오패스를 끌어들이는 자석' 같은 사람들에게 꼭 필요한 내용도 담겨 있다. 꿀을 보고 파리가 꼬이듯이 선량한 사람들을 보면 소시오패스들이 달려든다. 하지만 정작 그런 일을 당하는 사람은 왜 자신의 삶에 소시오패스가 자꾸 들러붙는지 그 이유를 몰라서 미칠 지경일 것이다. 이 메일을 보낸 분은 그 이유에 대해 자신이 발견한 놀라운 진실을 들려준다. 그 진실은 바로 소시오패스가 다른 사람의 선함에 이끌린다는 것이다.

선생님, 좋은 책을 써 주셔서 감사 드려요. 마침 제가 원하던 내용이 담긴 책이라 단숨에 읽었답니다. 그리고 한편으로는 제 자아를 되찾는 데도 도움이 되었어요. 사실 저는 지난 2년 동안 아주 괴로운 관계 때문에 고생했어요. 처음 만났을 때 해럴드는 회계사로 일하고 있었어요. 우린 정말 죽이 잘 맞았죠. 해럴드는 굉장히 재미있고 총명한 데다 삶에 대한 깊은 생각으로 저에게 큰 감동을 주기도 했어요. 사귄 지 몇 달이 지났을 즈음 갑자기 해럴드는 일을 그만뒀어요. 그런 일을 하면서 자기 재능을 썩히긴 싫다고 하면서요. 몇 년 전부터 공상 과학 영화의 시나리오를 준비 중이었는데 이제 그걸 제작할 생각이었던 거죠. 해럴드는 자기 시나리오가 영화사에 채택되어 영화로 만들어지기만 하면 자신도 틀림없이 유명해질 거라 확신했어요. 그러니까 더 이상 회계사나 하면서 인생을 낭비하면 안 되겠다는 생각이 들었겠죠. 처음에는 저도 멋지다고 생각했어요. 한집에 살면서 해럴드가 그 일에만 집중할 수 있도록 도왔어요. 장을 보고 식사를 준비하고 자동차 수리하는 일까지 모두 제가 맡았죠. 해럴드는 고맙다는 말을 한 번도 하지 않았지만 저는 그저 해럴드가 너무 일에 몰두한 탓이라 여겼어요.

그러다가 해럴드는 여기저기 진료를 받으러 다니기 시작했어요. 견딜 수 없을 정도로 아프다면서 한 달 동안 10명이나 되는 전문의에게 진료를 받았죠. 이상이 없다는 소리를 하는 의사는 돌팔이 소리를 들어야 했어요. 뿐만이 아니었어요. 해럴드는 관심받고 싶어 안달이었는데 당황스러울 정도였어요. 제가 평소보다 5분만 늦게 퇴근해도 소리를 지르곤 했거든요. 한번은 쓰고 있는 시나리오를 볼

그저 양심이 없을 뿐입니다

수 있냐고 했더니 잡아먹을 듯 고함을 치더라고요. 그 일에는 신경 끄라면서요. 제가 자기를 부양하면서 글 쓰는 일 이외에는 다 해 주고 있는데 해럴드는 그런 건 별거 아니라고 여기는 것 같았어요.

그러다 해럴드가 저 몰래 바람을 피운다는 걸 알았어요. 해럴드는 종종 토요일 오후에 도서관에 가곤 했는데 그러면서도 책을 빌리거나 반납하는 일은 한 번도 없었죠. 그래서 하루는 몰래 해럴드의 뒤를 따라갔다가 카페에서 어떤 여자와 키스하는 장면을 본 거예요. 그 여자는 분명 해럴드를 기다리고 있었어요. 해럴드에게 제가 본 걸 말했더니 미친 듯이 웃으면서 하는 말이 지금 어떤 영화 제작자와 아주 큰일을 교섭하고 있는 중인데 그 여자가 자기 대리인이라는 거예요. 제가 오해한 것 같다며. 그의 해명에도 왠지 짚이는 게 있어 다음 주에는 좀 일찍 나가 그 카페에 갔는데 역시나 그 여자가 카페에 나와 있었어요. 저는 그 여자에게 해럴드와 저의 상황에 대해 얘기했어요. 그러자 그 여자가 저에게 사과를 하더라고요. 알고 보니 그녀는 근처 동네의 미용사였어요. 때마침 해럴드가 카페에 도착했는데 저희 둘을 모르는 사람처럼 대하지 뭐예요!

그렇게 해서 저는 해럴드와의 관계를 정리했어요. 돌이켜 보면 진즉에 끝내는 게 맞았어요. 해럴드는 단 한 번도 저를 챙기지 않았으니까요. 누군가를 챙기는 일은 아예 할 수 없는 사람인 거죠.

그 후로 저는 어떤 남자와도 진정 어린 관계를 만들어 갈 자신이 없어졌어요. 해럴드와 헤어진 지 몇 달이 지난 후에도 저는 그에게 당한 경험 때문에 여전히 멍한 상태였지요. 제가 만나는 사람들이 저에게 진심인지 어떤지도 잘 모르겠더라고요. 산산조각 난 제 자존심을 다시 회복할 자신도 없었죠.

그런데 선생님의 책을 읽고 나서 모든 것이 바뀌었어요. 저는 해럴드의 행동이 어떤 의미였는지 이해할 수 있게 되었어요. 그리고 해럴드가 저의 긍정적인 특성들에 끌렸다는 것도요. 해럴드가 저에게 들러붙었던 건 저의 선함 때문이었어요. 지금 이대로의 제 자신이 소중하다는 사실도 다시 한번 느꼈어요. 도움이 필요한 사람을 기꺼이 돕고자 하는 제 마음이 정말 장점이라는 것도 잘 알게 되었고요. 이런 사실들을 다시금 되새기면서 저는 해럴드를 용서할 수 있었어요. 해럴드는 원래 그렇게 생긴 사람이고 절대 변치 않을 거란 걸 알게 되었거든요. 그래서 선생님께 감사하다는 말씀을 드리고 싶었어요. 선생님 덕분에 제가 가진 선함이 얼마나 가치 있는 것인지 깨달았고 저 자신에 대한 믿음을 되찾을 수 있었으니까요.

연민과 용서는 자유로 통하는 문을 열어 주는 동시에

당신에게 남은 인생을 제대로 살 수 있도록 해 준다. 그에 반해 그치지 않는 증오와 복수하고자 하는 열망은 당신의 자유를 앗아 갈 덫일 뿐이다. 만약 연민과 용서 대신 증오와 복수심으로 살아간다면 당신은 오랫동안 그 덫에 갇힌 채 헤어나지 못할 것이다. 엉겅퀴 덩굴이 당신을 둘러싸고 있는 상황을 그려 보라. 독을 머금은 덩굴이 당신의 키보다 높이 자라 얽히고설키면서 머리에서 발끝까지 당신을 에워싸고 마침내 그 자리에서 옴짝달싹 못하도록 만든다면 어떨 것 같은가? 증오는 당신의 삶에 큰 피해를 줄 수 있으며 그런 점에 있어서는 소시오패스와 다를 바 없다. 복수에 대한 갈망은 누군가를 이용해서라도 당신의 복수극을 이뤄 내라며 당신을 유혹하고 좋은 인간관계를 망치며 마침내는 당신의 인생을 헛되이 사라지게 할 것이다.

우리는 충분한 지식, 이해, 연민을 갖추고서 '소시오패스'라 불리는 이 소수의 공격적이고 무서운 사람들을 대해야 한다. 아무런 준비 없이 무작정 나섰다가는 도리어 도덕적 배제를 저지를 위험에 빠질 수 있다. 그런 위험을 피하려면 그들에 대한 지식과 이해, 그리고 아이러니하게도 그들에 대한 연민까지도 필요하다. 특히 언젠가는 아주 어린 소시오패스를 진단할 수 있을 만큼 기술이 발달할 때가 올 텐데 자칫 잘못해서 우리가 소시오패스에게 도덕적 배제를 적용한다면 우리 스스로 파괴적인 결과를 자초하는 꼴이 된다. 그런 선택을 한다면 다른 사람들의 삶뿐만 아니라 당신의 마음까지도 무차별적으로 파괴하

9장_ 선함은 언제나 옳다

는 것이다. 소시오패스는 여전히 인간으로 행세하고 있기 때문에 그들을 인간이 아니라고 여기는 것은 다른 사람들에게 도덕적 배제를 적용하는 것만큼이나 위험한 일이다. 그들의 냉혹하고 가학적인 행위에 대처할 때는 복수의 꿈은 버리고 침착하게 행동해야 더 좋은 결과를 얻을 수 있으며 실제로 기분도 더 좋아진다.

언젠가 우리는 부변연계의 발달을 돕는 신경학적인 기술을 개발할 가능성도 있다. 그러면 뇌의 선천적인 장애 때문에 양심을 가질 수 없는 아이들의 부변연계가 완전하게 발달하도록 도울 수도 있다. 마치 '블루베이비 증후군팔로 증후군 Fallot's syndrome, 청색증을 보이는 선천성 심장 질환. 청색증은 피부와 점막이 짙은 청색을 띠는 증상이다'93을 앓는 아이의 심장을 수술하거나 다른 선천적인 질환에 적절한 치료를 하는 것과 마찬가지로 소시오패스의 신경학적 문제에 대해서도 신속하고 침착한 임상적 치료법을 적용할 수 있다. 그 결과 우리는 신경학적 장애가 있는 아이들을 사랑이 넘치는 우리의 세상으로 이끌어 주는 행복을 누릴 수 있을 것이다.

한 가지 분명히 해야 할 점은 용서와 망각은 서로 다른 말이라는 것이다. 용서는 당신을 자유롭게 해 줄 수 있지만 그와 반대로 고통스러운 경험을 단순히 망각하는 것은 융통성이 없고 위험하며 쓸데없는 짓일 뿐이다. 용서는 망각이 아니다. 사실상 거의 잊어버린 무언가를 용서하는 걸 진정한 용서라 부를 수도 없겠지만 말이다. 그들을 멀리하는 편이 연민과 용서에 도움이 될 수도 있을 거다. 하지만 그럴 수 없는 상황이라면 이 책을 통해 알게 된 소시오패스에 관한 정보를 활용해 당신 자신과 소중한 사람들에게 문제가 있다는 생각은 절대 하지 마라.

긍정 심리학

이전까지의 심리학이 우리를 비참하게 만들거나 잘해봐야 비참함에 적응하도록 하는 데 집중했다면 마틴 셀리그먼 Martin Seligman의 선구자적인 연구와 영향을 시작으로 심리학은 전반에 걸쳐 그런 집착에서 벗어나 새롭고 감동적인 관점을 모색하기 시작했다. 행복, 성품, 의미와 같은 인간의 긍정적인 기능에 집중하는 새로운 심리학으로 변한 것이다. 셀리그먼에게서 비롯된 긍정 심리학Positive Psychology94은 기존의 패러다임을 깨뜨렸다. 이 새로운 분야의 연구를 통해 밝혀진 주요한 발견을 꼽으라면 아마도 우리의 행복이 주로 대인 관계의 양과 질에 의해 결정된다는 사실일 것이다. 이 연구 덕분에 개인적인 행복과 의미에는 공감, 연민, 이타주의, 사랑처럼 사람들 사이의 관계를 강화하는 반응들이 관련된다는 사실이 과학적으로 입증되었다. 용서 역시 이런 역할을 하는 반응 중 하나이다.

그렇다고 해서 온화한 스님이나 타고난 수도승이 아닌

당신더러 자신을 노린 소시오패스를 사랑하는 방법을 배우라는 말은 아니다. 그것은 당신의 인내심을 넘어서는 일이다. 하지만 나는 당신의 길을 방해한 그 나쁜 사람들에 대해 당신이 어느 정도의 연민을 느낄 수 있으면 좋겠다. 소시오패스는 온전한 마음을 가지고 있지 못하다. 말하자면 마음의 일부분이 텅 비어 있는 셈이다. 그는 자식은 물론 그 어떤 사람에게도 사랑이라는 감정을 느낀 적이 없으며 다른 여러 감정적인 부분에 있어서도 온전치 못한 결함투성이 인간이기에 결국에는 스스로를 망치고 만다. 어쩌면 그는 양심의 '구속'을 받는 우리를 보며 자신이 더 우월하다고 여길지도 모른다. 자신에게 당한 사람들을 보며 스스로가 더 탁월하다고 확신할 수도 있다. 하지만 현실에서 그의 삶은 메말라 있고 끝없이 단조로우며 비극적일 정도로 아무런 의미를 찾을 수 없다.

사랑의 효용은 사람들 사이를 끈끈하게 하는 데 그치지 않는다. 양심은 강력한 유대감으로 개개인의 사람을 한데 묶어 집단을 형성할 수 있도록 해 준다. 생존이라는 측면에서 보자면 이런 집단의 형성은 생존 가능성을 높여 주는 역할을 한다. 그렇기 때문에 양심 또한 생존율을 높이기 위한 진화의 산물이라고 볼 수도 있다. 그런 관점에서 보자면 지금까지 양심은 그 역할을 훌륭히 해 왔으며 앞으로도 그러리라 기대한다. 더욱 놀라운 일은 무수히 헤아릴 수 없는 시간을 지나면서 애착 즉, 사랑이 더욱 큰 무언가로 바뀌어 사람들이 타인을 위해 자신의 안전

그저 양심이 없을 뿐입니다

과 생명을 포기할 정도로 강력한 힘을 발휘하게 되었다는 점이다. 이제 정상적인 인간의 감정 기능은 우리와 깊은 사랑을 주고받았던 사람이 고인이 된 이후에도 우리가 죽는 날까지 가슴속에 살아 숨 쉬게 할 만큼 대단한 힘을 가지게 되었다.

충만한 사랑은 그 사람의 얼굴 표정과 말하는 모습 같은 과거의 아주 자그마한 부분 하나하나까지 기억나게 해 준다. 게다가 특정한 상황에서 그 사람이 했던 말과 행동에 숨어 있던 진의와 그 표현에 묻어 있던 소중한 감정까지도 생생하게 떠올리게 해 준다. 애석하게도 지금은 우리의 곁을 떠났지만 그래도 우리는 진정으로 사랑했던 그 사람의 존재를 충분히 느낄 수 있다.

그래서 이 지구에서는 살아 숨 쉬는 수십억의 우리들과 함께 생물학적으로는 생명이 다한 무수히 많은 사람들의 기운이 한데 뒤섞여 북적대고 있다. 시간이 흐르고 진화를 거듭할수록 우리들을 서로 연결해 주는 감정적 애착은 단순히 생존을 돕는 수호자의 역할을 뛰어넘어 새로운 무언가로 성장했으며, 사랑은 영원이라는 씨앗을 품게 되었다.

종교적인 신념이 뭐든지 간에 자신의 삶을 구현하고자 하는 갈망은 피할 수 없는 우리의 본성이다. 누구도 부질없이 사라지는 걸 원하지 않는다. 그리고 우리는 신체적인 죽음의 순간에 머릿속에 지나갈 일련의 일들, 예를 들면 피할 수 없는 죽음, 익숙했던 신체의 스러짐, 마음속에 간직했던 생각과 장면들의 퍼레이드가 끝날 거라는 예감 등을 떠올리며 두려움에 시달린다. 정작 죽고 나면 기억하지도 못할 거면서 말이다. 하지만 우리의 삶과 과거에 살았던 누군가의 삶에서 실제로 일어났던 일은 변함없이 진실로 남을 것이다. 그렇다. 우리의 삶은 시간이라는 한계를 뛰어넘었다. 사랑이 있기에 우리의 삶은 더 이상 한정된 시간 안에 존재하다 의미 없이 사라지지 않는다.

영겁의 세월을 거쳐 이룩된 이 승리는 그 무엇보다도 더욱 값진 것이다. 그렇기에 누군가를 사랑하고 서로 관계를 형성하고 공감을 느끼는 이 능력은 존중받고 따를 만한 가치가 있다. 그리고 다른 사람에게 상처를 주면 죄책감을 느끼는 능력 역시 그러하다. 살아 있는 생명체가 가진 능력은 권력이나 복수를 추구하는 데 쓰이는 게 아니라 서로의 관계를 위해 사용하는 것이 가장 바람직하다. 나무에서 다른 새끼가 먹이를 먹도록 돕는 도우미 침팬지의 방법에서부터 인간의 두뇌에서 나오는 효율적 방법에 이르기까지, 소수의 소시오패스 포식자와 다수의 사랑이 넘치는 보호자 사이의 오래된 다툼에서 우리는 승리할 수 있으며 반드시 승리해야 한다.

다행스럽게도 우리가 가진 힘이 소시오패스의 힘보다 훨씬 더 크다. 왜냐하면 그들의 힘이 누군가를 통제하고자 하는 병적인 욕망과 감정적인 공백에서 나오는 반면, 우리의 힘은 감정적인 온전함과 서로 사랑하고 확고하게 결속하며 서로 등을 맞댈 수 있는 능력에 바탕을 두고 있기 때문이다. 그리고 무엇보다 우리의 수가 그들보다 훨씬 더 많다. 우리는 이 힘을 이용

그저 양심이 없을 뿐입니다

해 우리 자신과 사랑하는 사람들, 그리고 이 지구를 구해야 한다. 우리에게는 힘이 있으며 소중한 것들을 지켜야 할 사명도 가지고 있다. 소시오패스를 피할 수 없다면 우리는 그들과 싸워서 이겨야 한다. 우리는 충분히 그렇게 할 수 있다.

현재 우리 사회가 크게 간과하고 있는 부분이 있다. 흔히 인간관계와 양심을 지켜 나가는 일이 사생활과 직장 생활, 부모로서의 삶에서 한 사람의 개인이 책임져야 할 문제로 여긴다는 점이다. 소시오패스와의 대결에는 우리 모두가 눈을 똑똑히 뜨고 함께 나서야 한다. 때로는 이 일이 두려울 것이고, 또 대부분은 홀로 고군분투한다는 느낌이 들 것이다. 그러나 소시오패스와의 대결을 피할 수 없는 상황이 닥친다면 우리 중에서 그에 맞설 용기와 따뜻한 동정심을 가진 사람들이 나타나 우리를 응원하고 지지해 줄 것이다.

감사의 말

이 책의 집필을 막 마쳤을 무렵인 2018년 9월에 저는 약한 뇌졸중을 앓았습니다. 잠깐 동안 의식을 잃고 쓰러지지 않았다면 모르고 지나갈 정도였습니다. 그때 주차장에 있었는데 정신을 잃으면서 아스팔트 바닥으로 쓰러졌고 몸의 오른쪽을 강하게 부딪쳤습니다. 넘어진 데다 그 직후에 여러 가지 일들이 일어났기 때문에 당시의 상황이 자세히 기억나지는 않습니다. 그렇지만 낯선 사람 5명이 나를 둘러싸고 서서는 외상 센터로 연락하는 게 좋겠다고 이야기하는 소리를 들었습니다. 일면식도 없는 사람들이었습니다. 다행히 자신들이 누구인지 알 수 있도록 정보를 남겨 두었기에 나중에 진심으로 감사하다는 인사를 드릴 수 있었습니다.

그저 양심이 없을 뿐입니다

눈 주위의 멍 자국이 옅어지면서 원래의 얼굴로 돌아오고 목소리와 인지 능력, 걸음걸이도 회복했지만 여전히 가끔씩 어지러울 때가 있습니다. 재활 센터에서 동료 심리학자인 조나단 페리 박사Dr. Jonathan Perry를 만난 것은 참으로 다행이었습니다. 페리 박사는 몇 달만 지나면 저희 둘이 함께 커피를 마시면서 이번 일이 얼마나 끔찍했는지 그리고 이 정도에 그친 게 얼마나 기적 같은 일이었는지 즐겁게 얘기할 수 있을 거라고 장담했습니다. 어지럼증이나 피로감도 없어지고 깔끔하게 나을 거라는 말도 해 주었습니다. 자신도 전에 비슷한 일을 겪었지만 이렇게 좋아지지 않았느냐며 나를 격려해 준 페리 박사의 진지함과 용기 덕분에 저는 그 시간을 이겨 낼 수 있었습니다. 박사가 말한 대로 우리가 함께 커피를 마시며 얘기를 나눌 날을 손꼽아 기다렸습니다. 처음 나를 구해 준 사람은 5명의 낯선 사람들이었고 그다음 나를 구해 준 사람은 내게 희망을 준 페리 박사였습니다. 정말 큰 도움이 되었습니다.

7번째의 영웅은 이 책을 구한 린다 카본Linda Carbone입니다. 린다는 책 편집자이면서 직접 책을 쓰는 작가이기도 합니다. 린다와 그녀의 남편인 에드 데커Ed Decker는 『아이를 갖는다는 것A Little Pregnant』이라는 감동적인 책을 썼습니다. 여러분들도 꼭 한번 읽어 보셨으면 좋겠습니다. 원고를 다 쓴 이후에도 정식으로 출판이 될 때까지는 해야 할 일이 많습니다. 예전에는 기꺼이 그런 일들을 직접 했었지만 이번에는 그렇게 하지 못했

감사의 말

습니다. 각 장의 순서를 확정하고 필요한 정보들이 누락되지 않았는지 살펴봐야 하며, 미주도 적절하게 마무리하고 필요하다면 보완하기도 합니다. 책의 레이아웃과 전체적인 모양에 대해서도 서로 의견을 나눠야 합니다. 작가 대신 이런 작업을 도맡아 하는 건 누구에게나 어려운 일입니다. 작가들은 굉장히 욕심이 많은 사람들이기 때문입니다. 그런데 린다는 저 대신 이 일을 맡아서 아주 적절하고 능숙하게 처리해 주었습니다. 아무렇지도 않게 척척 일을 진행하는 린다를 보며 과연 전문가구나라는 생각과 함께 아주 큰 감사를 느꼈습니다. 정말 고마워요, 린다.

멋진 안목과 끈기 있는 모습으로 제 책을 편집해 준 훌륭한 편집 책임자인 다이애나 바로니Diana Baroni에게도 고맙다는 말을 전하고 싶습니다. 정신없이 바쁜 와중에도 함께 애써 준 찰리 콘래드Charlie Conrad, 리아 밀러Leah Miller, 아만다 패턴 Amanda Patten 등 다른 편집자들에게도 감사 드립니다. 원고를 최종적으로 검토해 지금과 같은 책이 나올 수 있도록 도움을 준 미셸 에니클레리코Michele Eniclerico에게도 마음 깊이 감사하다는 말씀 드립니다. 미셸 덕분에 여러 번의 수정을 거쳤음에도 책에 나오는 내용들이 명확하고 일관성 있게 완성될 수 있었습니다.

저의 삶에서 함께한 분들에게도 감사를 드립니다. 소중한 것을 놓치지 않는 아름다운 두 눈을 가진 내 사랑스럽고 훌륭한 딸 아만다 킬리Amanda Kielley와 멋지고 낭만적인 사위 닉 들라이예Nick Delahaye, 이 책이 나왔을 때쯤엔 부부가 되어 있을

그저 양심이 없을 뿐입니다

나의 형제이자 평생 친구인 스티브 스타우트Steve Stout와 그의
완벽한 약혼녀 크리스틴 베셋Christine Bessett, 한집에 살면서 예
리한 시각으로 내 눈을 밝혀 준 하워드 킬리Howard Kielley, 당신
들이 나에게 베풀어 준 친절에 감사 드리며 행복하시길 빕니다.

『이토록 친밀한 배신자』를 읽고 나에게 편지를 보내 주
신 독자 여러분들에게도 감사 드리고 싶습니다. 여러분의 편지
하나하나를 모두 이 책에 넣고 싶었답니다. 책에 실은 이야기들
에서는 이름을 노출하지 않기 위해 다른 이름으로 바꿨습니다.
실명을 써도 되는 상황이었다면 그분들에게 용기와 찬사를 드
리는 의미에서 아주 큰 글자로 적어 드렸을 겁니다.

마지막으로 놀라우리 만큼 재능이 넘치는 나의 대리인
수전 리 코헨Susan Lee Cohen에게 감사의 말을 꼭 드리고 싶습니
다. 수전은 더할 나위 없이 훌륭한 대리인이자 너무나 멋진 사
람입니다. 그녀에게도 말했지만 정말 저에겐 기적을 만드는 작
업자랍니다. 이 말을 더 많이 못해 준 것 같아 아쉬울 따름입니
다. 제가 한 말이 무슨 뜻인지 수전은 아마 정확히 알진 못할 겁
니다. 하지만 수전의 능력과 호의 덕분에 제가 작가라는 어린
시절의 꿈을 이룰 수 있었답니다. 다시 한번 말하고 싶습니다.
고마워요, 수전.

『그저 양심이 없을 뿐입니다』: 악인을 어떻게 대해야
하는가에 대해 알려 주는 가장 구체적인 지침서

— 인지 심리학자, 『지혜의 심리학』 저자 김경일

『이토록 친밀한 배신자』보다 더 지혜로워져야 하는
우리들을 위한 이야기

마사 스타우트 교수의 인생작이었던 『이토록 친밀한 배
신자』는 소시오패스들이 누구이며 그들의 폐해가 얼마나 집요
하고 장기적인지 우리가 뼈저리게 느낄 수 있도록 알려 주었다.
『이토록 친밀한 배신자』의 결론이 이제 이 책과 함께 다가왔다.
'그저 양심이 없는' 그들. 이제 남은 질문은 하나다. 그들을 어
떻게 해야 하는가? 책의 원제가 주는 메시지는 확실하다. 'Out-
smarting The Sociopath Next Door'. 그렇다. 우리는 그들보다
더 스마트해져야 한다. 더 많이 알고 더 많이 내다보면서 대처

를 해야 한다는 뜻이다. 그런데 우리는 이 책을 통해 더욱더 본질적인 것을 하나 이해할 수 있게 된다. 바로 악惡이라는 것의 실체다.

양심 없다는 것의 의미

마사 스타우트 교수는 책의 서두에서 단 한마디로 그 핵심을 정리했다. '진정한 악은 무언가가 빠져 있는 결함일 뿐 그 이상도 그 이하도 아니다.' 아…… 완벽한 말이다. 소시오패스라고 불리는 악인들은 보편적인 인간에 이른바 악이라는 것이 추가된 단순한 존재가 아니라 선이라는 것이 결여돼 있는 인간들이기에 우리가 상상할 수 없는 수많은 악행들을 저지르는 것이다. 따라서 그들의 악의적 측면을 제거한다거나 물리친다고 해서 문제가 해결되는 것이 아니다. 그들에게는 보편적 양심, 선, 윤리가 존재하지 않는다는 점을 확실히 주지해야 한다는 뜻이다. 마사 스타우트 교수의 말처럼 '가족 간의 사랑, 우정, 배려, 다정함, 감사처럼 정상적인 인간관계에서 나오는 따뜻한 감정이야말로 양심의 근원'이다. 따라서 이러한 감정 없이 양심은 존재할 수 없다. 그러니 역으로 생각해 보면 쉽다. 소시오패스들에게 가족 간의 사랑, 우정, 배려, 다정함, 그리고 감사를 기대하면 안 된다. 그것이 바로 책의 원제에 포함된 Outsmarting의 핵심이다. 그들을 단순히 피해 가는 것이 아니라 한 순간도 놓치지 말고 경계해야 한다는 뜻이다. 그 경계 속에서 무엇을 봐야 하는가를 이 책에서는 정확하게 적시하고 있다.

그리고 마사 스타우트 교수는 이 책에서 이 악인들에 대해 우리가 지금까지 피하고 싶었던 모든 불편한 현실들을 직시하게 해 준다. 그 핵심은 바로 나의 부모와 자녀, 즉 가족이 소시오패스인 경우다. 회피하고 싶고 묻어 두고 가고 싶은, 그러다가 궁극적으로 더욱더 큰 비극을 만들어 내기 쉬운 경우다. 그녀는 이 경우를 직시하는 수고를 마다하지 않았다. 소시오패스에 관한 몇 안 되는 연구와 강의를 한 것이 전부인 필자도 정말 많은 분들에게서 고충을 전해 듣는다. 그리고 그 비밀스러운 털어놓기의 대부분은 자신의 부모나 형제가 소시오패스이거나 거기에 준하는 경우다. 그들을 어떻게 대해야 하는가 그리고 나 자신은 어떻게 해야 하는가에 대해 이 책은 현존하는 대중서들 중 거의 유일하게 답을 제시해 주고 있다.

죄책감이 없는 그들

이 책을 찬찬히 읽어 내려가다 보면 또 하나의 오래된 질문에 대한 답을 찾아볼 수 있다. 바로, 소시오패스들은 개선이나 교화가 가능할까? 이 질문 역시 많이 불편하면서도 반드

그저 양심이 없을 뿐입니다

시 알아야 하는 내용이다. 왜냐하면 문화와 사회에 따라서 차이
는 있겠지만 결국 100명 중 4명에 달하는 이들과 우리는 앞으
로도 공존을 해야 하니 말이다.

마사 스타우트 교수만이 내릴 수 있는 결론은 바로 이
것이다. '보통의 아이들과는 달리 소시오패스인 아이들은 사회
적인 보상에는 그다지 큰 관심을 두지 않는다. 그런 아이들에게
는 좋아하는 음식, 갖고 싶은 전자 제품, 컴퓨터 사용 시간, 새
옷과 같은 물건들이 더 의미 있는 보상이며 아이들도 확실히 더
좋아할 것이다.' 바로 이것이다! 그들은 마치 하나의 동물을 조
련하듯이 훨씬 더 말초적인 방식으로 이른바 조형화shaping하는
것이 거의 유일한 대안이다.

오랜 연구와 관찰을 해 본 마사 스타우트 교수가 이렇
게 우리에게 전하는 이야기들은 우리 삶에서 반드시 필요하다.
왜일까? 인간이 행복하게 살기 위해서는 좋은 일이 많으면 좋
겠지만 그 못지않게 중요한 일은 나쁜 관계로부터 벗어나는 것
이기 때문이다. 이 사회에서 훨씬 더 많은 비율을 차지하고 있
는 보편적이고 양심적인 우리들이기에 양심 없는 그들에게 손
쉽게 조종당하지 않도록 스스로를 지켜야만 한다. 우리 자신과
우리의 미래가 되는 다음 세대를 위해서.

참고 문헌

(1장)

1. American Psychiatric Association, *Diagnostic and Statistical Manual of Mental Disorders*, 5th ed. (Washington, DC: American Psychiatric Association, 2013). DSM의 형성에 대한 심도 깊은 비평을 읽고 싶다면 게리 그린버그의 책과 그 책에 대한 나의 서평을 참고하라. Gary Greenberg, *The Book of Woe: The DSM and the Unmaking of Psychiatry* (New York: Plume, 2013), "The Pernicious Politics of the DSM-V," *The New Republic*, May 8, 2013.

2. 다음의 자료를 참고하라. R. Hare, K. Strachan, and A. Forth, "Psychopathy and Crime: A Review," in *Clinical Approaches to Mentally Disordered Offenders*, ed. Kevin Howells and Clive Hollin (New York: Wiley, 1993); and S. Hart and R. Hare, "Psychopathy: Assessment and Association with Criminal Conduct," in *Handbook of Antisocial Behavior*, ed. D. Stoff, J. Breiling, and J. Maser (New York: Wiley, 1997).

3. S. A. Mednick, L. Kirkegaard-Sorense, B. Hutchings, et al. (1977), "An example of biosocial interaction research: The interplay of socioenvironmental and individual factors in the etiology of criminal behavior," in *Biosocial Bases of Criminal Behavior*, ed. Sarnoff A. Mednick and Karl O. Christiansen (New York: Gardner Press, 1978).

4. S. Porter, M. Woodworth, and A. R. Birt (2000), "Truth, lies, and videotape: An investigation of the ability of federal parole officers to detect deception," *Law and Human Behavior* 24(6): 643-58.

5. Stephen Porter, BBC News, February 19, 2009, http://news.bbc.co.uk/2/hi/health/7833672.stm, published 2009/02/09 12:16:24 GMT.

그저 양심이 없을 뿐입니다

[2장]

6. 다음의 자료를 참고하라. R. C. Kessler, P. Berglund, O. Demler, et al. (2005), "Lifetime Prevalence and Age-of-Onset Distributions of DSM-IV Disorders in the National Comorbidity Survey Replication," *Archives of General Psychiatry* 62(7): 593-602(표준 가구를 대상으로 2001년 2월부터 2003년 4월까지 전국적으로 이루어진 이 대면 조사는 통합 국제 진단 인터뷰Composite International Diagnostic Interview를 완전히 구조화한 세계 보건 기구World Health Organization의 세계 정신 건강 조사World Mental Health Survey 설문지를 이용했다).

또한 다음 자료도 참고하라. D. G. V. Mitchell, R. A. Richell, A. Leonard, R. Blair, and R. James (2006), "Emotion at the expense of cognition: Psychopathic individuals outperform controls on an operant response task," *Journal of Abnormal Psychology* 115(3): 559-66.

소시오패스의 신경학적 구조가 유전될 수 있는지에 대한 구체적인 논의를 알고 싶다면 다음을 참고하라. Martha Stout, *The Sociopath Next Door* (New York: Broadway Books, 2005), 120-24.

7. 다음의 자료를 참고하라. E. Viding and H. Larsson (2007), "Aetiology of antisocial behavior," *International Congress Series* 1304(1): 121-32.

품행 장애가 반사회적 인격 장애로 전환되는 과정에 대해서는 다음의 자료를 참고하라. B. B. Lahey, R. Loeber, J. D. Burke, and B. Applegate (2005), "Predicting future antisocial personality disorder in males from a clinical assessment in childhood," *Journal of Consulting and Clinical Psychology* 73(3): 389-99.

8. P. J. Frick and S. F. White (2008), "Research review: The importance of callous-unemotional traits for developmental models of aggressive and antisocial behavior," *Journal of Child Psychology and Psychiatry* 49(4): 359-75. The quote is on page 359.

9. 이 논의에 대한 보다 자세한 내용은 다음을 참고하라. R. E. Kahn, P. J. Frick, E. Youngstrom, et al. (2012), "The effects of including a callous-unemotional specifier for the diagnosis of conduct disorder,"

377   참고 문헌

Journal of Child Psychology and Psychiatry 53(3): 271-82; R. Rowe, B. Maughan, P. Moran, et al. (2010), "The role of callous and unemotional traits in the diagnosis of conduct disorder," *Journal of Child Psychology and Psychiatry* 51(6): 688-95; F. E. Scheepers, J. K. Buitelaar, and W. Matthys (2011), "Conduct Disorder and the specifier callous and unemotional traits in the DSM-5," *European Child and Adolescent Psychiatry* 20(2): 89-93; P. J. Frick (2009), "Extending the construct of psychopathy to youth: Implications for understanding, diagnosing, and treating antisocial children and adolescents," *Canadian Journal of Psychiatry* 54(12): 803-12.

10. E. Viding, N. M. G. Fontaine, and E. J. McCrory (2012), "Antisocial behaviour in children with and without callous-unemotional traits," *Journal of the Royal Society of Medicine* 105(5): 195-200.

냉담-무정서 특질을 가진 품행 장애 아이와 관련이 있을 수 있는 유전적 문제를 연구할 때 사용하는 방법론에 관심이 있는 사람들은 다음의 두 가지 초기 연구를 참고하라.

E. Viding, N. M. G. Fontaine, B. R. Oliver, and R. Plomin (2009), "Negative parental discipline, conduct problems and callous-unemotional traits: Monozygotic twin differences study," *British Journal of Psychiatry* 195(5): 414-19; E. Viding, A. P. Jones, P. J. Frick, et al. (2008), "Heritability of antisocial behaviour at 9: Do callous-unemotional traits matter?" *Developmental Science* 11(1): 17-22.

11. K. M. Cecil, C. J. Brubaker, C. M. Adler, et al. (2008), "Decreased Brain Volume in Adults with Childhood Lead Exposure," *PLOS Medicine* 5(5): e112, https://doi.org/10.1371/journal.pmed.0050112.

12. B. K. Luntz and C. S. Widom (1994), "Antisocial personality disorder in abused and neglected children grown up," *American Journal of Psychiatry* 151(5): 670-74.

13. A. Raine, L. Lee, Y. Yang, and P. Colletti (2010), "Neurodevelopmental marker for limbic maldevelopment in antisocial

그저 양심이 없을 뿐입니다

personality disorder and psychopathy," *British Journal of Psychiatry* 197(3): 186-92.

14. S. Williamson, T. J. Harpur, and R. D. Hare (1991), "Abnormal processing of affective words by psychopaths," *Psychophysiology* 28(3): 260-73; B. R. Loney, P. J. Frick, C. B. Clements, et al. (2003), "Callous-unemotional traits, impulsivity, and emotional processing in adolescents with antisocial behavior problems," *Journal of Clinical Child and Adolescent Psychology* 32(1): 66-80.

15. G. K. Levenston, C. J. Patrick, M. M. Bradley, and P. J. Lang (2000), "The psychopath as observer: Emotion and attention in picture processing," *Journal of Abnormal Psychology* 109(3): 373-85; S. K. Sutton, J. E. Vitale, and J. P. Newman (2002), "Emotion among women with psychopathy during picture perception," *Journal of Abnormal Psychology* 111(4): 610-19.

16. D. G. Mitchell, R. A. Richell, A. Leonard, and R. J. R. Blair (2006), "Emotion at the expense of cognition: Psychopathic individuals outperform controls on an operant response task," *Journal of Abnormal Psychology* 115(3): 559—66.

17. A. A. Marsh and R. J. R. Blair (2008), "Deficits in facial affect recognition among antisocial populations: A meta-analysis," *Neuroscience and Biobehavioral Reviews* 32(3): 454-65.

18. James Blair, Derek Mitchell, and Karina Blair, *The Psychopath: Emotion and the Brain* (Hoboken, NJ: Wiley-Blackwell, 2005); K. A. Kiehl (2006), "A cognitive neuroscience perspective on psychopathy: Evidence for paralimbic system dysfunction," *Psychiatry Research* 142(2-3): 107-28; R. J. R. Blair (2005), "Applying a cognitive neuroscience perspective to the disorder of psychopathy," *Development and Psychopathology* 17(3): 865-91; K. A. Kiehl; A. T. Bates, K. R. Laurens, et al. (2006), "Brain potentials implicate temporal lobe abnormalities in criminal psychopaths," *Journal of Abnormal Psychology* 115(3): 443-53.

참고 문헌

19. H. L. Gordon, A. A. Baird, and A. End (2004), "Functional differences among those high and low on a trait measure of psychopathy," *Biological Psychiatry* 56(7): 516—21; J. Intrator, R. D. Hare, P. Stritzke, et al. (1997), "A brain imaging (single photon emission computerized tomography) study of semantic and affective processing in psychopaths," *Biological Psychiatry* 42(2): 96–103; K. A. Kiehl, A. M. Smith, R. D. Hare, et al. (2001), "Limbic abnormalities in affective processing by criminal psychopaths as revealed by functional magnetic resonance imaging," *Biological Psychiatry* 50(9): 677-84; J. K. Rilling, A. L. Glenn, M. R. Jairam, et al. (2007), "Neural correlates of social cooperation and non-cooperation as a function of psychopathy," *Biological Psychiatry* 61(11): 1260—71.

20. K. A. Kiehl, "Without Morals," in *Moral Psychology, Volume 3: The Neuroscience of Morality: Emotion, Brain Disorders, and Development*, ed. Walter Sinnott-Armstrong (Cambridge, MA: Massachusetts Institute of Technology Press, 2008).

21. Stout, *The Sociopath Next Door.*

22. 이러한 뇌의 차이가 유전 변이genetic drift 또는 어떤 중립적인 진화 과정의 결과로 불규칙하게 나타나는 것인지 아니면 원시 조상 중 특정 무리에게 있었던 생존 기능이 자연 선택을 통해 남아 있게 된 것인지는 아직 결론이 나지 않았다. 그러나 이러한 생존 기능이 전에 있었다 하더라도 인간 종種은 더 이상 야생에서 살지 않기 때문에 지금은 그 기능이 거의 사라졌을 게 분명하다. 마치 과식을 하려는 욕구가 우리 조상들이 겪었던 풍요와 기근의 반복이 끝난 지금에도 남아 있기는 하지만 이제는 우리를 성가시게 하는 정도에 불과한 것처럼 말이다.

23. 미국과 영국의 연구는 다음을 참고하라. A. P. Jones, K. R. Laurens, C. M. Herba, et al. (2009), "Amygdala hypoactivity to fearful faces in boys with conduct problems and callous-unemotional traits," *American Journal of Psychiatry* 166(1): 95-102; M. J. Kruesi, M. F. Casanova, G. Mannheim, and A. Johnson-Bilder (2004), "Reduced temporal lobe volume in early onset conduct disorder," *Psychiatry Research* 132(1): 1-11; A. A. Marsh, E. C. Finger, D. G. V. Mitchell, et al. (2008), "Reduced amygdala response to fearful expressions in children and adolescents with callous-unemotional traits and disruptive behavior disorders," *American Journal of Psychiatry* 165(6): 712-20; L. Passamonti, G. Fairchild, I. M. Goodyer, et al. (2010), "Neural abnormalities in early-onset and adolescence-onset conduct disorder," *Archives of General Psychiatry* 67(7): 729-38; A. Raine, L. Lee, Y. Yang, P. Colletti (2010), "Neurodevelopmental marker for limbic maldevelopment in antisocial personality disorder and psychopathy," *British Journal of Psychiatry* 197(3): 186—92; Paul Ekman and Wallace V. Friesen, *Pictures of Facial Affect* (Palo Alto, CA: Consulting Psychologists Press, 1976). 독일의 연구는 다음을 참고하라. T. Huebner, T. D. Vloet, I. Marx, et al. (2008), "Morphometric brain abnormalities in boys with conduct disorder," *Journal of the American Academy of Child & Adolescent Psychiatry* 47(5): 540-47.

24. Huebner et al., "Morphometric brain abnormalities in boys with conduct disorder."

25. G. Fairchild, C. C. Hagan, N. D. Walsh, et al. (2013), "Brain structure abnormalities in adolescent girls with conduct disorder," *Journal of Child Psychology and Psychiatry* 54(1): 86-95.

사이코패시의 신경생물학에 대한 전반적인 검토는 다음 자료를 참고하라. M. A. Cummings (2015), "The neurobiology of psychopathy: Recent developments and new directions in research and treatment," *CNS Spectrums* 20(3): 200-206.

26. A. L. Patenaude, "History of the Treatment of and Attitudes Toward Children," in *Handbook of Juvenile Justice: Theory and Practice*, ed. Barbara Sims and Pamela Preston (Boca Raton: CRC Press, 2006), 3-30, especially page 22. On advertised treatments, see E. J. Latessa et al. (2002), "Beyond Correctional Quackery-Professionalism and the Possibility of Effective Treatment," *Federal Probation* 66(2): 43, 44.

27. T. J. Dishion, J. McCord, and F. Poulin (1999), "When interventions harm. Peer groups and problem behavior," *American Psychologist* 54(9): 755—64.

28. Alan E. Kazdin, *The Kazdin Method for Parenting the Defiant Child* (New York: Mariner Books, 2008), 39; A. E. Kazdin (1993), "Treatment of conduct disorder: Progress and directions in psychotherapy research," *Development and Psychopathology* 5(1—2): 277—310.

29. Scott W. Henggeler, Sonja K. Schoenwald, Charles M. Borduin, et al. *Multisystemic Treatment for Antisocial Behavior in Youth* (New York: Guilford Press, 2000).

30. Kazdin, *Kazdin Method*, 39.

[3장]

31. Frans de Waal, *Primates and Philosophers: How Morality Evolved* (Princeton, NJ: Princeton University Press, 2006), 44.

32. Marc Bekoff and Jessica Pierce, Wild Justice: *The Moral Lives of Animals* (Chicago: University of Chicago Press, 2010); the quote is on page 56.

33. 다음을 참고하라. Mary Oliver, "Poem for the Anniversary," *Dream Work* (New York: Atlantic Monthly Press, 1986).

34. 다음의 신문 기사를 참고하라. R. Reisner, "Bradley Schwartz: Shortsighted ophthalmologist," *Forensic Files Now*, May 17, 2018; A. H. Rotstein, "Prosecutor: Obsession, rage fueled doctor's murder-for-hire," *Arizona Daily Sun*, March 7, 2006; K. Smith, "Former Tucson doctor doing time for murder sues Ariz. prison system," *Arizona Daily Star*, March 25, 2009; and K. Smith, "The woman at the eye of the storm," *Arizona Daily Star*, February 26, 2006.

35. A. J. Flick, *Toxic Rage: A Tale of Murder in Tucson* (Evergreen, CO: Wildblue Press, 2018).

그저 양심이 없을 뿐입니다

(4장)

36. Robert E. Emery, *Marriage, Divorce, and Children's Adjustment: Developmental Clinical Psychology and Psychiatry*, 2nd ed. (Thousand Oaks, CA: Sage, 1999).

37. A. Raine (2009), "Psychopathy and instrumental aggression: Evolutionary, neurobiological, and legal perspectives," *International Journal of Law and Psychiatry* 32(4): 257.

38. Peter Jaffe, Nancy Lemon, and Samantha Poisson, *Child Custody & Domestic Violence: A Call for Safety and Accountability* (Thousand Oaks, CA: Sage Knowledge, 2003); the quote is on page 21.

39. Penelope Trickett and Cynthia Schellenbach, eds., *Violence Against Children in the Family and the Community* (Washington, DC: American Psychological Association, 1998).

40. G. Margolin, "Effects of Domestic Violence on Children," in *Violence Against Children in the Family and the Community*, ed. Trickett and Schellenbach, 57–101.

41. A. Appel and G. Holden (1998), "The co-occurrence of spouse and physical child abuse: A review and appraisal," *Journal of Family Psychology* 12(4): 578–99.

42. Barbara J. Hart, *Barbara J. Hart's Collected Writings*, Minnesota Center Against Violence and Abuse, p. 12.

43. S. Schecter and J. L. Edleson, "Effective Intervention in Domestic Violence & Child Maltreatment Cases: Guidelines for Policy and Practice Recommendations from the National Council of Juvenile and Family Court Judges Family Violence Department," National Council of Juvenile and Family Court Judges, June 1999, p. 2, https://rcdvcpc.org/resources/resource-library/resource/download/effective-intervention-in-domestic-violence-child-maltreatment-cases-guidelines-for-policy-and-pract.html

44. Quoted in "A Question of Proof," *The Economist, July* 19,

참고 문헌

2014.

(5장)

45. M. Davey, "Suspect in 10 Kansas Murders Lived an Intensely Ordinary Life," *New York Times*, March 6, 2005.

46. M. Woodworth and S. Porter (2002), "In cold blood: Characteristics of criminal homicides as a function of psychopathy," *Journal of Abnormal Psychology* 111(3): 436—45.

47. D. J. Devine, L. D. Clayton, B. B. Dunford, et al. (2000), "Jury decision making: 45 years of empirical research on deliberating groups," *Psychology Public Policy and Law* 7(3): 622–727.

48. Greg Beratlis, Tom Marino, Mike Belmessieri, et al., *We, the Jury: Deciding the Scott Peterson* Case (Beverly Hills, CA: Phoenix Books, 2006); the quote is on pages 54–55.

49. David Vann, *Last Day on Earth: A Portrait of the NIU School Shooter* (Athens, GA: University of Georgia Press, 2013).

50. Interview with David Vann, aired on CNN, February 14, 2009, http://edition.cnn.com/TRANSCRIPTS/0902/14/cnr.04.html

51. M. van Geel, P. Vedder, and J. Tanilon, "Relationship between peer victimization, bullying, and suicide in children and adolescents: A meta-analysis," March 10, 2014, JAMA Network, https://jamanetwork.com/journals/jamapediatrics/fullarticle/1840250.

52. Parry Aftab, quoted in Ron Kemp, "They Wore Blue," blog post, https://ronskemp.wordpress.com/tag/baltimore-sun/.

(6장)

53. R. Church (1959), "Emotional reactions of rats to the pain of others," *Journal of Comparative and Physiological Psychology* 52(2): 132–

그저 양심이 없을 뿐입니다

34.

54. I. Ganguli, "Mice show evidence of empathy," *The Scientist*, June 30, 2006.

55. F. B. M. de Waal (1989), "Food sharing and reciprocal obligations among chimpanzees," *Journal of Human Evolution* 18(5): 433–59.

56. A. A. Marsh and R. J. R. Blair (2008), "Deficits in facial affect recognition among antisocial populations: A meta-analysis," *Neuroscience & Biobehavioral Reviews* 32(3): 454–65; the quote is on page 454.

57. Edward Westermarck, *The Origin and Development of the Moral Ideas*, vol. 1, 2nd ed. (London: Macmillan, 2008).

58. Gavin de Becker, *The Gift of Fear: And Other Survival Signals That Protect Us from Violence* (New York: Little, Brown, 1997), 185. 이 책은 당신의 불안을 해석하고 개인의 안전을 향상시키는 데 좋은 자료다.

(7장)

59. '꺼린다.'라고 표현했다는 점에 주목하라. 이를 '할 수 없다.'로 해야 하는지에 대해서는 여전히 논쟁 중이다. 아마도 실제 그들은 인식하거나 확인할 능력이 없겠지만 말이다. 이런 논쟁이 진행 중이라는 사실은 전문가들조차도 나르시시스트에 대해서는 당혹스러워하고 있음을 보여 준다.

60. Nina W. Brown, *The Destructive Narcissistic Pattern* (Westport, CT: Praeger Publishers, 1998), 121. 다음 자료도 참고하라. Elaine Hatfield, John C. Cacioppo, and Richard L. Rapson, *Emotional Contagion: Studies in Emotion and Social Interaction* (Paris: Cambridge University Press, 1993).

61. O. Fenichel (1938), "The drive to amass wealth," *Psychoanalytic Quarterly* 7(1): 69–95.

62. G. O. Gabbard, "Transference and Countertransference in Treatment of Narcissistic Patients," in *Disorders of Narcissism: Diagnostic, Clinical, and Empirical Implications*, ed. Elsa F. Ronningstam (Washington, DC: American Psychiatric Press, 1998), 125-46. 다음의 자료도 참고하라. G. L. Lynn and S. Jortner (1976), "The use of countertransference as a way to understand and treat patients," *Journal of Contemporary Psychotherapy* 8(1): 15—18; E. J. Betan and D. Westen, "Countertransference and Personality Pathology: Development and Clinical Application of the Countertransference Questionnaire," in *Handbook of Evidence-Based Psychodynamic Psychotherapy: Bridging the Gap Between Science and Practice*, ed. Raymond A. Levy and J. Stuart Ablon, foreword by G. O. Gabbard (New York: Humana Press, 2010), 179-98.

63. 나르시시즘의 3요소에 대한 존 머레이의 고전 논문을 참조하라. 나르시시즘의 3요소는 자기애적 자격 의식, 자기애적 요구의 좌절에서 나오는 실망과 환멸, 자기애적 분노를 말한다.

John Murray (1964), "Narcissism and the ego ideal," *Journal of the American Psychoanalytic Association* 12(3): 477-511.

(8장)

64. J. F. Edens, J. L. Skeem, and P. Kennealy, "The Psychopathy Checklist in the Courtroom: Consensus and Controversies," in *Psychological Science in the Courtroom: Consensus and Controversy*, ed. Jennifer L. Skeem, Kevin S. Douglas, and Scott O. Lilienfeld (New York: Guilford Press, 2009), 175-201.

65. Robert D. Hare, *Manual for the Revised Psychopathy Checklist*, 2nd ed. (Toronto: Multi-Health Systems, 2003); R. D. Hare and C. S. Neumann, "The PCL-R Assessment of Psychopathy: Development, Structural Properties, and New Directions," in *Handbook of Psychopathy*, ed. Christopher J. Patrick (New York: Guilford Press, 2006), 58-88.

66. Joel Bakan, *The Corporation: The Pathological Pursuit of Profit and Power* (New York: Free Press, 2005), 56.

67. Joel Bakan, *The Corporation: The Pathological Pursuit of*

그저 양심이 없을 뿐입니다

Profit and Power (New York: Free Press, 2005), 28, 60.

68. 몬산토가 생산한 인체에 유해한 화학 물질에 대해서는 다음의 웹 사이트를 참고하라.
"Monsanto's Dirty Dozen: Twelve Products that Monsanto Has Brought to Market," Global Research, Centre for Research on Globalization, July 25, 2016, https://www.globalresearch.ca/monsantos-dirty-dozen-twelve-products-that-monsanto-has-brought-to-market/5537809

69. B. S. Hooker, "Rounding up glyphosate," *Focus for Health*, September 5, 2018, https://www.focusforhealth.org/rounding-up-glyphosate/

70. B. Meier, "Sacklers directed efforts to mislead public about OxyContin, new documents indicate," *New York Times*, January 15, 2019.

71. B. Meier, "Sacklers directed efforts to mislead public about OxyContin, new documents indicate," *New York Times*, January 15, 2019.

72. M. Forsythe and W. Bogdanich, "McKinsey advised Purdue Pharma how to 'turbocharge' opioid sales, lawsuit says," *New York Times*, February 1, 2019.

73. J. Le Noury, J. M. Nardo, D. Healy, et al. (2015), "Restoring Study 329: Efficacy and harms of paroxetine and imipramine in treatment of major depression in adolescence," *British Medical Journal* 351: h4320.

74. "Cigarette smoking remains high among certain groups," Centers for Disease Control and Prevention, Press Release, January 18, 2018, page 2, https://www.cdc.gov/media/releases/2018/p0118-smoking-rates-declining.html

75. U.S. Department of Health and Human Services, "The Health Consequences of Smoking—50 Years of Progress: A Report of the Surgeon General," Executive Summary, 2014, p. 5, https://www.ncbi.nlm.nih.gov/books/NBK179276/pdf/Bookshelf_NBK179276.pdf

76. T. Lewan (1998), "Dark secrets of tobacco company

exposed," *Tobacco Control* 7(3): 315—18.

77. M. T. Lee and M. D. Ermann, "Pinto 'madness' as a flawed landmark narrative: An organizational and network analysis," *Social Problems* 46(1): 38.

78. Bakan, *The Corporation*, p. 42.

79. S. Milgram, "Behavioral study of obedience," *Journal of Abnormal and Social Psychology* 67(4): 371–78. See also Stanley Milgram, *Obedience to Authority: An Experimental View* (New York: Psychology, 1983); and Thomas Blass, ed., *Obedience to Authority: Current Perspectives on the Milgram Paradigm* (Mahwah, NJ: Lawrence Erlbaum Associates, 2000).

80. Milgram, "Behavioral Study of Obedience."

81. T. Blass (1999), "The Milgram paradigm after 35 years: Some things we now know about obedience to authority," *Journal of Applied Social Psychology* 29(5): 968.

82. S. Milgram (1965), "Some conditions of obedience and disobedience to authority," *Human Relations* 18(1): 57—76.

83. Ervin Staub, *The Roots of Evil: The Origins of Genocide and Other Group Violence* (New York: Cambridge University Press, 1989).

84. G. Adams and D. Balfour, "Human Rights, the Moral Vacuum of Modern Organisations, and Administrative Evil," in *Human Rights and the Moral Responsibilities of Corporate and Public Sector Organisations*, ed. Tom Campbell and Seumas Miller (New York: Springer, 2004), 208.

85. G. Adams and D. Balfour, "Human Rights, the Moral Vacuum of Modern Organisations, and Administrative Evil," in *Human Rights and the Moral Responsibilities of Corporate and Public Sector Organisations*, ed. Tom Campbell and Seumas Miller (New York: Springer, 2004), 208. 다음의 자료도 참고하라. G. B. Adams, D. L Balfour, and G. E. Reed (2006), "Abu Ghraib, administrative evil, and moral inversion: The value of 'putting cruelty first,'" *Public Administration Review* 66(5): 680–93; and

그저 양심이 없을 뿐입니다

G. Adams and D. Balfour, *Unmasking Administrative Evil* (Armonk, NY: M. E. Sharpe, 2009).

86. M. Stal (2013), "Psychopathology of Joseph Stalin," *Psychology* 4(9): 1-4.

87. P. Heuveline (2015), "The Boundaries of genocide: Quantifying the uncertainty of the death toll during the Pol Pot regime (1975-1979)," *Population Studies* 69(2): 201.

88. I. Johnson, "Who Killed More: Hitler, Stalin, or Mao?," *New York Review of Books*, February 5, 2018.

(9장)

89. *United States ex rel. Gerald Mayo v. Satan and His Staff*, 54 F. R. D. 282 (1971).

90. J. Murphy (1976), "Psychiatric labeling in cross-cultural perspective: Similar kinds of disturbed behavior appear to be labeled abnormal in diverse cultures," *Science* 191(4231): 1019-28.

91. Sebastian Junger, *Tribe: On Homecoming and Belonging* (New York: Twelve, 2016), 28.

92. D. C. Yamada (2010), "Workplace bullying and American employment law: A ten-year progress report and assessment," *Comparative Labor Law & Policy Journal* 32(1): 251. 다음의 웹 사이트에서도 그 내용을 확인할 수 있다. SSRN: http://ssrn.com/abstracts=1908465
직장 내 괴롭힘을 방지하기 위한 활동에 자원봉사를 원한다면 건강한 직장 법안Healthy Workplace Bill 사이트를 방문해 보라. https://healthyworkplacebill.org/

93. Joyce Baldwin, *To Heal the Heart of a Child: Helen Taussig, M. D.* (New York: Walker, 1992); and Vivien T. Thomas, *Partners of the Heart: Vivien Thomas and His Work with Alfred Blalock: An Autobiography* (Philadelphia: University of Pennsylvania Press, 1998).

94. 이에 대해서는 다음의 자료를 참고하라. Martin E. P. Seligman, *Authentic Happiness: Using the New Positive Psychology to Realize Your Potential for Lasting Fulfillment* (New York: Free Press, 2002); Martin E. P. Seligman, *Flourish: A Visionary New Understanding of Happiness and Well-Being* (New York: Free Press, 2011); Martin E. P. Seligman, *The Hope Circuit: A Psychologist's Journey from Helplessness to Optimism* (New York: PublicAffairs Books, 2018); and Christopher Peterson, *Pursuing the Good Life: 100 Reflections on Positive Psychology* (New York: Oxford University Press, 2012).

그저 양심이 없을 뿐입니다

그저 양심이 없을 뿐입니다

2021년 8월 27일 1판 1쇄
2022년 5월 31일 1판 2쇄

지은이 마사 스타우트 | **옮긴이** 이원천

편집 최일주, 이혜정, 김인혜 | **디자인** 김민해
마케팅 이병규, 양현범, 이장열 | **홍보** 조민희, 강효원 | **제작** 박흥기
인쇄 코리아피앤피 | **제책** J&D 바인텍

펴낸이 강맑실 | **펴낸곳** (주)사계절출판사 | **등록** 제406-2003-034호
주소 (우)10881 경기도 파주시 회동길 252
전화 031)955-8588, 8558 | **전송** 마케팅부 031)955-8595, 편집부 031)955-8596
홈페이지 www.sakyejul.net | **전자우편** skj@sakyejul.com
블로그 blog.naver.com/skjmail | **페이스북** facebook.com/sakyejul
트위터 twitter.com/sakyejul | **인스타그램** instagram.com/sakyejul

ISBN 979-11-6094-735-9 03180